U0796279

浙江省哲学社会科学重点研究基地
浙江理工大学浙江省丝绸与时尚文化研究中心项目
（20JDZD036）
浙江理工大学学术著作出版资金资助
（2024年度）

中国时尚法的理论与实务探索

倪龙燕　著

RESEARCH ON THEORY AND PRACTICE OF CHINESE FASHION LAW

法律出版社
LAW PRESS · CHINA
北京

图书在版编目（CIP）数据

中国时尚法的理论与实务探索 / 倪龙燕著. -- 北京 : 法律出版社, 2024. -- ISBN 978 -7 -5197 -9342 -5

Ⅰ. D922.292.4

中国国家版本馆 CIP 数据核字第 2024Y3L364 号

中国时尚法的理论与实务探索
ZHONGGUO SHISHANGFA DE LILUN YU SHIWU TANSUO

倪龙燕 著

责任编辑 魏艳丽
装帧设计 汪奇峰 苏 慰

出版发行 法律出版社
编辑统筹 法商出版分社
责任校对 张翼羽
责任印制 胡晓雅
经　　销 新华书店

开本 710 毫米 × 1000 毫米 1/16
印张 16 **字数** 245 千
版本 2024 年 11 月第 1 版
印次 2024 年 11 月第 1 次印刷
印刷 唐山玺诚印务有限公司

地址:北京市丰台区莲花池西里 7 号(100073)
网址:www. lawpress. com. cn
投稿邮箱:info@ lawpress. com. cn
举报盗版邮箱:jbwq@ lawpress. com. cn

销售电话:010 - 83938349
客服电话:010 - 83938350
咨询电话:010 - 63939796

版权所有 · 侵权必究

书号:ISBN 978 - 7 - 5197 - 9342 - 5　**定价**:58. 00 元

凡购买本社图书,如有印装错误,我社负责退换。电话:010 - 83938349

序　一

时尚产业是高附加值产业，已经从传统意义上的服装产业逐渐演变成包括美妆、家居、电子、智能生活、甚至与其他创意产业跨界的多生态产业。中国作为世界上最大的消费市场之一，时尚产业的发展尤为引人注目。于浙江省而言，时尚产业既是传统支柱产业和重要民生产业，也是创新创意要素集聚和现代服务业融合发展特征突出的优势产业。浙江省已经将时尚产业列为八大“万亿级”产业之一，并在“十三五”规划中将其作为重点扶持产业。时尚产业的发展离不开法律的保驾护航。时尚法作为新兴法律领域，以产品的生命周期为主线，处理从设计、制造到销售等所有产业链条中的法律问题。深入研究和探索中国时尚产业的法律环境、理论基础以及实务问题，对于促进时尚产业的健康发展、提升我国时尚产业的国际竞争力具有重要的理论和实践价值。

时尚专业人才的培养一直是我们浙江理工大学的特色，学校拥有诸多时尚元素和资源，建有杭州国际时尚学院。正是借力国家和浙江省发展时尚产业的决策部署，浙江理工大学于2018年成立了国内首个时尚与艺术法研究所，专门开展时尚法的理论研究，并在近六年的发展中取得了显著成果。我们在《浙江理工大学学报（哲学社会科学版）》开设了时尚法专栏，组建了时尚法研究团队和时尚法律师团队，连续五年举办中国时尚法论坛，发表了30余篇论文，并获得了十余个省部级立项，在国内外时尚与艺术法研究领域产生了一定的影响。

作为浙江理工大学时尚与艺术法研究所的重要研究人员，倪龙燕博士近年来一直积极从事时尚法研究，追踪国际时尚法研究的前沿问题，同时关注我国时尚法的实际问题。《中国时尚法的理论与实务探索》正是她这六年研究与积累的成果之一。本书旨在为读者提供一个全面、系统的视角，以帮助读者了解和掌握中国时尚产业的法律框架和实务操作。在理论探索方面，本书着重分析了时尚产业的法律理论的发展历程，并结合中国时尚产业发展特色及时代特征，提出了适应于中国时尚产业实践的理论观点。本书深入讨论了时尚产业的特有属性，如创意性、时效性以及品牌价值等，同时展示了时尚企业如何运用法律武器充分地维护及发展自身品牌形象。在实务操作方面，本书在每一个重点理论问题下均提供了丰富的案例分析，展示了中国时尚产业在面对各种法律挑战时的应对策略和解决方案。从企业设立到融资发展，从设计师的版权保护到品牌的市场推广等各个方面，本书都提供了实用的指导和建议。

本书是我国时尚法领域的第一本专著，具有开创性的意义。我相信，通过阅读本书，读者不仅能够获得关于中国时尚法的深刻见解，还能够获得宝贵的实务操作经验。希望随着这本专著的出版，有越来越多的学者、律师、设计师、时尚企业能了解时尚法、关注时尚法和实践时尚法。

是为序。

王健*

2024 年 7 月 25 日

---

* 王健，浙江理工大学法政学院院长，浙江理工大学时尚与艺术法研究所中方所长。

序　二

就在写此序的几天前，法国奢侈品牌巴黎世家（BALENCIAGA）宣布，其备受期待的2025春季系列时装秀将于2024年5月30日在中国的“魔都”上海举行。这一重磅消息标志着巴黎世家乃至以其为首的高级定制时装屋对中国庞大时尚市场的深度认可，以及对中国作为全球时尚重要舞台的极高赞誉。

也是在刚刚过去的四大时装周上，中国设计师品牌频频亮相国际秀场，品牌数量之多前所未有，纽约时装周已多年举办“中国日”活动。中国设计、中国面孔和中国本土品牌在海外不断提升的影响力，使中国的时尚产业展现出前所未有的活力与自信。

东西方时尚界愈加紧密的交流与合作，自由的商业环境，和当前时代下不断涌现的新的商业模式、营销手段，方方面面催生了时尚产业法的产生。时尚产业法是专门围绕时尚产业构建而成的行业法律法规，它与体育法、娱乐法、广告法等一样，是以集中解决某一行业的法律问题为导向的行业法。它涉及的部门法包括知识产权法；商业与金融法，如房地产相关法律、劳动法、经济法等领域；国际贸易与政府规范，如生产安全、质量、可持续发展与环境等问题，消费文化、人身权利与社会礼仪、规范等问题。

时尚法，从针对时尚行业某一个角度介绍其与法律的关系，发展成为一套较为完整的体系，在欧洲和美国分别经历了漫长的时间，并且仍在实务界不断被探讨和完善。美国纽约作为全球时尚的中心，坐拥顶级高校的教育和研究资源，应该说是“时尚法”在美国的诞生地。美国福特汉姆大学法学院（Fordham University School of Law）的苏珊·斯卡菲迪（Susan Scafidi）教授自2006年正式开设了这一门名为“时尚法”的课程，该课程也是全美第一门时尚法课程。而后，她又于2010年建立了全美首个时尚法研究中心（Fashion Law Institute）。2015年时尚法作为一个正式的研究方向开始招收法学硕士学生，核心课程由时尚法拓展为现在的七门专业课，还包括时尚伦理和可持续发展、时尚法与金融、时尚法与国际贸易、时尚授权、时尚模特法和时尚零售法。至2018年，美国纽约已有工作职位专门招聘时尚法律人才，工作职责说明中明确出现“掌握并运用‘时尚法’”的描述。因时尚产业涉及法律问题的特殊性和该产业对法律人才的需要，美国叶史瓦大学（Yeshiva University）本杰明·卡多佐法学院（Benjamin N. Cardozo School of Law）、纽约大学（New York University）、洛杉矶洛约拉法学院（Loyola Law School）等东西岸几家知名法学院也专门开设了时尚法的课程。

我在美国福特汉姆大学法学院求学期间，曾跟从苏珊·斯卡费蒂教授学习“时尚法”和“时尚模特法”的课程，其间任职于美国蔻驰（Coach）公司总部法务部门，有幸亲历和见证了首个版本的时尚法，并近距离接触美国时尚品牌知识产权业务的管理，解决各种法律相关的问题。毕业后我有幸一直在美国凯拓国际律师事务所（Kilpatrick Townsend & Stockon LLP）担任执业律师，持续为中美时尚、科技、零售行业的客户提供法律咨询，尤其为他们在彼岸市场业务的开展保驾护航。我也在纽约律师协会的时尚法委员会担任主席，每月组织会员成员就一个时尚法议题以演讲或研讨的形式开展活动。出于对时尚法的巨大热爱和多年执业中的持续探索，将时尚法的概念落地中国并本土化一直是我的心愿。2018年的一个契机，我与有着共同愿景的浙江理工大学法学院结缘，在王健院长的大胆决策下，成立了中国首个时尚与艺术法研究所。我们随后共同策划和举办了一年一度的“中国时尚法论坛”，吸引了越来越多的中外学者共同探讨时尚产业中最前沿的话题。中国时尚法论坛这个平台可以说对于中国时尚法的落地、发展和完善起到了非常重要且积极的作用。

在组建研究所和开展论坛的合作过程中，我结识了本书作者倪龙燕老师，她对这一新兴法巨大的热忱、敏锐的观察、悉心的研究令我十分敬佩并深受鼓舞。她扎实的学术训练让她能够对多个部门法进行跨专业研究，接地气的研究风格让她能够将理论以生动易懂的方式表达，并注重理论与实务相结合。她谦逊的为人和钻研的精神尤其让我印象深刻，在与她共同组织时尚法专刊的编写、时尚法论坛的筹划、时尚法学科建设方面的讨论中我都深有体会。正是她的这些珍贵的品质和所有付出的努力让本书得以成形，对时尚产业法在中国的确立和发展提供了十分有意义的梳理和参考。

本书的内容丰富而全面，紧扣时尚企业的一整套商业流程——公司设立、原创设计保护、品牌价值推广、广告与营销以及新技术下的新问题——梳理每一阶段相应的、适用的中国法律法规，并结合判例给出时尚产业中的实体和品牌切实的法律指导。本书还难能可贵地关注到了时尚产业中的人，比如模特、广告代言人、直播主播等，他们对于时尚产业创造的价值，尤其是在中国的时尚语境下，愈加不可忽视。厘清这部分法律关系对时尚品牌的发展至关重要，同时有助于规范这些独特的商业模式。除了商业和人的部分，本书还纳入了重要的社会责任议题，如可持续时尚，并介绍中国时尚企业在全球可持续倡议的热潮中做出的一系列努力和改变。同样与国外时尚法同频的议题就是科技与创新，本书以数字藏品、区块链技术和NFT的法律问题为例。仍在发展并广为讨论的还包括人工智能技术，以及它之于时尚设计的著作权适格问题，模特肖像权、隐私权，时尚产品的防伪鉴真及执法手段的影响等，都在时尚产业法的探索范围内，值得时尚法律人持续地关注和研究。

我真的很高兴看到龙燕的专著出版，它对在中国建立自己的一套时尚法理论体系并在实践中为中国本土时尚企业和品牌赋能，有着非常重要的意义。我相信它会对所有在时尚产业中的，或关注和热爱时尚的创业者、品牌人，自媒体以及法律人都会有所启发。最后，作为龙燕在时尚法道路探索的伙伴、时尚法律师和深度时尚爱好者，我希望以此序和此书作为一个窗口、一个契机，向有志于参与和推进中国时尚产业的更多人“安利”时尚法、解读时尚法，放眼世界，享受创造，用更完善的法律赋能时尚，一起推动中国时尚产业的不断进步。

Sindy Ding – Voorhees（丁文锦）*

2024 年 2 月于纽约

---

* 丁文锦（Sindy Ding – Voorhees），浙江理工大学时尚与艺术法研究所外方所长，纽约律师协会时尚法委员会主席，美国凯拓国际律师事务所资深顾问律师。

前　言

如果说经济是一座城市的血肉，那么时尚就是一座城市不可或缺的动脉之一。近年来，“中国创意”正在快速崛起，本土品牌纷纷走上国际时尚的舞台，时尚产业在我国服装制造业等传统优势产业的基础之上，以时尚品牌、时尚设计为高附加值内涵呈现出快速发展的态势。

与传统的法律领域不同，时尚法作为产业法，以时尚产业为主题，综合运用民法、知识产权法、公司法、广告法、不正当竞争法等法律规范解决时尚行业发展中遇到的法律问题。如何为时尚企业发展提供全流程法律保护策略，法律如何助力时尚行业的健康、可持续发展成为时尚法的重要话题。

本书作为国内首部时尚法方面的著作，力图将时尚产业与法律有机结合，从实务主义、问题主义的视角出发，为时尚行业生命全周期提供法律支持。本书具有以下特色。

1. 建立我国的时尚法体系。目前我国尚未建立完整的时尚法体系，时尚行业中适用的法律问题也散见于不同的部门法之中，无法全面地助力时尚产业发展。本书内容贯穿时尚行业生命全周期，涉及产品研发、设计、制造、品牌、营销和服务等经济活动，并充分运用公司法、知识产权法、经济法等法律，跨越部门法之间的差异，进行了本土时尚法第一次系统性的框架搭建。

2. 充分展示中国时尚行业特点。与欧洲、美国等已经拥有较为完善的时尚法体系相比，中国对时尚法的提法和相关讨论尚未展开，法律法规对时尚产业的规范和促进作用还未得以全面的发挥。我国的时尚法相较于其他国家，具有起步晚、发展快、潜力大的特点。本书立足于中国实践，具有中国特色。

3. 体现时代特色。随着“碳达峰、碳中和”被写入“十四五”规划纲要，时尚产业逐步开始从快时尚转向可持续时尚。如何真正让绿色时尚落地，是当下立法需要解决的问题。与此同时，数字经济与时尚产业碰撞，也为时尚行业的变革带来了新的色彩，如网红经济的快速发展等。本书结合时代特色，充分探讨了可持续时尚、数字时尚下法律所要面临和解决的新问题。

4. 以案例为依托。时尚法作为一部产业法，以解决时尚行业中遇到的问题为导向，因此具有较高的实践价值。在本书的每一个章节中都引入了大量的司法判例，并以此为基础，呈现出判例中法官的思维方式，厘清司法实践中的具体操作情况，为时尚行业发展提供具有实践意义的策略及方法。

本书的写作要感谢浙江理工大学时尚与艺术法研究所。在王健所长的领导下，与文锦相识相知，一起举办中国时尚法论坛，以此为平台我与诸多法律界、实务界对时尚产业法感兴趣的专业人士有了交流的机会，时尚与法律的观点碰撞为本书的写作积累了大量的材料与话题。同时，要感谢浙江理工大学时尚与艺术法研究所成员章鉴港、朱嘉怡、仇影涛、易修宇、熊佳慧、叶以琳为本书提供的文献整理和文字校对工作。此外，特别要感谢关爱我、包容我的家人，尤其我的爱人，为了让我腾出时间写作，工作之余担起带娃干家务的重任，忙碌的身影有时就像个超人。

最后，书中若有遗漏、谬误之处，欢迎读者指正。

目　录

第一章　时尚产业与时尚法概述

第一节　时尚产业发展史

时尚法作为一种新兴的产业法，其调整对象为时尚产业。因此，想要了解时尚法，首先需要了解时尚产业。时尚产业是时尚理念的设计和传播，时尚产品的制造生产、采购和销售，时尚服务的设计和提供等系列活动，是横跨制造、服务与文化和传播等众多产业形态和产品形态的产业集合。它以时尚产品确立，以创新、设计、品牌为核心，具有高创意、高市场掌控力、高附加值等特征，是引领消费流行趋势的综合性都市型产业。时尚产业包含设计、生产与制造、品牌、文化与传播、营销和消费等诸多要素，涵盖服装、鞋帽、配饰、化妆品等不同领域、交叉形成的行业，是文化与经济、艺术、品牌等的综合体现。随着社会的发展，时尚产业的内涵与外延也在不断扩展，它不再是一个独立的产业类别，是对各类传统的产业资源要素进行整合、提升与组合后，并加入时尚消费元素而形成的产业集群，是生产性服务业的重要范畴之一。[①]

从时尚产业涉及的类别来看，时尚产业大多属于轻工制造业和服务业，主要划分为三大类：一是时尚产品制造业；二是时尚服务业；三是辅助性或弱时尚性产业。其中，时尚产品制造业主要包括服饰配饰、珠宝首饰、皮草皮革、化妆品与消费电子产品等；时尚服务业主要包括美

① 参见高长春：《时尚产业经济学新论》，经济管理出版社2014年版，第4页。

容美发、体育健身、艺术摄影、动画漫画等；辅助性或弱时尚性产业，主要指传播报道时尚生活方式和时尚产品为主的时尚媒体或时尚杂志。[①]

根据同消费者联系的紧密程度分类，时尚产业类别可以分为核心时尚产业、拓展时尚产业、外围时尚产业和边缘时尚产业。其中，核心时尚产业是指对人体进行装饰和美化的行业或部门，是时尚最直观、最本质的体现，主要包括服装配饰、鞋帽、珠宝、化妆品等；拓展时尚产业主要是指对人们生活和工作所处的环境进行装饰与美化的产业和部门，主要包括家居、家饰装潢等；外围时尚产业和边缘时尚产业，主要是出于人们对时尚心理满足的需求、对时尚元素和时尚生活的追求，其主要包括电子消费品、动漫、影视等行业或部门。[②]

从时尚产业的发展周期来看，时尚产业涵盖了设计、生产和传播时尚产品的不同类别的企业、专业人士和相关活动。时尚产业主要由以下几个环节组成：设计和创意、生产和制造、市场和销售、知识产权与品牌保护、媒体和传播等。其中，设计和创意、市场和销售等非生产性环节是时尚产业的高附加值部分，领先的时尚产业和品牌牢牢掌握着这些核心竞争力，通过知识产权与品牌保护维护其优势。设计和创意源自个人的创造、技能与才华，既是时尚产业的核心，也是时尚企业与时尚产品的主要竞争力。从时尚产业发达的国家发展经验和历程来看，它们都有各自独特的设计风格，从而创造出国际知名企业与品牌。生产和制造是时尚产业的基础部分，是时尚产业的实体领域，承载着时尚产品的产生，却处于时尚产业价值链的底端。在媒体和传播方面，文化或审美输出至关重要，如果拥有时尚传播的话语权，就能引领时尚文化潮流，在一定程度上主导时尚产业和产品的发展方向，在市场领域占有更多的

---

① 参见中欧国际商学院《中国时尚产业蓝皮书》课题组：《中国时尚产业蓝皮书2014—2015》，经济管理出版社2015年版，第9~10页。

② 参见高长春：《时尚产业经济学新论》，经济管理出版社2014年版，第19~20页。

份额。

近年来，时尚产业的发展呈现出技术高端化、创意多元化、产品时尚化、品牌国际化等特点。目前时尚产业的收入超过万亿美元，已经上升至社会重要地位，时尚设计公司更是逐步扩张了它们的经济和社会影响力。在国际富豪榜上，可以看到路威酩轩（LVMH）集团的首席执行官，Zara 品牌的创始人等均在列，他们甚至成为所在国家的首富，由此可见时尚产业对国际经济的巨大影响力。

一、全球时尚产业发展史

时尚产业的英文为“fashion industry”，发源于西方世界的服装产业，在早期被直译为“服装行业”。由此可见服装在时尚行业的基础作用和重要地位。为了更好地了解时尚产业的发展脉络，必须先从服装说起。

在人类文明的早期，服装是人类抵抗恶劣自然环境的必需品。随着社会的发展和进步，时尚概念开始出现。随着人类文明与社会等级的发展，无论古代的东方世界还是西方世界，在人们的衣食住行等基本需求得到基本满足后，服饰就不再仅是一种基本的生活必需品，而是逐渐开始成为人类表达社会地位和身份的一种手段、丰富内心世界的美感需求。他们的服装使用在当时环境下较为珍贵的材料制作，用此表达自身的“与众不同”。从某种程度上讲，这些早期的具有美学价值的服饰已经为早期的时尚产业发展奠定了基础。但是在工业革命之前，服装只能通过手工裁缝进行制作。由于手工制作效率低下，只有上流阶层才能享受裁缝的专业定制服务。此时，时尚已经逐步在上层社会流行，但由于手工制作服饰耗费较多的时间与精力，无法产生较大体量的经济效力，不足以促生一个产业，因此时尚产业尚未产生。

第一次工业革命期间，缝纫机等机器的出现彻底改变了服饰的生产过程，服饰逐渐摆脱了手工制作的束缚，纺织与服装的生产效率空前提升，服装业由此开启了批量生产的时代。借助高效的纺织、裁剪等机器设备，大规模批量地生产服饰成为一种可能，此时，精美的服饰不再仅是上层社会的奢侈品，物美价廉的服饰逐渐走向一般大众，渗透到人类生活的每一个角落，此时服饰形成了规模化的市场，最终带动了时尚产业雏形的出现。

从19世纪末到20世纪20年代，在更为先进的生产技术与工艺为时尚产品的生产制造助力的同时，管理技术的进步也对时尚产品的发展产生了重要影响。时尚产品与品牌在各行业领域不断涌现。在服饰、化妆品等日常消费领域，时尚品牌如古驰（GUCCI）、香奈儿（CHANEL）等逐渐出现在人们的视野中，成为人们追求的对象。此时，时尚产品的诞生地主要集中在法国、意大利，并开始向英国和美国等国家扩展，逐步形成巴黎、米兰、伦敦和纽约等世界时尚中心。①

20世纪下半叶，时尚产业快速发展，开启了时尚产业重要的融合发展阶段。自专业设计的服饰得到大众的认可之后，一些设计人员开始从事鞋帽、饰品等其他时尚产品的开发。一些服饰时尚品牌逐步将时尚品牌扩展到珠宝、化妆品等衍生产品领域。与此同时，时尚产品批量化生产之后，时尚产品的从业人员不再受限于时尚产品的生产和制造，开始在设计、营销等其他方面投入更多时间和精力。时尚产业涌现了与时尚产品相关的生产、设计、营销与零售等独立的职能部门。这些独立的时尚产业部门组合在一起，构成了一个比传统的服饰制造业更加广泛的时尚产业。②

21世纪末，凭借着互联网等技术的飞速发展，时尚产业迎来了一个全新的时代。互联网技术对时尚产业产生了深远的影响，改变了时尚企业的运营方式、时尚产品的传播模式和消费者购物方式。对于企业而言，

---

① 参见中欧国际商学院《中国时尚产业蓝皮书》课题组：《中国时尚产业蓝皮书2014—2015》，经济管理出版社2015年版，第8页。

② 参见顾庆良主编：《时尚产业导论》，上海人民出版社、格致出版社2010年版，第6页。

主要的影响包括：（1）利用数据分析消费者偏好并预测时尚产品的流行趋势，从而快速响应并设计、生产相应的时尚产品；（2）通过社交媒体展示和推广时尚产品，与消费者直接沟通，并跟踪消费者的行为，实时调整营销策略；（3）通过电子商务平台可以直接将时尚产品呈现给消费者，从而对产品定价、品牌维护和客户关系有了更多的控制权。对消费者而言，可以通过在线方式浏览、选择或购买时尚产品，体验方便快捷的购物方式。目前，时尚产业在全球经济中发挥着重要的作用，这一庞大产业的价值约3万亿美元，占全球人均国内生产总值的2%，约有3亿人在相关产业链中工作。

随着经济发展的全球化，时尚产业在不同国家与地区的发展也呈现出不同态势。欧美等发达国家的时尚产业起步早，优势明显，占据时尚产品的发展趋势引领地位，掌握着时尚潮流等话语权。众多的世界顶级的时尚公司与时尚品牌都聚集在发达国家，它们占据着全球高端市场。出于利润最大化的考虑，发达国家在紧紧抓住时尚产品设计、市场等核心环节的同时，将服装、鞋帽和电子产品等加工制造向发展中国家转移。发展中国家则主要承接了国际品牌的加工代工等低利润、低附加值环节，既缺乏自主设计和创造力量，又缺乏具有国际影响力的自有品牌，处于时尚产业的底端地位。

二、我国的时尚产业发展史

中华文明源远流长，自从有了人类文明，就有了时尚的踪迹。如在小孤山遗址曾发现45,000年前的骨针、穿孔的兽牙和贝壳，25,000年前的山顶洞人已经用骨针缝制兽皮衣服，将兽牙、兽骨等穿孔做成吊饰。

但时尚作为一项经济产业，在中国起步很晚。在此，我们通过服装行业的发展脉络与现状呈现中国时尚产业的发展历程。在时尚产业全球化发展浪潮中，中国处于时尚产品制造大国的地位。服装业是中国经济的重要组成部分，中国一直是世界最大的服装生产与出口国。20世纪80

年代，中国服饰产业加工行业逐渐形成，主要以国内市场为主；到了20世纪90年代，中国的服装加工能力和技术水平都逐渐提升，服装出口贸易快速发展，中国成为服装第一出口国。这期间，中国服装产业仍以制造生产或代工为主，国产品牌认可度较低。进入21世纪，特别是中国加入世界贸易组织（WTO）后，国产品牌进入了高速发展的快车道，不可否认的是国产品牌仍旧与欧美等国家的品牌有明显的差距，高端服装依旧被欧美厂商垄断，比如在相当长的一段时间里，中国奥运代表团、国内体育赛事的赞助商仍然少见国产品牌的踪影。随着北京举办奥运会，国产服饰迎来了黄金时期，比如李宁服饰等运动品牌在国内遍地开花，在国外也获得了一定的认可。但是2008年国际金融危机又一次将国产服装业集体带入寒冬期，与此形成鲜明对比的是，海外服装品牌受到的影响却较小，主要原因在于消费者对国内品牌的信心不足、认可度不够，而国外品牌在消费者内心的地位难以撼动。例如，同一服装面料同样用于国内品牌与国外品牌，虽然两者的产品质量别无二致，但是消费者会惯性地认为国外品牌会更好，更愿意为国外品牌支付高价。

通过分析时尚产业中核心产业服装领域的状况，我们不难发现，中国服装行业已经取得了长足的发展，从传统的代工厂走向独立品牌发展，但品牌的认可度还有待提高、自主设计与创新不足、缺乏国际品牌影响力等方面仍存在缺陷。如何补齐国产品牌的短板，是中国服装产业面临的主要问题之一。

值得欣慰的是，近年来中国时尚产业已经意识到差距，意识到品牌的重要性，正在迎头追赶，并呈现出自下而上的转型升级发展历程。无论是以单品生产型为基础的快消品牌，还是以系列化开发为主导的中高档品牌，都逐渐意识到品牌的价值。在国家政策的大力支持下，经过行业企业与个人的努力，中国时尚产业的国际影响力正在显著提升。中国时尚产业国际化的交流愈加增多，中国时尚产业的全球化进程也在加速。创办于2003年的上海时装周，见证并推动了中国时尚产业设计能力的提升和时尚产业的发展。麦肯锡《2022中国时尚产业白皮书》指出，上海时装周为中国时尚产业的交流、关键对接和推动作用提供了良好的平台，在引领创意设计与商业模式、助力企业与品牌国际化进程、推动可持续生活方式和绿色时尚等方面发挥了重要作用。上海时装周在新华社发布的“全球时尚产业指数——时装周活力指数”中与国际领先时装周之间的差距正在逐年缩小，其中“时尚要素聚集度”指标在2021年跃居第四。

与其他国家时尚产业发展路径比较，中国在经济基础、消费市场和环境、供应链成熟度等方面已经达到硬性条件。根据2023年“世界品牌500强”排行榜，共有48个中国品牌入榜，在时尚产品相关的服饰、电子消费产品等领域，有小米、波司登等国产品牌入选，中国时尚产品与品牌在国际上的影响力也在逐步提升。在国内时尚产品消费方面，消费者开始认可并追捧国产品牌，比如在服装领域，国潮服装品牌越来越得到国人的钟爱；在消费电子领域，国产品牌华为Mate 60 Pro系列手机一机难求。

随着网络化的快速发展，我国时尚产业也逐渐呈现出一些中国特色，如关键意见领袖（Key Opinion Leader，KOL）带货、粉丝经济等。新世代的时尚行业的消费群体，更加重视品牌力，认可品牌所体现出来的价值观，对民族品牌的信任度提升；更重视内容、产品和服务的个性化。与此同时，很多的中国品牌通过新媒体营销的方式迅速成长，如完美日记（小红书）、花西子（淘宝直播）、Ubras（多渠道），摩飞（多渠道）等。

从时尚产品的消费角度来看，我国的人均国内生产总值从2022年开始连续两年保持在1.2万美元以上，中国逐渐成为国际时尚消费的主力。根据时尚行业的市场定位，国际时尚一般可分为奢侈时尚、中高档时尚和群众快消时尚。以奢侈品为例，奢侈品品牌的销售近年来在欧洲的业绩逐渐下滑，亚洲成为业绩的主要增长点。中国、印度等新兴经济体成为奢侈品的主要购置力。据统计，2021 年美国的奢侈品市场销售额上升 12%，欧洲上升 6%，亚洲却达到 22%，其中中国的奢侈品销售增长量达到 30%。目前中国已经成为仅次于美国的第二大奢侈品消费国。

意识到时尚产业的巨大市场价值，上海、北京、浙江等地区都通过打造时尚产业链的模式，推动供给侧结构性改革。作为中国时尚产业的重要发源地和重镇，上海近年来以建设“时尚之都”“品牌之都”“设计之都”为目标，大力推进时尚产业的建设，2022 年 9 月印发了《上海市时尚消费品产业高质量发展行动计划（2022—2025 年）》的通知，提出加快发展时尚消费品产业，全力打响上海“四大品牌”，确立“引领时尚、定义潮流的‘时尚之都’地位，打造具有示范引领作用的时尚消费品万亿级消费市场，打响一批领军级名企名品，形成一批融合性消费场景，布局一批示范性产业名园，集聚一批国际化时尚人才，使上海成为时尚出品地、潮流集聚地、创新策源地、消费引领地”等发展目标。浙江省则在 2015 年连续发布《关于加快发展时尚产业的指导意见》《浙江省时尚产业发展规划纲要（2014—2020 年）》等文件，明确将时尚产业列入支持浙江省经济发展的七大万亿产业之一，到 2020 年形成以设计、营销为核心，以智能制造为基础，以自主品牌为标志的时尚产业体系，加快建设以创新设计为引领的时尚产业创造中心，成为国内时尚产业发展的先行区和示范区。《深圳市时尚产业发展规划（2021—2025 年）》中提出了时尚产业的发展目标：到 2025 年，培育形成增加值超 6000 亿元的时尚产业集群，时尚要素与资源的集聚能力大幅提升，产业支撑体系完善，创意设计能力、品牌营销能力、创新智造能力显著增强，成为全球重要的新兴时尚产业高地。

因此，我国的时尚产业的发展呈现出起步晚、发展快、潜力大的特点。随着中国综合国力的不断增强，相信在不久的将来，中国一定会诞生更多有国际影响力的品牌，中国时尚产业的竞争力也必将不断提升。

第二节　时尚法的发展历史

为了适应与促进时尚产业的快速发展，时尚法应运而生。与某些更传统的法律领域不同，时尚法捕捉了现代消费者需求和数字经济的动态、快速的全球通信和复杂的物流链、基本人权等问题。时尚法的界定，需要从实务主义、问题主义的观点出发。时尚法是贯穿时尚行业生命全周期的行业法，在产品研发、设计、制造、品牌、营销和服务等经济活动中对时尚产业的发展保驾护航。时尚法作为产业法，不同于传统的部门法分类中的某一类，而是以时尚产业为主题，综合运用民法、知识产权法、公司法、广告法、反不正当竞争法等调整时尚产业下各项行为的法律规范的总和。随着社会分工的不断专业化与精细化，时尚行业逐渐发展成熟，行业内也形成了自己特有的交易方式、交易模式、商业惯例等。要解决好时尚行业中的法律问题，既要立足于产业发展的现实状况，也要对时尚行业内所涉及的法律法规、行政规章等进行综合运用。正如苏珊·斯卡菲迪（Susan Scafidi）所指出的，时尚法不仅是一个时髦的学科，也将会是一个长久存在的学科。虽然，“时尚”和“法律”这两个词没有直接联系，时尚法也不是传统公认的一个法律专业，但在今天，时尚法成为一个旨在为时尚行业服务的新兴法律领域。①

时尚法并非笔者独创，在比较法的视角下，时尚法已经有了一定的发展。时尚法这一概念最早在美国提出。时尚法的开创性工作以 Susan

① See Susan Scanfidi, *Introduction*: *Fashion Law Triumphant – Designing Success in a New Legal Field*, Navigating Fashion Law（Aspatore 2015）p. 8.

Scafidi 教授为代表，她发表了诸多关于时尚与法律相融合的论文。[①] 鉴于保护与时尚物品相关的设计、技术和其他专有财产的重要性，知识产权问题主导了时尚法。在当时，学者将时尚法视为知识产权法的一个子领域。

基于对时尚法的兴趣，相关的论著与学术著作也与日俱增。美国福特汉姆大学法学院宣布在美国时装设计师协会的支持下成立时尚法学院，旨在为设计专业的学生和设计师提供法律服务，培养未来的时装律师和设计师，就时尚行业面临的问题提供信息和帮助。该学院 2008 年开设了第一门时尚法课程，并于 2015 年秋季推出首个时尚法法学硕士学位点。福特汉姆大学法学院时尚法研究所将时尚法涵盖的领域界定为"包括在服装的整个生命周期中可能出现的所有问题，从设计师最初的想法开始，一直持续到消费者的衣橱"。此时，时尚法所涵盖的领域并不局限于知识产权法，还涵盖公司法、广告法、反不正当竞争法等多个不同的领域，此外马兰戈尼学院于 2017 年春季推出了意大利的第一个时尚法研究生课程。越来越多的律师事务所和专业组织正在开展时尚法律实践。时尚法将新技术、新主题领域等带入一般法律研究中，给法律本身带来活力，也属于法律中的时尚。目前，时尚法已经为欧美等地诸多院校接受并认可。

时尚法发展至今，其内涵极为丰富，时尚行业发展中可能涉及的问题，均可以被时尚法包含。其中最为重要的就是知识产权法。对于时尚行业而言，知识产权对于时尚公司而言极其重要。品牌是时尚企业的重要财产：一方面，消费者之所以不惜重金追求某些奢侈品，很多时候是在为一个品牌价值买单，品牌价值是时尚产品价值中重要的组成部分；

---

① See Susan Scafidi, *Intellectual Property and Cultural Products*, 81 B. U. L. REV. 793, 795 –96 (2001); Susan Scafidi, *Intellectual Property and Fashion Design*, 1 INTELL. PROP. & INFO. WEALTH 115 (2006); Susan Scafidi, *Fiat Fashion Law! The Launch of a Label—And a New Branch of Law*, in Navigating Fashion Law 7, 12 (Melissa Silvanic ed., 2012).

另一方面，企业也可以通过品牌授权、品牌联名的方式，直接通过品牌获得价值。与此相应，时尚品牌价值由商标、版权、专利等核心内容组成，对其打造与经营需要时尚企业花费较多的时间和精力。如聘请知名设计师，打造各种经典产品或制造每年的爆款产品等；通过广告投放、品牌宣传等，提升产品影响力等。对于企业投入巨大，且具有重要价值的品牌、专利等无形财产，如何通过知识产权法进行保护等，对于时尚企业而言，具有重要意义。

相较于国外对时尚法的研究，我国的时尚法的研究尚处于起步阶段。浙江理工大学依托其服装设计、艺术设计与法学等交叉学科的优势，建立了全国首个时尚与艺术法研究所，专门从事时尚法研究，这是目前全国唯一一个对时尚法进行体系研究的学术机构。浙江理工大学时尚与艺术法研究所自 2019 年至今已经连续召开了 5 届时尚法论坛，在国内外具有一定的学术影响力。除此之外，国内还有部分机构间断性地发布相关研究报告，如北京市文化娱乐法学会近两年以北京植德律师事务所为依托，发布了 2021 年和 2022 年《时尚产业法治年度报告》；由中华商标协会、中国服装设计师协会主办的 2023 中国时尚知识产权大会以“时尚知识产权司法保护路径及维权实践”为主题，发布了《2023 时尚产业知识产权保护年度报告》等。总体而言，我国的时尚法研究还处于起步阶段，如何用法律助力时尚产业的研究还有待加强。

第二章　时尚企业商业运作的法律问题

时尚企业是涉及时尚产业全流程（包括原材料的研发制作、产品的设计加工、产品的销售和传播等）的各类企业。时尚企业在组织性质上为商事主体，以营利为组织的基本目的。时尚企业旨在引导消费者以时尚作为消费对象，为时尚这一精神需求买单。因此，时尚企业在商业运作中要注重选择合适的组织形式，以便实现利润最大化。

第一节　时尚企业的组织形式选择

时尚企业可以选择的主要组织形式包括个人独资企业、合伙（包括普通合伙和有限合伙）以及公司。不同的商业组织形式在法律责任承担、税收待遇等方面都有重要区别。创始人在选择企业实体时，应充分了解不同形式的商业组织形式的优劣势，以便根据自身的发展目标及预期、商业定位、发展模式等进行选择。当然，在企业运营的过程中，创始人也可以变更公司的组织形式。对此，创始人需对不同的组织形式有充分的了解。

一、个人独资企业

个人独资企业，又称个人企业（sole trading concerns or individual proprietorship），是指一个自然人投资，财产为投资人个人所有，投资人以其个人财产对企业债务承担无限责任的经营实体。个人独资企业是最古老、最简单的一种企业形态，也是民营企业最主要的企业组织形式。目前我国有《个人独资企业法》《市场主体登记管理条例》等法律法规对个人独资企业进行规范。实践中，个人独资企业这一组织形式通常由除了所有者之外没有其他雇员的企业使用，它一般不使用外部融资，不愿将资金用于组织成本，同时也能够减少税负，典型的如初创期时尚博主等。随着企业的发展和需求的变化，个人独资企业可以转变为不同的企业所有权结构。

（一）个人独资企业的特点

首先，投资人对企业的管理有较大的自主决定权。法律法规对个人独资企业的经营管理、进入与退出、设立与破产等诸多方面限制较少，投资人对企业资产所有权、控制权、经营权、收益权高度统一。因此，投资人有较高的自主决定权。相较于其他组织形式，个人独资企业的设立、运营管理、解散都非常灵活简单。投资人可以完全根据个人的意志确定经营策略，进行管理决策，既可以自行管理企业事务，也可以委托或者聘用其他具有民事行为能力的人管理企业的事务。若投资人选择聘任管理人员，此种经营管理人员的权限源于企业主的委托和授权。

其次，个人独资企业的法律性质属于非法人组织。换言之，个人独资企业与公司等不同，本身并不享有法人的独立地位。个人独资企业与其投资人在法律上无法分离，独资企业的单一性、自然性决定了它只能以投资人的人格为其人格。基于此，企业的资产不足以清偿其债务时，投资人需以其个人财产偿付企业债务。在此需指出，个人独资企业有自己的财产，根据《个人独资企业法》的相关规定，个人独资企业应当制备会计账簿，进行会计核算，在企业解散时也需要依法进行清算。由于个人独资企业不具备独立的法律人格，因此其法律责任不独立。换言之，投资人对企业的债务承担无限责任。个人独资企业首先需以其自身的财产清偿债务，当企业的资产不足以清偿债务时，投资人需要以个人的财产予以清偿。即使个人独资企业解散，原投资人对个人独资企业存续期间的债务仍然应当承担偿还责任。由于投资者与企业的经济利益紧密相连，投资者会有较高的责任心，往往会尽心尽力地将企业经营好。

再次，由于个人独资企业依附于投资者，其发展规模有限。企业资金均来源于单个自然人，难以筹集大量资金。由于一个人的资金有限，以个人名义借贷款难度也较大。因此，个人独资企业的组织形式限制了企业的扩展和大规模经营。同时，由于个人独资企业与投资者共命运，企业的延续性相对较低。企业所有权和经营权高度统一的产权结构，虽然使企业拥有充分的自主权，但这也意味着企业是自然人的企业，投资者的病、死，他个人及家属知识和能力的缺乏，都可能导致企业破产。

最后，个人独资企业本身无须缴纳所得税。因个人独资企业与投资人被视为一个人，企业的全部损益，按照投资人所得的利润和其他收入，适用投资人的个人所得税税率。由于个人独资企业不享有独立的法律人格，企业无须缴纳企业所得税。因此，个人独资企业仅需缴纳增值税、附加税以及个人所得税，个人独资企业的收入按照所得计算个人所得税，适用5%~35%的五级超额累进税率。按照利息、股息、红利所得计算个人所得税，适用比例税率，税率为20%。对于公司而言，公司本身需缴纳企业所得税，投资者获得的回报需再次缴纳个人所得税。个人所得税按照利息、股息、红利所得计算，适用比例税率，税率为20%。

（二）个人独资企业的设立

根据《个人独资企业法》第8条的规定，要设立个人独资企业应当具备以下条件：首先，投资人必须为一个自然人，国家、公司等不能成为投资主体。其次，企业必须具有合法的企业名称。个人独资企业的名称中不得使用“有限”、“有限责任”或者“公司”字样，可以采用厂、店、部、中心、工作室等后缀。最后，为了企业能够正常进行经营管理活动，需要有投资人申报的出资、固定的生产经营场所和必要的生产经营条件以及必要的从业人员。需要指出的是，《个人独资企业法》没有规定设立企业的最低注册资本金额，只要求有投资人申报的出资。因为个人独资企业只有一个投资人，是一种比较简单的企业组织形式，而且投资人要以个人的全部财产对企业债务承担无限责任。不规定个人独资企业的注册资本金额，既体现了设立简便的原则，又解决了企业交易相对人的利益保护问题，有利于促进个人独资企业的迅速发展，符合我国现阶段经济发展的实际，且与绝大多数市场经济国家的通行做法相一致。

设立个人独资企业的流程如下：（1）申请。申请设立个人独资企业，应当由投资人或者其委托的代理人向个人独资企业所在地的登记机关提出申请。（2）审批。个人独资企业不得从事法律、行政法规禁止经营的业务；从事法律、行政法规规定须报经有关部门审批的业务，应当在申请设立登记时提交有关部门的批准文件。（3）登记注册。根据《市场主体登记管理条例》第19条的规定，登记机关应当对申请材料进行形式审查。对申请材料齐全、符合法定形式的予以确认并当场登记。不能当场登记的，应当在3个工作日内予以登记；情形复杂的，经登记机关负责人批准，可以再延长3个工作日。（4）个人独资企业的成立。个人独资企业的营业执照的签发日期，为个人独资企业成立日期。在领取个人独资企业营业执照前，投资人不得以个人独资企业名义从事经营活动。

此外，个人独资企业也可以设立分支机构。分支机构的设立应当由投资人或者其委托的代理人向分支机构所在地的登记机关申请登记，领取营业执照。分支机构经核准登记后，应将登记情况报该分支机构隶属的个人独资企业的登记机关备案。分支机构的民事责任由设立该分支机构的个人独资企业承担。

（三）个人独资企业的解散和清算

个人独资企业解散的原因主要有以下几种：（1）投资人决定解散；（2）投资人死亡或者被宣告死亡，无继承人或者继承人决定放弃继承；

(3) 被依法吊销营业执照；(4) 法律、行政法规规定的其他情形。个人独资企业解散必须经过清算。清算的方法既可以是投资人自行清算也可以由债权人申请人民法院指定清算人进行清算。根据《个人独资企业法》第27条的规定，投资人自行清算的，应当在清算前15日内书面通知债权人，无法通知的，应当予以公告。债权人应当在接到通知之日起30日内，未接到通知的应当在公告之日起60日内，向投资人申报其债权。独资企业清算结束后，投资人或者人民法院指定的清算人应当编制清算报告，并于15日内到登记机关办理注销登记。至此，个人独资企业这一民事主体消灭。

二、合伙企业

合伙企业是指由各合伙人订立合伙协议，共同出资，共同经营，共享收益，共担风险，并对企业债务承担无限连带责任的营利性组织。根据《合伙企业法》的规定，我国的合伙企业包括普通合伙企业与有限合伙企业两种类型。普通合伙企业由普通合伙人组成，所有的合伙人在法律上的地位、权利、义务是平等的，都有执行合伙事务的权利。合伙人对合伙企业的债务承担无限连带责任。有限合伙企业由普通合伙人和有限合伙人组成，普通合伙人对合伙企业债务承担无限连带责任，有限合伙人以其认缴的出资额为限对合伙企业的债务承担责任，与此相应，有限合伙人在权利方面低于普通合伙人，没有执行合伙事务的权利。与个人独资企业不同，合伙企业的出资人不限于自然人，法人、非法人组织也可以作为合伙人。但是，国有独资公司、国有企业、上市公司以及公益性的事业单位、社会团体不得成为普通合伙人。由于合伙企业存在多个合伙人，为了明确其出资、利润分配、事务管理等权利义务，法律规定合伙企业必须有书面的合伙协议，且该协议必须经所有合伙人一致同意。经全体合伙人同意、签章后，合伙协议才生效。

（一）合伙企业的特点

首先，合伙企业为非法人组织，不具有独立的法人人格，因此，其法律责任不独立。需要注意的是，合伙企业仍然是民事主体，可以以自己的名义对外从事民事法律行为，有自己独立的财产。根据《合伙企业法》第20条的规定，合伙人的出资、以合伙企业名义取得的收益和依法取得的其他财产，均为合伙企业的财产。该财产独立于合伙人，根据相关法律规定，合伙人在合伙企业清算前，不得请求分割合伙企业的财产，不得私自移转或处分合伙企业的财产。合伙企业对其债务，应先以其全部财产进行清偿，此点与法人相同。不同的是，合伙企业的财产无法清偿债务时，普通合伙人需要对合伙企业的债务承担无限连带责任。但法人的出资人，典型的如公司的股东则仅以自己认缴的出资额为限承担有限责任，其与公司的经营风险隔离。

其次，合伙企业相较于个人独资企业而言，其资金实力更强。一方面，合伙企业可以有多个合伙人，多个合伙人共同偿还债务可以增强企业的资信。同时，多个主体本身会提高企业的资金筹集能力，合伙企业甚至可以为了增资而吸收新的合伙人，以此为有潜力的企业注入资本。另一方面，合伙企业的合伙人不限于自然人，法人、非法人组织也可以成为合伙人，这一限制的排除为合伙企业筹集资金拓宽了路径。因为作为合伙人的法人、非法人组织的资金来源更为丰富。与公司相比，合伙企业中至少有一个合伙人需对企业的债务承担无限连带责任。据此可以使债权人的利益得到更大保护，理论上来讲，在这种无限责任的压力下，更能提升企业信誉。

再次，合伙企业中合伙人之间的信赖十分重要。在普通合伙中，由于合伙人对合伙企业的债务要承担连带责任，因此合伙人之间必须有高度的信赖关系；在有限合伙中，由于有限合伙人不能参与管理事务，但需对合伙企业的债务承担有限责任，因此，也要求有限合伙人与普通合伙人之间存在高度信赖。现有的法律规定也能体现这一特点，根据《合伙企业法》第43条第1款的规定，新合伙人入伙，除合伙协议另有约定外，必须经过全体合伙人一致同意，并依法签订书面协议。退伙除非发生约定的退伙事由等特殊事项，否则也需要经过全体合伙人一致同意。

最后，合伙企业的存续有限。由于合伙企业以合伙人之间的高度信赖为基础，此种信赖一旦丧失，合伙企业也难以存续。合伙人的退休、死亡、自愿清算、破产清算等均可造成原合伙企业的解散以及新合伙企业的成立。有限责任公司等法人，其成员的变动一般不会影响公司的存续。

（二）合伙企业的设立

根据《合伙企业法》的相关规定，设立合伙企业时应有两个以上合伙人。合伙人为自然人的，应当具有完全民事行为能力。对于有限合伙而言，至少应当有一个普通合伙人。合伙人之间必须有书面合伙协议，合伙协议经全体合伙人签名、盖章后方可生效。合伙人按照合伙协议享有权利履行义务。同时，合伙人认缴或者实际缴付的出资为合伙企业的财产；合伙人可以用货币、实物、知识产权、土地使用权或者其他财产权利出资，也可以用劳务出资。合伙人用非货币方式出资的，可以由全体合伙人协商确定作价方式。此外，还需要有合伙企业的名称和生产经营场所。合伙企业的名称中，普通合伙应标明“普通合伙”字样，有限合伙应标明“有限合伙”字样。全体合伙人指定的代表，或者共同委托的代理人，向企业登记机关申请设立登记；登记机关应当对申请材料进行形式审查。对申请材料齐全、符合法定形式的予以确认并当场登记。不能当场登记的，应当在3个工作日内予以登记；情形复杂的，经登记机关负责人批准，可以再延长3个工作日。

（三）合伙企业的运营

合伙企业对外执行事务，可以按照合伙协议的约定或者经全体合伙人决定，委托一个或者数个合伙人对外代表合伙企业，执行合伙事务。不执行合伙事务的合伙人有权监督执行事务合伙人执行合伙事务的情况。合伙人为了解合伙企业的经营状况和财务状况，有权查阅合伙企业的会计账簿等财务资料。若受委托执行合伙事务的合伙人不按照合伙协议或者全体合伙人的决定执行事务，其他合伙人可以决定撤销该委托。合伙企业的利润分配、亏损分担，按照合伙协议的约定办理；合伙协议未约定或者约定不明确的，由合伙人协商决定；协商不成的，由合伙人按照实缴出资比例分配、分担；无法确定出资比例的，由合伙人平均分配、分担。

（四）合伙企业的解散和清算

当发生以下事由，合伙企业应当解散：（1）合伙期限届满，合伙人决定不再经营；（2）合伙协议约定的解散事由出现；（3）全体合伙人决定解散；（4）合伙人已不具备法定人数满 30 日；（5）合伙协议约定的合伙目的已经实现或者无法实现；（6）依法被吊销营业执照、责令关闭或者被撤销；（7）法律、行政法规规定的其他原因。合伙企业解散也应经过清算。清算人由全体合伙人担任；经全体合伙人过半数同意，可以自合伙企业解散事由出现后 15 日内指定一个或者数个合伙人，或者委托第三人，担任清算人。若合伙企业解散事由出现之日起 15 日内未确定清算人，合伙人或者其他利害关系人可以申请人民法院指定清算人。清算人自被确定之日起 10 日内将合伙企业解散事项通知债权人，并于 60 日内在报纸上公告。债权人应当自接到通知书之日起 30 日内，未接到通知书的自公告之日起 45 日内，向清算人申报债权。清算结束，清算人应当编制清算报告，经全体合伙人签名、盖章后，在 15 日内向企业登记机关报送清算报告，申请办理合伙企业注销登记。

三、公司

公司是具有民事权利能力和民事行为能力，依法独立享有民事权利和承担民事义务的财团法人。公司与其他组织形式相区别的核心本质在于其在法律性质上属于法人。根据《民法典》第57条的规定，法人是具有民事权利能力和民事行为能力，依法独立享有民事权利和承担民事义务的组织。法人是法律技术的产物，被认为是法律所创设的“人”，在法律性质上与自然人的地位相当。根据《民法典》的分类，法人又可以被分为营利法人与非营利法人，而公司是典型的营利法人，即以取得利润并分配给股东等出资人为目的成立的法人。需要注意的是，非营利法人在运营中也会取得利润，如公益基金会等，也会对其资本进行运作以取得利润，使自身的财产保值增值。两者的核心区别在于是否将取得的利润分配给股东。此外，值得一提的是，公司是否事实上盈利并非关键，只要法人以取得利润并分配给股东等出资人为目的即可。

（一）公司的特点

首先，公司具有法人资格，其是独立于其投资者的法律实体。在公司相对人与公司进行交易时，公司作为独立的主体而存在，可以独立享有民事权利和承担民事义务。这意味着公司以其独立的财产对外承担责任，若公司的财产无法清偿债务，无须像个人独资企业和合伙企业一样，将投资人的资产用于偿还企业债务。确实发生资不抵债时，企业自身进行破产结算清算等，走向终结。

其次，公司股东承担有限责任。股东可以选择用货币、实物、知识产权、土地使用权或者其他财产权利出资，但不可以用劳务出资。由于公司与股东相互独立，公司股东仅需以其认缴的出资额为限承担责任。这一有限责任的创造能够极大地鼓励投资者的投资热情。同时，正是由于股份责任的有限性，股权甚至可以被作为转卖对象，在市场上进行流通。股份有限公司的股份通常是可以自由转让的，这就逐渐形成了一个活跃的股份交易市场，进而产生了现代资本市场。有限责任公司的股权在满足一定条件（主要是其他股东放弃优先购买权）后，也可以对外转让，从而使有限责任公司的股权也具有一定的流动性。

再次，公司的融资途径丰富。法人资格和有限责任制度的结合，使公司和股东在主体资格和财产上相互分离，公司的风险不会由股东承担，股东的风险也不会影响公司的经营。这种分离使投资公司风险可控。因此，其可能的融资渠道包括股权融资、债权融资等。与个人独资企业和合伙企业不同，公司可以从公开渠道募集资本。其中中小企业可以通过全国中小企业股份转让系统（新三板）融资，如基础层新挂牌公司森创服装，互联网服饰品牌韩都衣舍等；大型企业可以通过 A 股上市公开募集资本，如雅戈尔、太平鸟等服装企业均为上市公司。

最后，公司是可以永续存在的企业组织形式。公司被认为是人类历史上最伟大的创造，企业的力量和意志远超过个人，成为社会进步和经济繁荣的重要推动者。有很多知名公司不仅见证了时代的变迁，也成为经济稳定的支柱。如被称为十大最古老的公司之一的日本修古新佛宫有限公司。修古新佛宫有限公司是一家总部位于日本名古屋的公司，主要专注于生产和批发寺庙佛教物品。自公元 1024 年成立以来，这家公司已经有上千年的历史。法国著名时尚品牌路易威登（Louis Vuitton），其创始人于 1854 年创立了路易·威登公司，此后与 Moët Hennessy 合并，组成全球最大规模及最成功的奢侈品集团公司 LVMH，至今也有 170 余年了。有一些大型公司，如众所周知的中国工商银行以其惊人的 540 亿美元净利润和近 40 万亿元人民币的总资产震撼了世界，甚至超越了第三大经济体日本一年的 GDP。时尚行业也不乏营收上百亿元的公司。根据中国连锁经营协会（CCFA）公布的“2022 年中国时尚零售与时尚消费 TOP100”，周大福珠宝集团的营业收入总额位居榜首，营收总额约

828.87 亿元，旗下主营品牌有周大福珠宝、MONOLOGUE 以及 ENZO 等。周大福品牌也有 90 多年的发展历史，其以产品设计、品质与价值而闻名，提供多元化的产品、服务和销售渠道，满足顾客不同人生阶段的需要。集团拥有庞大的零售网络，遍及中日韩、东南亚、北美，能有效地执行线上线下策略，在现今的全渠道零售环境下成功突围脱颖而出。

（二）公司的设立

公司设立的方式分为发起设立与募集设立两种。发起设立又被称为共同设立或单纯设立，是指由发起人认购公司应发行的全部股份而设立公司。发起设立的最大特点是公司的所有资本都来自公司的发起人，公司不能向社会公开募集股份。由于有限责任公司具有人合属性，其资本与公司运作均有封闭性，所以只能采取发起设立方式。募集设立又被称为渐次设立、复杂设立，是指由发起人认购公司应发行股份的一部分，其余股份向社会公开募集或者向特定对象募集（定向募集）而设立公司。在我国只有股份有限公司可以采取这种设立方式。我国的募集设立包括公开募集与定向募集两种形式，募集设立相对于发起设立，在广泛募集社会资金方面具有无可比拟的优越性，尤其是公开募集，通过发行股份充分吸收社会闲散资金，在短期内筹集设立公司所需巨额资本，缓解发起人的出资压力。

（三）公司的运营

公司有较为规范的管理体系，根据《公司法》的相关规定，公司的组织架构通常包括股东会、董事会、监事会等。如果公司规模较小，可以由一人担任股东、董事或监事。股东会是由投资者组成的非常设性机构，也是公司的权力机关，负责选举和更换非由职工代表担任的董事、监事，决定有关董事、监事的报酬事项；审议批准董事会的报告、监事会或者监事的报告、年度财务预算方案、决算方案、公司的利润分配方案和弥补亏损方案等；对公司增加或者减少注册资本，发行公司债券，公司合并、分立、解散、清算或者变更公司形式、修改公司章程等事项作出决议。董事会是公司的执行机构，负责公司的日常经营管理活动。职责具体包括召集股东会会议，并向股东会报告工作；执行股东会的决议；决定公司的经营计划和投资方案；制订公司利润分配方案和弥补亏损方案、增减注册资本以及发行公司债的方案；制定公司合并、分立、解散或者变更公司形式等的方案；决定公司内部管理机构的设置；决定聘任或者解聘公司经理及其报酬事项，并根据经理的提名决定聘任或者解聘公司副经理、财务负责人及其报酬事项；制定公司的基本管理制度等事项。监事会负责对董事会、高级管理人员等进行监督管理。在小型公司中，股东本身也可以作为董事，对公司进行管理；较为大型公司，会聘请职业经理人对公司进行运营。

（四）公司的解散清算

公司有可能基于以下事由而解散：（1）公司章程规定的营业期限届满或者公司章程规定的其他解散事由出现；（2）股东会决议解散；（3）因公司合并或者分立需要解散；（4）依法被吊销营业执照、责令关闭或者被撤销；（5）因公司僵局而被法院予以解散。除了第3项外，其他情形下公司解散必须经过清算。董事为公司清算义务人，应当在解散事由出现之日起15日内组成清算组进行清算。清算义务人未及时履行清算义务，给公司或者债权人造成损失的，应当承担赔偿责任。清算组由董事组成，但是公司章程另有规定或者股东会决议另选他人的除外。逾期不成立清算组进行清算或者成立清算组后不清算的，利害关系人可以申请人民法院指定有关人员组成清算组进行清算。人民法院应当受理该申请，并及时组织清算组进行清算。清算组应当自成立之日起10日内通知债权人，并于60日内在报纸上或者国家企业信用信息公示系统公告。债权人应当自接到通知之日起30日内，未接到通知的自公告之日起45日内，向清算组申报其债权。清算组在清理公司财产、编制资产负债表和财产清单后，应当制订清算方案，并报股东会或者人民法院确认。公司清算结束后，清算组应当制作清算报告，报股东会或者人民法院确认，并报送公司登记机关，申请注销公司登记在清算期内，公司不能开展与清算无关的业务；一旦注销，公司的主体资格消灭。

四、时尚企业的组织形式选择

根据前述分析，在此对时尚企业的三种组织形式的特点作逐一对比，见表2－1。

表2－1 三类企业的比较

组织形式	个人独资企业	合伙企业	公司
法律性质	非法人组织	非法人组织	营利法人
投资人状态	自然人	自然人、法人、非法人组织	自然人、法人、非法人组织
投资人责任	无限责任	无限责任	有限责任
融资渠道	较少	较少	丰富
税收政策	个人所得所	个人所得税	个人所得税＋企业所得税
存续长短	短	短	长

个人独资企业或者合伙企业因设立要求较低，通常可以作为时尚企业初创时的选择。但一般较为成熟的企业或者目标定性为长久发展的时尚企业，为了规范企业运营，并且投资人为了摆脱无限责任，通常优先选择公司这一组织形式。但合伙企业在实务中也有其妙用。其中典型的作用是作为持股平台或满足节税需求等。例如，欧派家居（603833）在上市前曾对员工进行股权激励，引入了110名自然人股东对欧派家居直接持股，结构见图2－1。此后公司上市时面临着对公司自然人股东的历史沿革的合规性进行审查，包括核查历史上自然人股东入股、退股（含工会、职工持股会清理等事项）是否按照当时有效的法律法规履行了相应程序，入股或股权转让协议、款项收付凭证、工商登记资料等法律文

件是否齐备，并抽取一定比例的股东进行访谈，就相关自然人股东股权变动的真实性、所履行程序的合法性，是否存在委托持股或信托持股情形等进行审查。如此会导致公司上市程序繁复、效率低下、法律不确定性增加。若在证监会审核期内出现人员变动，还需重新提交相应材料。欧派家居在上市过程中就面临员工离职等状况，增加了上市的复杂性。若选择有限合伙企业作为持股平台，则可以隔离上述风险，结构见图2-2。如朗姿股份有限公司、锦泓时装集团股份有限公司等均选择有限合伙企业作为持股平台。

图 2-1　自然人持股结构

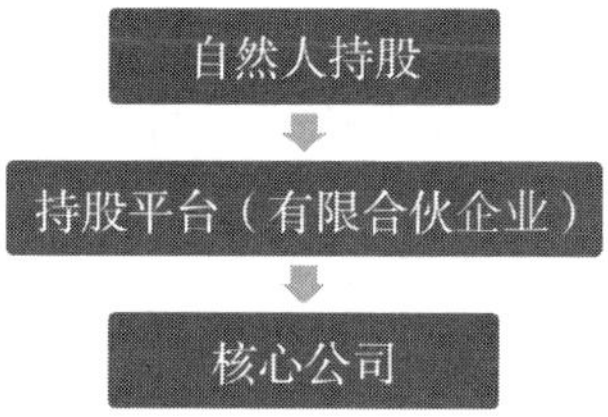

图 2-2　有限合伙企业持股结构

此外，合伙企业与个人独资企业类似，它们并非法人，投资人取得的收益，仅需交纳个人所得税，避免了双重征税。而公司的投资人若要获得分红，则需交纳个人所得税和企业所得税，税负更重。

值得一提的是，根据《市场主体登记管理条例》的规定，不同的市场主体统一由市场监督管理部门负责登记管理。与此同时，不同的组织形式之间也可以发生变更，如《市场主体登记管理条例实施细则》第37条第2款规定，非公司企业法人申请改制为公司，应当按照拟变更的公司类型设立条件，在规定期限内申请变更登记，并提交有关材料。

第二节　时尚企业的融资

随着企业的发展与扩张，为了扩大企业规模，提升企业知名度，企业对资产的要求也越来越高，如果初始资金不足，企业会有融资的需求。企业融资渠道和融资方式有内源融资与外源融资，债权性融资与股权性融资。前者以资金来源于企业内部还是外部为区分标准；后者以投资的方式为区分标准。

所谓内源融资，是指公司经营活动结果产生的资金，即公司内部融通的资金，它主要由留存收益和折旧构成，内源融资对企业的资本形成具有原始性、自主性、低成本和抗风险的特点，是企业生存与发展不可或缺的重要组成部分。外源融资，是指企业通过一定方式向企业之外的其他经济主体筹集资金，吸收其他经济主体的储蓄，并转化为自己投资的过程。内源融资的安全性较高，但融资范围有限；而外源融资则能够广泛地吸收社会资金，实现规模的突破。

债权性融资与股权性融资在法律属性上有较为明显的区别，对公司的影响也大有不同。债权性融资中出资方被称为债权人，其与企业之间发生的关系为借款关系，无论企业的经营状况如何，企业均面临到期还本付息的义务。实务中银行等金融机构是最典型的债权性融资渠道。股权性融资中的出资方的法律地位相当于“股东”，出资人与企业之间发生的法律关系为投资关系，出资人一旦认缴或实缴出资，通常情况下就无法再将投资的资本拿回。出资人与企业同命运，在企业发展较好，存在盈利时，股东可以获得分红。此外，股东也可以选择将股权转让给其他人，获得对应价款，从而从公司的投资关系中退出。

一、时尚企业的债权性融资选择

债权性融资是企业初创期最容易选择的融资方式，实务中最为常见的是向银行等金融机构借款及发行债券。

（一）向特定机构借款

对于时尚企业而言，商标、专利等知识产权是其重要的无形资产的一部分，以其为基础向银行质押融资等成为企业融资的重要方式，如美国的专利质押直接融资占比超过 55%。相较于以动产、不动产抵押为典型的担保模式，以知识产权融资在我国属于较为新型的融资方式，在我国所占比例与传统方式相比较低。但自 2021 年以来，随着国家《知识产权强国建设纲要（2021—2025）》《知识产权质押融资入园惠企行动方案（2021—2023 年）》等的颁布，不少银行等金融机构在政府的推动下，设计了“知识产权保”等专项金融服务方案，为拥有实用新型专利、发明专利和商标权中一项或多项核心知识产权的企业提供流动资金支持。例如，台州市知识产权局强化政银企之间的联动，发挥全国首个地方商标质押登记受理窗口优势，推进质押登记快速便捷办理。通过线上线下联动、创新产品模式、强化内外激励、落实降本减费等多项措施并举，畅通知识产权质押融资“一站式”服务，有效缓解中小企业融资难题，助力民营经济高质量发展。2022 年 1 ~9 月，台州市共办理专利商标质押登记 856 笔。其中，商标质押登记 395 笔，连续 6 年居全国地级市第一。

将知识产权进行质押，根据知识产权类型的不同，可将质押登记主管机关及法律依据整理如表 2 –2 所示。

表 2 –2　不同类型知识产权质押登记管理情况

类型	主管机关	法律法规依据
专利权	国家知识产权局（专利局）	《专利法》 《专利权质押登记办法》
著作权	国家版权局	《著作权法》 《著作权质权登记办法》
商标权（注册商标）	国家知识产权局（商标局）	《商标法》 《注册商标专用权质押登记程序规定》

以下以注册商标质押为例，进行重点讲述。（1）商标注册人应持《商标注册证》和银行所需的其他相关材料向银行提出贷款申请；（2）银行收到借款人的贷款申请后，应对借款人的借款用途、资信状况、偿还

能力资料的真实性，以及质押商标的基本情况进行调查核实，并及时对借款人给予答复；（3）借款人与银行达成初步贷款意向的，由借款人委托银行认可的商标评估机构出具商标价值评估报告，并持该报告和相关材料与银行签订借款合同；（4）银行与商标注册人签订质押合同后，双方应在订立书面质押合同之日起15日内向国家知识产权局申请办理商标专用权质押登记手续；（5）执行贷款合同；（6）借款人将商标专用权质押登记的基本情况报市场监管局备案。

典型案例2－1

"东钱湖"商标是2003年3月注册的一个全类注册商标。在2009～2015年这6年间，宁波市有关单位对这个商标进行了努力培育和推广，2014年该商标被认定为浙江省著名商标。经国家权威机构评估，其品牌评估价值超20.5亿元，比2009年"东钱湖"商标的首次评估价值3.4亿元提升了6倍多。该商标现已在区内外31家企业、32类商品、1500万个商品上使用。2016年宁波东钱湖投资开发有限公司质押"东钱湖"商标专用权，与浙江稠州商业银行宁波集士港支行正式签订了5亿元的贷款合同，成为浙江省单笔金额最大的商标质押贷款。

案例启示

为了让企业的商标能够质押变现，时尚企业应注意对商标的维护。首先，可以依法进行质押的商标必须是注册商标，权属稳定且无争议。因此，注册商标是第一步。注册商标时，应将相近的商标也一并注册，防止商标混淆。除了注册本类别外，将相近类别也一并注册，从而有利于商标品牌的延伸，有利于防止不良商人打擦边球谋取不正当的商业利益，既可以保护自己，也可以防御他人。同时，随着自身产品类别的调整变化，应及时调整商标注册方案，确保实际涉猎的产品与商标无缝对接、完美匹配，力争做到国内国际布局同步。其次，有价值的商标需要注册满3年且连续使用，因此品牌方还要充分地利用商标，使其具有一定的商业价值。通过广告宣传、产品营销等方法，扩大注册商标的知名度、维护其美誉度。此外，时尚企业也要及时进行商标保护，积极检索相近商标等，打击商标侵权及销售假冒伪劣产品等行为，做好商标维护，提升品牌价值。

（二）非公开定向发行债券

非公开定向债务融资工具是具有法人资格的非金融企业向银行间市场特定机构投资人发行并在特定机构投资人范围内流通转让的债务融资工具。定向债务融资工具（PPN）期限、融资成本、资金用途，由发行人、主承销商和投资者根据三方的特定需求灵活定制。一般而言，PPN 的发行期限不超过 3 年，其中 1～3 年期限的比例超过一半，而 3～5 年期限的比例为 20%～40%。同时，也有少量一年期以下的短期发行。定向债务融资工具的资金用途相对简单明确。如果期限在一年以下，它类似于短期融资券，主要用于补充企业的营运资金或偿还借款。期限在一年以上的定向债务融资工具，类似于中期票据，主要用于补充企业的营运资金、偿还借款以及进行项目建设。

非公开发行最大的优点在于它为企业提供了一种更为灵活可控的融资渠道，由于非公开发行股票不在公开的证券交易机构上市买卖，因此企业也不需要遵守与公开发行相关的披露和监管要求，这样能有效避免企业在融资过程中敏感信息的泄露，降低企业融资过程中可能出现的竞争风险。

典型案例 2－2

为了补充公司的流动资金，方正科技于 2018 年 2 月 9 日召开第十一届董事会 2018 年第二次会议，董事会一致审议并通过了《关于公司发行非公开定向债权投资工具的议案》。为了满足公司持续发展的资金需求，进一步拓展融资渠道，公司向四川金融资产交易所申请发行非公开定向债权投资工具，发行的规模为人民币6亿元，期限为36个月。该笔款项由重庆三峡银行股份有限公司全额认购。2021年1月22日，公司董事会审议并全票通过了《关于公司对重庆三峡银行股份有限公司债务进行延期的议案》，决定对债权人重庆三峡银行股份有限公司的债务进行延期，到期日延期至2021年8月9日，年化资金成本6.87%，按季付息、到期一次性还本。2021年8月11日公司再次发布分借款逾期的公告。

（三）公开发行债券

除了上述向特定人融资的情形外，企业还可以向社会公开发行债券。《证券法》（2014年修正）规定，公开发行公司债券应符合特定条件，其中包括净资产和债券余额方面的要求：股份有限公司的净资产不低于人民币3000万元，有限责任公司的净资产不低于人民币6000万元；累计债券余额不超过公司净资产的40%。另外还有筹集的资金投向符合国家产业政策、债券的利率不超过国务院限定的利率水平的要求。但最新的《证券法》（2019年修订）全面推行证券发行注册制度，公司债券公开发行注册制也随之落地。修订后的《证券法》对公司债券的公开发行条件进行了简化，删除了对于公司最低净资产和累计债券余额不超过净资产40%的要求，以及资金投向、债券利率的要求，新增了“具备健全且运行良好的组织机构”的条件。国务院办公厅作出了衔接性的规定，《关于贯彻实施修订后的证券法有关工作的通知》中明确，依据修订后的《证券法》，公开发行公司债券应当依法经证监会或者国家发展改革委注册。依法由证监会负责作出注册决定的公开发行公司债券申请，由证监会指定的证券交易所负责受理、审核。依法由国家发展改革委负责作出注册决定的公开发行公司债券申请，由国家发展改革委指定的机构负责受理、审核。申请公开发行公司债券的发行人，除符合《证券法》规定的条件外，还应当具有合理的资产负债结构和正常的现金流量。鼓励公开发行公司债券的募集资金投向符合国家宏观调控政策和产业政策的项目建设。此后证监会也多次修订《公司债券发行与交易管理办法》以配合公司债券公开发行注册制的具体实施。

根据最新的《公司债券发行与交易管理办法》以及《证券法》（2019 年修订）的相关规定，公司发行公开债券的流程大致如下：首先，公司需通过董事会或股东大会等内部决策程序，决定发行债券的金额、期限、募集资金用途等关键事项。在此，公司需满足一定的财务和组织机构条件，如最近三年平均可分配利润足以支付债券一年的利息，具有合理的资产负债结构和正常的现金流量等。其次，发行人需向证券交易所提交注册申请文件，包括债券募集说明书、审计报告、法律意见书等。证券交易所负责审核发行申请，主要通过问询和回答的方式进行。审核通过后，将审核意见和相关文件报送中国证监会履行注册程序。发行人与承销机构签订承销协议，明确承销责任。发行价格或利率通过市场化方式确定，如询价或公开招标。发行人需在债券募集说明书中披露募集资金的用途，并在债券存续期内定期披露中期报告和年度报告。发行人应为债券持有人聘请债券受托管理人，并订立债券受托管理协议，以维护债券持有人的利益，发行完成后，公司债券可以在证券交易所上市交易。发行人有持续履行信息披露义务，并对募集资金的使用情况进行监督。

典型案例 2－3

继 2019 年杉杉集团对外发行公开债券后，为了偿还公司的有息负债，杉杉集团于 2019 年年末再次对外发行公开债券。2019 年 12 月 11 日，杉杉集团召开董事会会议，审议通过了《关于公司符合公开发行公司债券条件的议案》《关于公司本次公开发行公司债券方案的议案》等，批准公司本次公开发行公司债券事宜。2020 年 4 月 21 日，经中国证券监督管理委员会签发的“证监许可〔2020〕759号”文件核准，公司获准面向合格投资者公开发行面值不超过20亿元（含）的公司债券。此后，杉杉集团于2020年12月10日面向合格投资者公开发行规模为9.5亿元的“杉杉集团有限公司2020年面向合格投资者公开发行公司债券（第一期）”等实名制记账式公司债券。债券期限为不超过5年期，附第3年末发行人调整票面利率选择权和投资者回售选择权。此后每半年杉杉集团均按时披露公司债的相关情况，并于2023年11月发布债券回售提示性公告，投资者可选择将持有的债券全部或部分回售给发行人。选择回售的投资者可以于2023年12月11日进行回售资金兑付。

（四）可转股的公司债

可转股的公司债，即可转换为股票的公司债券，是指以债券形式依照法定程序发行的，在一定时间内依据约定的条件可以转换为公司股份的债券。它兼有股票和债券的双重属性，因此，公开发行可转换为股票的公司债券，既要符合公开发行公司债券的条件，又要符合公开发行股票的条件。根据《公司法》（2023年修订）的规定，股份有限公司经股东会决议，或者经公司章程、股东会授权由董事会决议，可以发行可转换为股票的公司债券，并规定具体的转换办法。上市公司发行可转换为股票的公司债券，应当经国务院证券监督管理机构注册。

典型案例 2－4

常熟汽饰公司主要从事研发、生产和销售乘用车内饰件业务，是国内乘用车内饰件的主要供应商之一。公司的主要客户包括一汽大众、上汽通用、北京奔驰、华晨宝马、奇瑞、捷豹路虎、吉利汽车、奇瑞汽车、观致汽车、奇点汽车等国内主流整车厂商以及安通林、SMP、伟巴斯特、恩坦华等国际知名汽车零部件一级供应商。公司股票于2017年1月5日在上海证券交易所上市交易。为了扩建常熟汽车内饰件生产线项目等，2018 年 11 月 9 日召开的第二届董事会第二十二次会议审议通过，并经公司 2018 年 11 月 26 日召开的 2018 年第四次临时股东大会审议通过发行可转换公司债。2019 年 9 月 19 日，公司收到中国证监会出具的《关于核准常熟市汽车饰件股份有限公司公开发行可转换公司债券的批复》（证监许可〔2019〕1561 号）。可转换公司债券发行总额为 99, 242. 40 万元（992, 424 手）。原股东优先配售 489, 123 手，占发行总量的 49. 29%；网上社会公众投资者实际认购 496, 305 手，占发行总量的 50. 01%；主承销商包销本次可转换公司债券的数量为 6996 手，占发行总量的 0. 70%。[①]

二、时尚企业的股权性融资选择

股权融资是指公司通过扩股增资等形式，通过给投资者股权进行融资的方式。此种方式融资具有长期性、不可逆性和无负担性的特点，公司无须偿还本金，无须支付利息，但投资人据此成为公司的股东，与公司共进退。股权发行的方式，主要可以分为私募发售和公开市场发售。私募发售是指公司自行寻找特定的投资人，吸引其通过增资入股公司的融资方式。投资主体主要包括个人投资者、风险投资机构（venture capital，VC）、私募股权投资机构（private equity，PE）等。国内公开市场发售的渠道有：主板、中小板、创业板以及新三板。

（一）私募的主要方式

1. 个人投资者

个人投资者或是基于与公司创始人之间的私人关系，或是基于对公

① 参见《常熟市汽车饰件股份有限公司可转换公司债券上市公告书》，载上海证券交易所网，http：//www. sse. com. cn/disclosure/listedinfo/announcement/c/2019 - 12 - 10/603035_ 20191210_ 1. pdf。

司的前景看好而对公司进行投资。个人投资者与创始人之间的具体模式可以由双方自由协商而定，有的投资者会参与公司的经营管理，有些则仅作为股东关注公司的重大经营决策。通常来说，受投资人自身资金状况的限制，投资的金额并不会太多。

2. 风险投资机构

风险投资机构是由一群具有科技及财务相关知识与经验的人员组合而成的，以直接投资获取投资公司股权的方式，为资金需求者即被投资公司提供足额资金援助的投资机构。风险投资机构能够为公司带来强大的资金支持，且不直接参与公司的经营管理。与此同时，由于风险投资机构的投资对象往往经过其专业的分析，因此，风险投资机构投资这一行为也意味着被投资者具有一定的商业前景，可以为公司品牌带来一定的信誉，可以促进其增值服务。但值得注意的是，风险投资机构追求资本增值的最大化，它们的投资目标是“快速增值、快速回报、快速退出”，因此希望公司通过快速发展上市、转让或并购，再立刻从资本市场退出的方式最大化获利。因此，风险投资机构往往不注重公司的可持续发展，会过早地耗尽公司潜能。另外，风险投资机构在投资时往往会约定一票否决权、“对赌协议”、领售权、回购权等工具以保证自己的收益。

3. 私募股权基金投资

所谓私募投资基金投资，是指通过私募基金对非上市公司进行的权益性投资。其投资的对象往往是一些已经形成一定规模的，并产生稳定现金流的成熟企业，往往是企业进行首次公开募股（IPO）之前的一轮投资。私募股权基金投资的流程简单而言是“持股→增值→退出”。私募股权投资通过向个人、风险基金、杠杆并购基金、战略投资者、养老基金和保险公司等筹集基金，经过严格的尽职调查和评估，在全球范围内选择有发展潜力的非上市公司进行 3 ~ 5 年甚至更长时间的中长期投资。私募股权基金会与选择的企业进行合同条款谈判，商讨回报机制、管理机制、决策机制及退出机制等。在谈判中，投资方主要关注如何在风险可控情况下获得合理回报、如何对企业施加足够的影响、如何保证顺利退出。投资后，私募股权投资者会参与公司的管理。一般来说，私募股权投资者会参与公司股东会的决策，也会派驻董事参与公司日常的经营管理活动，帮助制订企业发展策略和营销计划，监控财务业绩和经营状况，协助处理企业危机事件。同时，私募股权会控制后续的追加出资，从而防止控制权被稀释。此后，私募股权投资者会考虑关于退出的问题。私募股权投资退出的渠道从收益率高到低排列主要有以下 4 种：资本市场的首次公开发行、出售给战略投资者的协议转让、企业家或原控股股东的回购、破产清算。因此，公司顺利地完成 IPO 融资，私募股权基金顺利退出是最优选择。

典型案例 2-5

总部位于上海的 NTX 集团是中国首家纺织品数位转移印染技术、设备、耗材、技术支持和培训整体解决方案提供商，其以自主研发的 NTX Cooltrans（冷转移）印染技术体系实现“非标纺织业标准化”，赋能全球纺织供应链，解决印染行业耗水多、耗能高、污染大的问题，大幅提升纺织行业供应链上各环节的效率，可以帮助成品交货周期缩短 30%~50%，大幅度降低采购和库存需求及成本。其 NTX Cooltrans 印染技术具有染料转移率高及固色率高的特点，可大幅节省染料和用水量，环保优势明显，也为中国纺织印染行业 3060 双碳达标提供了一个明确的技术路线图。凭借在印染技术上实现行业的革命性突破，NTX 集团成为阿迪达斯（adidas）认证供应商并为多个国际品牌建立了服装面料的全球供应链。截至目前，NTX 集团已与香港联泰集团等多家头部纺织成衣企业达成合作，并服务数十家头部大型国际服装品牌商。2022 年 6 月，NTX™ 纺织科技集团宣布完成近 2 亿美元 C2 轮融资，本轮融资由大钲资本领投，融资资金将用于加快建设全球化国际品牌供应链和产业升级布局。

（二）私募下的“对赌协议”条款的效力

风险投资及私募股权投资中最为常用且最有风险的工具是“对赌协议”。“对赌协议”又称为估值调整协议，是指投资方与融资方在达成股权性融资协议时，为了解决交易双方对目标公司未来发展的不确定性、信息不对称以及代理成本而设计的包含了股权回购、金钱补偿等对未来目标公司的估值进行调整的协议。从订立“对赌协议”的主体来看，有投资方与目标公司的股东或者实际控制人“对赌”，投资方与目标公司“对赌”，投资方与目标公司的股东、目标公司“对赌”等形式。根据“对赌”的方式，可以分为股权对赌型、现金补偿型、股权回购型。股权对赌型是指若目标公司不能完成某个条件，投资人就可以无偿获得更多股票。现金补偿型是指若目标公司不能完成某种条件，则目标公司就会向投资人补偿现金。股权回购型是指若目标公司不能完成某种条件，则投资人就可以要求目标公司把投资人的股票赎回，从而取回投资资本。根据“对赌”的内容可以分为赌业绩或赌上市等。对“对赌协议”的效力认定，随着对这一协议的认识的转变，在我国的立法及司法实践中有所调整。

1. 司法裁判态度变迁

【海富案】[①]——投资人与公司“对赌”无效，与原股东“对赌”有效

2012年的海富案曾引起投融资业内的巨大反响。该判例根据“对赌”的对象不同，对合同的效力认定采取了不同的态度。

2007年11月1日前，众星公司、海富公司、迪亚公司、陆波共同签订一份《甘肃众星锌业有限公司增资协议书》，约定海富公司以现金2000万元人民币对众星公司进行增资，占众星公司增资后注册资本的3.85%。

---

① 最高人民法院民事判决书，(2012) 民提字第11号。

业绩目标约定：众星公司2008年净利润不低于3000万元人民币。如果众星公司2008年实际净利润完不成3000万元人民币，海富公司有权要求众星公司予以补偿，如果众星公司未能履行补偿义务，海富公司有权要求迪亚公司履行补偿义务。补偿金额＝（1－2008年实际净利润/3000万元）×本次投资金额。第四项股权回购约定：如果至2010年10月20日，由于众星公司的原因无法完成上市，则海富公司有权在任一时刻要求迪亚公司回购届时海富公司持有之众星公司的全部股权，迪亚公司应自收到海富公司书面通知之日起180日内按约定回购金额向海富公司一次性支付全部价款。如果至2010年10月20日，由于合资公司自身的原因无法完成上市，则海富公司有权在任一时刻要求迪亚公司回购届时海富公司持有的合资公司的全部股权。

该案的“对赌”模式见图2－3。

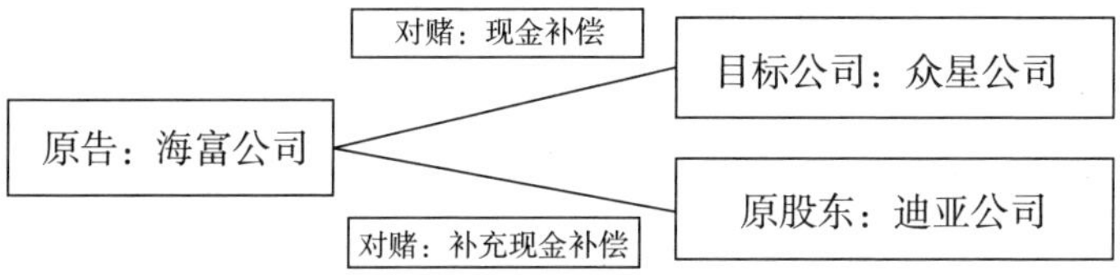

图2－3　海富案“对赌”模式

法院裁判观点：投资人和公司“对赌”无效，和原股东“对赌”有效。

核心理由：民间投融资活动中，融资方和投资者根据企业将来经营情况调整投资条件或给予投资者补偿的估值调整机制，应遵守《公司法》《合同法》[①] 的规定。投资者与目标公司本身之间补偿条款如使海富公司的投资可以取得相对固定的收益，该收益脱离了众星公司的经营业绩，损害了公司利益和公司债权人利益，投资方与目标公司对赌回购或补偿，违反了“资本维持原则”，合同当属无效。

① 现已被《民法典》合同编代替。

【强静延案】[①] ——认可公司担保股东对赌义务的担保责任

最高人民法院在强静延诉瀚霖公司、曹务波等案中从实质和程序角度双重认可了公司担保股东对赌义务的担保责任的正当性。

2011年4月26日，瀚霖公司作为甲方，北京冷杉投资中心（有限合伙）、福建国耀投资有限公司、强静延、孙博、许欣欣作为乙方，曹务波作为丙方，三方共同签订了《增资协议书》及《补充协议书》。协议书主要约定乙方向甲方增资扩股及其他事宜。其中，关于强静延向瀚霖公司增资以及其他事宜部分，《增资协议书》主要约定：强静延向瀚霖公司增资3000万元，其中400万元作为瀚霖公司的新增注册资本，其余2600万元作为瀚霖公司的资本公积金，强静延持有瀚霖公司0.86%的股权。《补充协议书》第2条第1款约定：曹务波承诺争取目标公司于2013年6月30日前获准首次公开发行股票并在国内主板或创业板证券交易所上市（以下简称合格IPO）；第2款约定：如果目标公司未能在2013年6月30日前完成合格IPO，强静延有权要求曹务波以现金方式购回强静延所持的目标公司股权，回购价格为强静延实际投资额再加上每年8%的内部收益率溢价，计算公式为P=M×（1+8%）T，其中：P为购回价格，M为实际投资额，T为自本次投资完成日至强静延执行选择回购权之日的自然天数除以365；第6款约定：瀚霖公司为曹务波的回购提供连带责任担保。

2012年5月31日，强静延与曹务波签订了《股权转让协议》，约定：强静延将持有的瀚霖公司股权转让给曹务波，按《补充协议书》约定的价格计算方式回购，曹务波应在协议签订后30个工作日内全额付清转让款，逾期未付清应按欠款额每日5‰支付违约金；逾期超过30日仍未付清，则强静延有权要求曹务波付清转让款和违约金后，退出股权。《股权转让协议》签订后，曹务波未履行支付义务。2014年4月2日，强静延书面通知曹务波、瀚霖公司支付股权转让款并承担违约责任，但曹务波、

① 最高人民法院民事判决书，(2016)民再128号。

瀚霖公司未履行付款义务。

该案的“对赌”模式见图2－4。

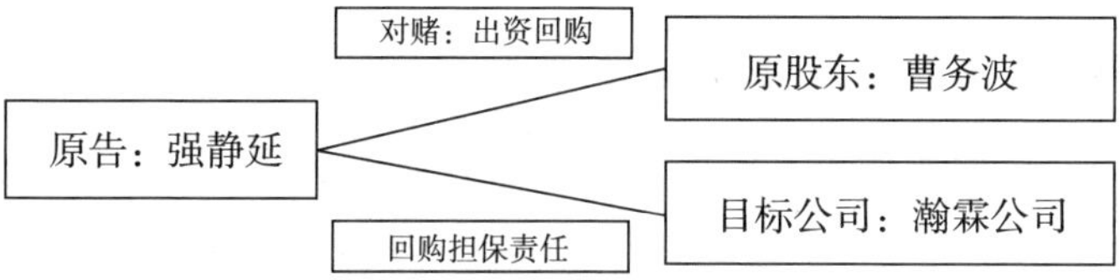

图2－4　强静延案“对赌”模式

裁判观点：投资人与股东对赌有效，公司对此承担担保责任。

核心理由：

（1）合同无效的判定严格遵循法定主义。

（2）投资人对瀚霖公司提供担保已经过股东会决议尽到审慎注意和形式审查义务。

（3）实质上，该担保行为有利于瀚霖公司的自身经营发展需要，并未损害公司及公司中小股东权益，公司为他人、为股东、为实际控制人提供了经济担保，对公司和债权人有其积极的一面。投资人的投资全部用于公司经营发展，瀚霖公司全体股东因此受益，故应当承担担保责任。

【华工案】[①] ——认可与公司之间对赌协议的效力

2019年4月3日，江苏省高院通过再审判决，在华工案件中首次认可了公司之间对赌协议的效力。在该案件中，华工公司作为投资方向扬州锻压机床集团有限公司（以下简称扬锻集团公司）进行投资，并要求其达到一定的业绩，否则需回购其股权，股东对此承担连带责任。但扬锻集团公司未达到约定业绩，回购股权条件达到，双方就股权协议的效

① 江苏省高级人民法院民事判决书，（2019）苏民再62号。因案件适用的《公司法》为2018年修正版本，因此案例分析所涉法条均以《公司法》（2018年修正）为基础。但所涉及的法条内容在《公司法》（2023年修订）中仅发生条文序号变化，相关内容未发生实质性变更，因此案例分析的结论于《公司法》（2023年修订）背景下仍然适用。

力发生争议。本案中一审、二审均认定该对赌协议无效，华工公司不服江苏省扬州市中级人民法院（2017）苏10民终2380号民事判决申请再审，在再审中被江苏省高院改判。该案改变了前述案例的裁判态度，直接认可投资公司与公司之间“对赌协议”的效力。

随着司法实践中对“对赌协议”态度的转变，立法上也逐步改变对对赌协议的态度。在《全国法院民商事审判工作会议纪要》中，最高人民法院认为投资方与目标公司订立的“对赌协议”在不存在法定无效事由的情况下，目标公司仅以存在股权回购或者金钱补偿约定为由，主张“对赌协议”无效的，人民法院不予支持，但投资方主张实际履行的，人民法院应当审查是否符合公司法关于“股东不得抽逃出资”及股份回购的强制性规定，判决是否支持其诉讼请求。（1）投资方请求目标公司回购股权的，人民法院应当依据《公司法》（2018年修正）第35条①关于“股东不得抽逃出资”或者第142条②关于股份回购的强制性规定进行审查。经审查，目标公司未完成减资程序的，人民法院应当驳回其诉讼请求。（2）投资方请求目标公司承担金钱补偿义务的，人民法院应当依据《公司法》第35条关于“股东不得抽逃出资”和第166条③关于利润分配的强制性规定进行审查。经审查，目标公司没有利润或者虽有利润但不足以补偿投资方的，人民法院应当驳回或者部分支持其诉讼请求。今后目标公司有利润时，投资方还可以依据该事实另行提起诉讼。

根据上述观点可知，最高人民法院区分效力与实际履行的问题，认为与公司对赌原则有效，但其履行应符合法定程序。

2. 华工案之展开

根据上述阐述可知，华工案的司法裁判态度是当下法院的主流观点。

---

① 《公司法》（2023年修订）第53条第1款。

② 《公司法》（2023年修订）第162条。

③ 《公司法》（2023年修订）第210条。

因此，有必要就华工案展开阐述。

2011 年 7 月 6 日，华工公司与扬锻集团公司、招商湘江产业投资有限公司、苏州盛泉万泽股权投资合伙企业（有限合伙）、江苏高投鑫海创业投资有限公司、深圳市盛桥创鑫投资合伙企业（有限合伙）、华夏君悦（天津）股权投资基金合伙企业（有限合伙）、扬州英飞尼迪创业投资中心（有限合伙）、上海锐合创业投资中心（有限合伙）及潘云虎、董宏斌、耿长明、赵宏卫、张惠生、何灿焜、钟捃、淮左投资中心、亚东投资中心、吉安投资中心、金锻投资中心共同签订《增资扩股协议》一份，约定以公司 2011 年预测净利润 9350 万元为基础，按 10.12 倍 PE 估值，以增资后注册资本 8600 万元计算，确定本次增资的价格为人民币 11 元/股注册资本，华工公司以现金 2200 万元人民币对公司增资，其中 200 万元作为注册资本，2000 万元列为公司资本公积金。

同日，潘云虎、董宏斌、耿长明、赵宏卫、张惠生、何灿焜、钟捃、淮左投资中心、亚东投资中心、吉安投资中心、金锻投资中心作为甲方，扬锻集团公司作为乙方，华工公司作为丙方，三方就增资的有关事宜达成《补充协议》一份。《补充协议》第 1 条股权回购第 1 款约定：若乙方在 2014 年 12 月 31 日前未能在境内资本市场上市或乙方主营业务、实际控制人、董事会成员发生重大变化，丙方有权要求乙方回购丙方所持有的全部乙方的股份，乙方应以现金形式收购；第 2 款约定：乙方回购丙方所持乙方股权的价款按以下公式计算：回购股权价款 = 丙方投资额 +（丙方投资额 ×8% × 投资到公司实际月份数/12） – 乙方累计对丙方进行的分红；第 3 款约定：甲方、乙方应在丙方书面提出回购要求之日起 30 日内完成回购股权等有关事项，包括完成股东大会决议，签署股权转让合同以及其他相关法律文件，支付有关股权收购的全部款项，完成工商变更登记；第 4 款约定：若甲方、乙方在约定的期间内未予配合并收购丙方所持有公司股份，则乙方应按丙方应得回购股权价款每日的 0.5‰比率支付罚息，支付给丙方；第 3 条违约责任约定：本协议生效后，乙方的违约行为导致丙方发生任何损失，甲方、乙方承担连带责任。

2011 年 7 月 20 日，华工公司向扬锻集团公司实际缴纳新增出资 2200 万元，其中注册资本 200 万元，资本溢价 2000 万元。扬锻集团公司出具收据，载明收款事由为投资款。

2011 年 11 月 20 日，扬锻集团公司召开扬州锻压机床股份有限公司（以下简称扬锻公司）创立大会，所有股东参加，股东一致表决同意通过新的公司章程，章程第 1 条规定：扬锻公司为股份有限公司；第 2 条规定：本公司章程自生效之日起，即成为规范公司的组织与行为、公司与股东、股东与股东之间权利义务关系的具有法律约束力的文件，对公司、股东、董事、监事、高级管理人员具有法律约束力；第 16 条记载华工公司为公司股东；第 21 条规定："公司在下列情况下可以依照法律、行政法规、部门规章和本章程的规定回购本公司的股份：（一）减少公司注册资本；（二）与持有本公司股份的其他公司合并；（三）将股份奖励给本公司职工；（四）股东因对股东会作出的公司分立、合并决议持异议，要求公司回购其股份。除上述情形外，公司不进行买卖本公司股份的活动。"

2012 年 11 月至 2014 年 4 月，因证监会暂停 18 个月 IPO 申报，扬锻公司于 2014 年 10 月 16 日召开临时股东大会通过申报新三板的议案，并于 2014 年 10 月 22 日致函华工公司要求其明确是否支持公司申报新三板。

2014 年 11 月 25 日，华工公司致函扬锻公司，述称华工公司除口头提出请求外，亦以书面提出回购请求如下：根据《补充协议》，鉴于扬锻公司在 2014 年 12 月 31 日前不能在境内资本市场上市，现要求扬锻公司以现金形式回购华工公司持有的全部公司股份，回购股权价格同《补充协议》的约定。

2012 年 7 月 27 日、2013 年 7 月 3 日、2014 年 8 月 18 日、2016 年 6 月 8 日，华工公司分别从扬锻公司领取分红款各 26 万元，合计 104 万元。根据《补充协议》的约定，在案涉股权回购有效且回购条件成就的情况下，截至 2015 年 7 月 19 日，华工公司应获得的股权回购价款为：本金

2200 万元、利息 626 万元。

2016 年 3 月 29 日，扬锻公司向股东发送 2016 年第二次临时股东大会会议通知，拟审议与舒勒贸易（上海）有限公司合资及股权转让、修改公司章程、确定合资公司中方董事、监事人选等事项。

该案的“对赌”模式见图 2－5。

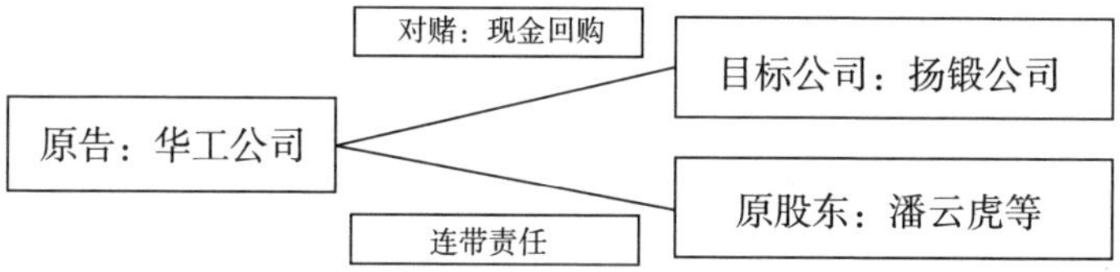

图 2－5　华工案“对赌”模式

主要争议点归纳分析如下：

（1）合同回购主体

观点一：扬锻公司与股东构成共同责任主体。

理由：补充协议约定扬锻公司原股东应承担连带支付股权回购款的义务。增资扩股协议及补充协议是各方当事人的真实意思表示，各方均应遵循诚实信用的原则履行义务。

观点二：扬锻公司为合同回购主体。

理由：民事义务的设定需经明确的意思表示，本案所涉股东回购义务的标的额巨大，为确保各方当事人的合法权益，更应以明确的意思表示为准，不能轻易以推理、解释的方式认定巨额义务的负担。本案中《补充协议》第 1 条第 1 款中明确约定丙方（华工公司）有权要求乙方（扬锻公司）回购丙方所持有的全部乙方的股份，乙方应以现金形式收购；该条第 2 款明确约定乙方回购股份的条件和价款标准。该条第 3 款、第 4 款约定扬锻公司和 11 名扬锻公司原股东在回购时的相关义务。综观《补充协议》，并没有明确的由 11 名扬锻公司原股东作为回购主体的表述。同时，在对合同进行整体解释时，含义明晰的条款原则上应优于不明晰的条款，在该条第 1 款、第 2 款语义明确，而第 3 款、第 4 款语焉不详的情况下，宜以第 1 款、第 2 款为准。

《补充协议》第 3 条违约责任约定“本协议生效后，乙方（扬锻公司）的违约行为导致丙方（华工公司）发生任何损失，甲方、乙方承担连带责任”，验证了扬锻公司才是约定的回购股权的主体，若 11 位扬锻公司原股东亦承担回购的义务，则违约行为的主体就不仅限制于扬锻公司。

（2）“对赌协议”的效力

观点一：“对赌协议”无效。

理由：案涉股权回购约定因违反《公司法》的禁止性规定且违背公司资本维持和法人独立财产原则而无效。在公司有效存续期间，股东基于其投资可以从公司获得财产的途径只能是依法从公司分配利润或者通过减资程序退出公司，而公司回购股东的股权必须基于法定情形并经法定程序。首先，《公司法》（2018 年修正）第 142 条对 4 种法定情形外公司不得收购本公司股份作出了明确规定。案涉《补充协议》关于约定情形下公司应以现金形式计算回购股权方法的约定不符合上述法定情形、违反了上述禁止性规定。其次，该约定实际是让华工公司作为股东在不具备法定回购股权的情形以及不需要经过法定程序的情况下，直接由公司支付对价而抛出股权，使股东可以脱离公司经营业绩、不承担公司经营风险而当然获得约定收益，损害了公司、公司其他股东和公司债权人的权益，与《公司法》（2018 年修正）第 20 条[①]资本维持、法人独立财产原则相悖。故该股权回购约定当属无效。同时，扬锻公司 2011 年新公司章程对公司回购股份情形的重新约定系各股东的真实意思表示，构成对《补充协议》约定的否定，对华工公司具有约束力。2011 年 11 月 20 日，扬锻公司所有股东参加股东会并一致表决通过并经工商部门变更登记备案的新公司章程第 21 条对公司回购股份的情形作了重新约定，并规定除上述情形外，公司不进行买卖本公司股份的活动。该规定符合《公

① 《公司法》（2023 年修订）第 21 条。

司法》（2018 年修正）第 142 条股份有限公司不得收购本公司股份的规定，系各股东对股权回购等内容的真实意思表示，亦是对《补充协议》中股权回购约定的否定，对作为股东的华工公司具有约束力。

观点二："对赌协议"效力有效。

理由：案涉"对赌协议"签订时扬锻集团公司系有限责任公司，且该公司全体股东均在"对赌协议"中签字并承诺确保"对赌协议"内容的履行。该协议约定扬锻集团公司及其原全体股东应在华工公司书面提出回购要求之日起 30 日内完成回购股权等有关事项，包括完成股东大会决议，签署股权转让合同以及其他相关法律文件，支付有关股权收购的全部款项，完成工商变更登记；扬锻集团公司的违约行为导致华工公司发生任何损失，扬锻集团公司及其全体股东承担连带责任。上述约定表明，扬锻集团公司及全部股东对股权回购应当履行的法律程序及法律后果是清楚的，即扬锻集团公司及全部股东在约定的股权回购条款激活后，该公司应当履行法定程序办理工商变更登记，该公司全体股东负有履行过程中的协助义务及履行结果上的保证责任。

我国《公司法》并不禁止有限责任公司回购本公司股份，有限责任公司回购本公司股份不当然违反我国《公司法》的强制性规定。有限责任公司在履行法定程序后回购本公司股份，既不会损害公司股东及债权人利益，也不会构成对公司资本维持原则的违反。在有限责任公司作为"对赌协议"约定的股份回购主体的情形下，投资者作为"对赌协议"相对方所负担的义务并不限于投入资金成本，还包括激励完善公司治理结构以及以公司上市为目标的资本运作等。投资人在进入目标公司后，亦应依《公司法》的规定，对目标公司经营亏损等问题按照合同约定或者持股比例承担相应责任。案涉对赌协议中关于股份回购的条款内容，是当事人特别设立的保护投资人利益的条款，属于缔约过程中当事人对投资合作商业风险的安排，系各方当事人的真实意思表示。股份回购条款中关于股份回购价款的约定为：华工公司投资额 +（华工公司投资额×8%×投资到公司实际月份数/12）－扬锻集团公司累计对华工公司进行的分红。该约定虽为相对固定收益，但约定的年回报率为8%，与同期企业融资成本相比并不明显过高，不存在脱离目标公司正常经营下所应负担的经营成本及所能获得的经营业绩的企业正常经营规律。华工公司、扬锻集团公司及扬锻集团公司全体股东关于华工公司上述投资收益的约定，不违反国家法律、行政法规的禁止性规定，不存在《合同法》第52条规定的合同无效的情形①，亦不属于合同法所规定的格式合同或者格式条款，不存在显失公平的问题。扬锻公司及潘云虎等关于案涉“对赌协议”无效的辩解意见，法院不予采信。扬锻集团公司变更为扬锻公司后，案涉“对赌协议”的权利义务应由扬锻公司承继，在案涉“对赌”条款激活后，扬锻公司应按照协议约定履行股份回购义务，潘云虎等原扬锻集团公司股东应承担连带责任。

（3）案涉“对赌协议”具备履行可能性

关于股份有限公司的股份回购，《公司法》（2018年修正）第142条第1款规定：“公司不得收购本公司股份。但是，有下列情形之一的除外：（一）减少公司注册资本；（二）与持有本公司股份的其他公司合并……”第2款规定，公司因前款第1项至第2项的原因收购本公司股份的，应当经股东大会决议。第3款规定，公司依照第1款规定收购本公司股份后，属于第1项情形的，应当自收购之日起10日内注销。根据上述规定可知，《公司法》（2018年修正）原则上禁止股份有限公司回购本公司股份，但同时亦规定了例外情形，即符合上述例外情形的，《公司法》允许股份有限公司回购本公司股份。本案中，扬锻公司章程亦对回购本公司股份的例外情形作出了类似的规定，并经股东一致表决同意，

① 《合同法》已失效，相关内容体现在《民法典》第153条第1款：“违反法律、行政法规的强制性规定的民事法律行为无效。但是，该强制性规定不导致该民事法律行为无效的除外。”

该规定对扬锻公司及全体股东均有法律上的约束力。《公司法》（2018 年修正）第 37 条、第 46 条、第 177 条、第 179 条，已明确规定了股份有限公司减少注册资本回购本公司股份的合法途径。如股份有限公司应由公司董事会制定减资方案；股东会作出减资决议；公司编制资产负债表及财产清单；通知债权人并公告，债权人有权要求公司清偿债务或提供担保；办理工商变更登记。扬锻公司履行法定程序，支付股份回购款项，并不违反公司法的强制性规定，亦不会损害公司股东及债权人的利益。关于华工公司缴纳的冲入扬锻公司资本公积金部分的本金 2000 万元及相关利息损失，《公司法》（2018 年修正）第 3 条第 1 款①规定，公司是企业法人，有独立的法人财产，享有法人财产权。公司以其全部财产对公司的债务承担责任。第 2 款②规定，有限责任公司的股东以其认缴的出资额为限对公司承担责任；股份有限公司的股东以其认购的股份为限对公司承担责任。公司的全部财产中包括股东以股份形式的投资，以及其他由公司合法控制的能带来经济利益的资源，如借款等。公司对外承担债务的责任财产为其全部财产，也即上述资产均应作为对外承担债务的范围。"对赌协议"投资方在对赌协议中是目标公司的债权人，在"对赌协议"约定的股权回购情形出现时，当然有权要求公司及原股东承担相应的合同责任。投资方投入资金后，成为目标公司的股东，但并不能因此否认其仍具有公司债权人的地位。投资方基于公司股东的身份，应当遵守《公司法》的强制性规定，非依法定程序履行减资手续后退出，不能违法抽逃出资。其基于公司债权人的身份，当然有权依据"对赌协议"的约定主张权利。《公司法》（2018 年修正）亦未禁止公司回购股东对资本公积享有的份额。案涉"对赌协议"无论是针对列入注册资本的注资部分还是列入资本公积金的注资部分的回购约定，均具备法律上的履行可能。

---

① 《公司法》（2023 年修订）第 3 条第 1 款。

② 《公司法》（2023 年修订）第 4 条第 1 款。

扬锻集团公司在投资方注资后，其资产得以增长，而且在事实上持续对股东分红，其债务承担能力相较于投资方注资之前得到明显提高。扬锻公司在持续正常经营，参考华工公司在扬锻公司所占股权比例及扬锻公司历年分红情况，案涉“对赌协议”约定的股份回购款项的支付不会导致扬锻公司资产的减损，亦不会损害扬锻公司对其他债务人的清偿能力，该义务的履行不会构成其他债权人债权实现的障碍。相反，华工公司在向扬锻集团公司注资后，同时具备该公司股东及该公司债权人的双重身份，如允许扬锻公司及原扬锻集团公司股东违反“对赌协议”的约定拒绝履行股份回购义务，则不仅损害华工公司作为债权人应享有的合法权益，亦会对华工公司股东及该公司债权人的利益造成侵害，有违商事活动的诚实信用原则及公平原则。案涉“对赌协议”约定的股份回购条款具备事实上的履行可能。

（三）股权的公开发售

目前我国股权公开发售包括新三板、主板、中小板、创业板。其中在新三板交易被称为场外交易，在主板、中小板、创业板交易被称为场内交易。

新三板全称为全国中小企业股份转让系统，简称“股转系统”或“北交所”，股转系统是中国证监会监管下的全国性证券市场，是继上海证券交易所和深圳证券交易所后第三个证券交易场所，也是我国第一家公司制运营的证券交易场所，其运营机构为全国中小企业股份转让系统有限责任公司。券商为企业提供推荐挂牌、定向股权发行、债券融资、股票交易、并购重组、持续督导等综合性金融服务。相较于主板而言：首先，新三板的挂牌门槛低。根据《全国中小企业股份转让系统股票挂牌规则》（股转公告〔2023〕34 号）的相关规定，申请挂牌公司应当是依法设立且合法存续的股份有限公司，股本总额不低于 500 万元，同时需满足具有持续经营能力、公司治理机制健全，合法规范经营、股权明晰，股票发行和转让行为合法合规等弹性要求。原则上，公司应当持续经营不少于两个完整的会计年度。但对于申请挂牌公司主要业务属于人工智能、数字经济、互联网应用、医疗健康、新材料、高端装备制造、节能环保、现代服务业等新经济领域以及基础零部件、基础元器件、基础软件、基础工艺等产业基础领域，且符合国家战略，拥有关键核心技术，主要依靠核心技术开展生产经营，具有明确可行的经营规划的，持续经营时间可以少于两个完整会计年度但不少于一个完整会计年度，但同时应符合以下条件之一：（1）最近一年研发投入不低于1000万元，且最近12个月或挂牌同时定向发行获得专业机构投资者股权投资金额不低于2000万元；（2）挂牌时即采取做市交易方式，挂牌同时向不少于4家做市商在内的对象定向发行股票，按挂牌同时定向发行价格计算的市值不低于1亿元。其他传统类型的公司也有部分财务要求，如最近两年净利润均为正且累计不低于800万元，或者最近一年净利润不低于600万元；最近两年营业收入平均不低于3000万元且最近一年营业收入增长率不低于20%，或者最近两年营业收入平均不低于5000万元且经营活动现金流量净额均为正；最近一年营业收入不低于3000万元，且最近两年累计研发投入占最近两年累计营业收入比例不低于5%；最近两年研发投入累计不低于1000万元，且最近24个月或挂牌同时定向发行获得专业机构投资者股权投资金额不低于2000万元；挂牌时即采取做市交易方式，挂牌同时向不少于4家做市商在内的对象定向发行股票，按挂牌同时定向发行价格计算的市值不低于1亿元等。其次，挂牌的项目周期短，从签订保密协议开始到成功挂牌，一般为6～12个月。再次，在新三板挂牌的对象为非上市公众公司，对于股东人数不超过200人的公司，其股票公开转让并挂牌的申请，中国证监会豁免注册，由全国股转公司作出同意公开转让并挂牌的审核决定或终止审核决定。而对于股东人数超过200人的公司，其挂牌定向发行需要在取得全国股转公司出具的自律监管意见后，报中国证监会核准。最后，在新三板的挂牌企业，可以通过转板机制，便捷地在主板上市。在全国股份转让系统挂牌的公司，达到股票上市条件的，可以直接向证券交易所申请上市交易。新三板挂牌的时尚企业有三苑宜友服饰股份有限公司、上海格森服饰股份有限公司、深圳市衣邦服饰股份有限公司等。

相较于新三板的场外交易而言，主板、中小板、创业板等均为场内交易。其中主板、中小板属于一板市场。主板指的是沪深主板，中小板属于主板市场的一部分，是深交所主板市场中单独设立的一个板块。主板针对的往往是大国企、大蓝筹综合实力较强的企业。中小板企业以民营企业为主，属于各个行业的龙头企业。根据《首次公开发行股票注册管理办法》，企业在主板首次公开发行股票并上市应满足以下条件：持续经营满3年，具备健全且运行良好的组织机构；会计基础规范，内控制度健全，财务报表符合企业会计准则；业务完整，具有直接面向市场独立持续经营的能力，资产、人员、财务、机构独立；经营合法合规，符合国家产业政策，最近3年内不存在重大违法违规行为。上交所、深交所对于公司上市的具体财务要求作出了具体的规定，如上海证券交易所的《上海证券交易所股票上市规则》（上证发〔2024〕51号）进一步明确了主板上市的市值及具体财务指标要求，其标准都相当高。例如：预计市值不低于100亿元，且最近一年净利润为正，最近一年营业收入不低于10亿元。目前我国在主板上市的时尚企业有宁波太平鸟时尚服饰股份有限公司、浙江红蜻蜓鞋业股份有限公司、浙江森马服饰股份有限公司、日播时尚集团股份有限公司、上海美特斯邦威服饰股份有限公司、深圳市安奈儿股份有限公司等多家企业。

创业板又称二板市场，是深交所专属的板块，相较主板和中小板更看重企业的成长性。由于主板市场上市硬性条件高，许多创业型企业无法满足条件，创业板便应运而生，为有发展潜力的创业型企业提供融资通道。创业板与主板市场相比，上市要求更为宽松，主要体现在成立时间、资本规模、投资风险方面。根据《深圳证券交易所创业板股票上市规则》（2024 年修订）的相关规定，上市公司除了满足证监会的创业板发行条件外，还需满足以下条件：发行后股本总额不低于 3000 万元；公开发行的股份达到公司股份总数的 25% 以上；公司股本总额超过 4 亿元的，公开发行股份的比例为 10% 以上。此外，上述规则对市值及财务指标也作了具体规定。现将上述主体资格、规范运行、财务指标等要求总结如表 2－3 所示。

表 2－3　主板和中小板与创业板的区别

<table>
<tr><th>项目</th><th>主板和中小板</th><th>创业板</th></tr>
<tr><td rowspan="2">主体资格</td><td colspan="2">资产完整，业务及人员、财务、机构独立，与控股股东、实际控制人及其控制的其他企业间不存在对发行人构成重大不利影响的同业竞争，不存在严重影响独立性或者显失公平的关联交易</td></tr>
<tr><td>最近 3 年内主营业务和董事、高级管理人员均没有发生重大不利变化；最近 3 年实际控制人无变更</td><td>最近 2 年内主营业务和董事、高级管理人员均没有发生重大不利变化；最近 2 年实际控制人，无变更</td></tr>
<tr><td>规范运行</td><td>股东会、董事会、监事会制度健全；董事、监事和高管符合任职资格要求；内控制度健全且被有效执行；无重大违法违规行为；不存在违规担保情形；资金管理严格</td><td>包括主板中小板规定的条件；控股股东、实际控制人最近 3 年内不得有损害投资者合法权益和社会公共利益的重大违法行为</td></tr>
<tr><td>财务指标</td><td>市值及财务指标应当至少符合下列标准中的一项：
（1）最近 3 年净利润均为正，且最近 3 年净利润累计不低于 2 亿元，最近 1 年净利润不低于 1 亿元，最近 3 年经营活动产生的现金流量净额累计不低于 2 亿元或营业收入累计不低于 15 亿元；
（2）预计市值不低于 50 亿元，且最近 1 年净利润为正，最近 1 年营业收入不低于 6 亿元，最近 3 年经营活动产生的现金流量净额累计不低于 2.5 亿元；
（3）预计市值不低于 100 亿元，且最近 1 年净利润为正，最近 1 年营业收入不低于 10 亿元</td><td>市值及财务指标应当至少符合下列标准中的一项：
（1）最近 2 年净利润均为正，累计净利润不低于 1 亿元，且最近 1 年净利润不低于 6000 万元；
（2）预计市值不低于 15 亿元，最近 1 年净利润为正且营业收入不低于 4 亿元；
（3）预计市值不低于 50 亿元，且最近 1 年营业收入不低于 3 亿元</td></tr>
</table>

(四) 上市的基本流程

公司上市融资的基本流程见图 2 –6。

图 2 –6　公司上市融资的基本流程

1. 筹备阶段

企业要制订上市融资的计划，首先应在公司内部组成上市专项工作小组。同时，选定证券机构（作用是保荐和承销）、会计师事务所、律师事务所及资产评估事务所等中介机构对企业内部的情况从财务、合规等角度进行全方位的尽职调查，调查内容包括所在行业、企业所有者、历史沿革、人力资源、营销与销售、研究与开发、生产与服务、采购、法律与监管、财务与会计、税收、管理信息系统等一切与上市有关的事项，了解公司上市中的优劣势，并形成相关的尽调报告。此后，工作小组应当和保荐人、注册会计师、律师、评估师对尽调结果进行分析，解决公司在上市过程中存在的不足及阻碍上市的短板，在中介机构的协助下按部就班地处理好公司在财务、法律、公司治理等方面的历史遗留问题，并拟定对企业有利的上市方案。

2. 辅导阶段

为了让拟上市的公司能够具备公众公司所应有的公司治理结构、会计基础工作、内部控制制度，了解多层次资本市场各板块的特点和属性，树立进入证券市场的诚信意识、自律意识和法治意识等，证监会要求对拟上市的公司进行上市辅导。根据证监会发布的《首次公开发行股票并上市辅导监管规定》，拟上市公司在向证监会提出上市前，需由具有主承销资格的证券公司进行辅导，辅导期不得低于 1 个月，上市辅导有效期为 1 年，辅导的主要内容包括以下 4 个方面：一是辅导机构辅导计划和实施方案的执行情况；二是辅导机构督促辅导对象规范公司治理结构、会计基础工作、内部控制制度情况，指导辅导对象对存在问题进行规范的情况；三是辅导机构督促辅导对象及其相关人员掌握发行上市、规范运作等方面的法律法规和规则、知悉信息披露和履行承诺等方面的责任、义务以及法律后果情况；四是辅导机构引导辅导对象及其相关人员充分了解多层次资本市场各板块的特点和属性，掌握拟上市板块的定位和相关监管要求情况。

3. 申报与审核阶段

经过上市辅导后，拟上市的公司已经对上市企业的规范操作有了充分的了解。此后，发行人及会计师事务所、律师事务所等中介机构需根据证监会的要求准备招股说明书、财务报告、股票发行方案、法律意见书等申请文件。保荐机构、发行人按照证监会的要求制作申请文件后，保荐机构推荐企业并向证监会申报申请文件。证监会受理申请文件后，对发行人提交的申请文件进行初审，同时征求发行人注册地省级人民政府是否同意发行人发行股票的意见，并就发行人募集资金的投资项目是否符合国家产业政策和投资管理的规定征求国家发展改革委的意见。证监会初审完毕后，将初审报告和申请文件提交发行审核委员会议审核。依据发审会的审核意见，证监会对发行人的发行申请作出核准或不予核准的决定。予以核准的，出具核准公开发行的文件；不予核准的，出具书面意见，说明不予核准的理由。

4. IPO 上市阶段

在企业取得证监会核准上市的文件后，企业就可以通过刊登招股说明书、进行询价及路演、刊登上市公告。发行人应在公告招股意向书后，采用一对一路演、三地公开路演或网上路演等方式进行发行路演。初步询价结束后，发行人及其保荐机构应将拟定的发行价格区间或发行价格及依据、初步询价结果公告、网下发行公告报中国证监会发行监管部备案。询价与路演环节结束之后，公司就可以刊登上市公告书并进行上市交易了。

典型案例 2-6 女装之王——拉夏贝尔的融资发展之路

拉夏贝尔是一家定位于大众消费市场的多品牌、全渠道运营的时装集团。创始人邢加兴投资 50 万元创立了拉夏贝尔公司。2003 年，公司的战略调整为直营模式。2007 年，拉夏贝尔获得了首轮融资后的迅速发展。在 2010 年，联想集团向拉夏贝尔投资 4500 万元成为其 B 轮投资的独家投资机构，拉夏贝尔迎来了飞速的扩张和发展时期。2011 年拉夏贝尔改制为股份制公司开始做上市准备。2012 年，拉夏贝尔冲刺 IPO，但在 2013 年 5 月底，拉夏贝尔出现在证监会公布的“终止审查”企业名单中。鉴于在香港上市流程简单、耗时短、成本低等特点，拉夏贝尔转向香港上市，并于 2014 年于香港联交所成功上市。经过 3 年的快速发展，拉夏贝尔再次向上交所申请上市，并于 2017 年 9 月 25 日成功上市。拉夏贝尔按每股 8.41 元发行 5477 万股 A 股，共发行 4 亿元融资用于集团渠道扩张等项目建设。

相关数据显示，在 2010～2018 年，拉夏贝尔的全国线下实体门店由 900 家飞速扩张到将近 10,000 家，其服装也受到了各年龄段女性的喜爱和追捧，一时间风头无两，成为我国女装本土企业中的知名品牌。2018 年，拉夏贝尔全国的直营门店近 10,000 家，营收突破 100 亿元，也是行业里唯一一家同时在港股和 A 股上市的服饰企业。

此种大量扩张的模式，却难以掩盖公司的入不敷出。2018～2020 年，拉夏贝尔亏损了 40 多亿元的市值，《新疆拉夏贝尔服饰股份有限公司 2022 年第一季度报告》显示，公司已于 2022 年 4 月 14 日收到上海证券交易所《关于新疆拉夏贝尔服饰股份有限公司股票终止上市的决定》（上海证券交易所自律监管决定书〔2022〕99 号），根据《上海证券交易所股票上市规则》的相关规定，公司 A 股股票已于 2022 年 4 月 22 日进入退市整理期交易，并于 2022 年 5 月 17 日终止上市。与此同时，拉夏贝尔转入老三板进行交易。2023 年 2 月初，拉夏贝尔也在港交所暂停买卖。拉夏贝尔在港交所公告，公司已进入破产重整程序，公司及相关各方将积极配合管理人有序推进破产重整工作。

典型案例 2－7 DTC 品牌蕉下三轮融资后申报港股 IPO

蕉下 Beneunder 是由深圳减宇科技有限公司（以下简称蕉下）创立于 2013 年的城市户外生活方式品牌，致力于提供兼具创新科技和美学设计的户外功能产品，目前已发展成为中国第一大防晒服饰品牌。2016 年蕉下首家线下直营门店落地上海，2017 年开始向非伞类延伸产品线，陆续推出防晒帽子、袖套、服装、鞋、配饰等产品，以满足消费者在城市生活、休闲运动、旅行度假、踏青远足、露营等不同户外场景的功能需求。

2015 年 11 月，红杉资本以 586 万美元参与了蕉下的 A 轮融资，投后估值为 2900 万美元；B 轮融资跨越 2016 年和 2017 年，投后估值为 6.55 亿元人民币；2022 年 1 月和 2 月，华兴资本与宏祺控股分别以 4500 万美元与 100 万美元参与 C 轮投资，投后估值为 30 亿美元，其中华兴资本担任 IPO 的独家财务顾问，与公司是利益关联方，宏祺控股是一家注册在英属维尔京群岛的公司，由迈瑞医疗董秘李文楣全资拥有，宏祺控股仅投资 100 万美元。2022 年 4 月，蕉下申报港股 IPO，根据港交所上市规则，拟上市公司若 6 个月内未能通过聆讯或上市流程，则 IPO 申请状态会转为失效。由于目前港股融资环境不佳，多家发行困难的拟上市公司都在递交招股书 6 个月后通过更新招股书的方式延缓审核状态，蕉下也于 2022 年 10 月更新了一版招股书。中金公司、摩根士丹利为其联席保荐人。

第三节 时尚企业的并购

一、企业并购的方式选择

企业并购（Mergers and Acquisitions，M&A）包括兼并和收购两层含

义、两种方式。国际上习惯将兼并和收购合在一起使用，统称为 M&A，在我国称为并购。并购是一种通过转移公司所有权或控制权的方式实现企业资本扩张和业务发展的手段，是企业资本运作的重要方式。根据公司并购的方向不同，可以将并购分为横向并购与纵向并购。所谓横向并购，是指两个或两个以上生产和销售相同或相似产品公司之间的并购行为。实践中，时尚品牌之间的收购也很常见，如美国时尚集团 VF 收购美国潮牌 Supreme、意大利奢侈品公司 Moncler 收购意大利高端休闲服品牌 Stone Island、加拿大瑜伽运动巨头 Lululemon 收购美国智能健身公司 Mirror、西班牙美妆集团 Puig 控股英国彩妆品牌 Charlotte Tilbury 等。横向并购往往是为了扩大企业品牌，发展新业务方向等。纵向并购是同一产业的上下游之间的并购。纵向并购的企业之间不是直接的竞争关系，是供应商和需求商之间的关系。纵向并购往往是将市场交易行为内部化，有助于减少市场风险，节省交易费用。例如，作为科技公司的谷歌收购手机制造商 Motorola Mobility，实现了互联网和手机制造业的垂直整合。

企业并购的方式主要包括公司合并、资产收购、股权收购三种形式。

公司合并是指两家或两家以上公司合而为一的过程。根据合并的状态，可将公司合并分为吸收合并和新设合并两种。吸收合并是一个公司吸收其他一个或几个公司，前者存续，后者消失，即 A + B = A。例如，2018 年，阿里巴巴旗下的支付宝宣布将全资子公司蚂蚁金服旗下的支付机构快捷支付吸收合并，提升了支付宝在移动支付市场的地位。新设合并是两个或两个以上公司组合在一起，原来的所有公司注销，建立一个新公司，即 A + B = C。例如，为了提高企业的市场竞争力，2019 年北京汽车集团和福田汽车集团合并成立了北汽福田汽车有限公司。

资产收购是指管理层收购目标公司内部某些生产经营活动或资产的组合，该组合一般具有投入、加工处理过程和产出能力，能够独立计算其成本费用或所产生的收入，但不构成独立法人资格的部分。企业在购买这些资产组合后，必须实际经营该项资产，以保持经营上的连续性。

在资产并购的情形下，目标公司的主体资格不发生任何变化，并购方仅对目标公司资产进行收购，与目标公司自身的债权债务无涉。

所谓股权收购，指并购方通过协议购买目标公司的股权或认购目标企业增资的方式，成为目标企业股东，进而达到参与、控制目标企业的目的。股权收购交易的对象是被收购企业的股权。实践中，吉利汽车收购沃尔沃汽车即为典型。2010 年 3 月 28 日，吉利集团在瑞典哥德堡与福特汽车签署最终股权收购协议，宣布收购沃尔沃汽车全部股权以及包括知识产权的相关资产，涉及金额 18 亿美元，已在 2010 年第三季度完成交割，最终实现了沃尔沃汽车销量增长，吉利实现向中高端的转型。非上市公司的股权收购的流程相对弹性，只要双方公司之间达成意向，约定好合同的条款并按照合同约定履行即可。上市公司的收购方式包括要约收购、协议收购、间接收购、豁免要约收购等。因涉及公众利益，因此现行的《证券法》《上市公司收购管理办法》等法律法规对股权收购有较为严格的要求。

二、时尚企业并购中的商标使用权

时尚企业并购往往是基于品牌的影响力，因此在并购时关于商标所有权、商标使用权等无形资产的约定一定要明确清晰，避免纠纷。在此以著名的娃哈哈与达能之间的纠纷进行阐释。

典型案例 2－8

1996 年法国达能公司与香港百富勤公司成立金加投资公司，与杭州娃哈哈集团有限公司等建立了杭州娃哈哈有限责任公司等合资公司。股权变动后，达能持股 51%，娃哈哈持股 49%。娃哈哈所持 49% 股权的组成如下：杭州娃哈哈集团以包括“娃哈哈”商标作价 5000 万元人民币在内的无形资产、设备、在建工程等有形资产共同出资 1134.9 万美元，持股39%，杭州美食城股份有限公司出资291万美元持股10%。在履行《商标转让合同》时，因国家商标局未予以核准，杭州娃哈哈集团未将“娃哈哈”商标转让给杭州娃哈哈食品有限公司。因此，1999年5月18日杭州娃哈哈食品有限公司与杭州娃哈哈集团签订了《商标使用许可合同》，合同中约定杭州娃哈哈集团同意向杭州娃哈哈食品有限公司提供一个专有和不可撤销的权利和商标使用许可，在合同期限内用以制造和在国内外市场上销售商品，包括使用“娃哈哈”字样作为商号或公司名字的一部分的权利。根据《商标使用许可合同》的规定，杭州娃哈哈食品有限公司获得禁止第三方和商标所有权人使用商标的商标独占许可。此后，宗庆后又开设了几家企业，销售以“娃哈哈”为商标的相关产品。因此，达能公司与娃哈哈公司之间展开了20多个诉讼。

其中“娃哈哈”商标的纠纷主要涉及以下问题：(1) 娃哈哈商标的所有权归属。根据《商标法》的相关规定，[①] 受让人自商标局公告之日起享有商标专用权。虽然，杭州娃哈哈集团与杭州娃哈哈食品有限公司签订的《商标转让合同》有效，但由于未经国家商标局核准，杭州娃哈哈集团仍然是“娃哈哈”商标的合法所有者。(2) 关于《商标使用许可合同》的效力。一方面，需考虑备案对合同效力的效果。商标使用许可合同的备案程序，仅为行政管理之便，并不产生影响合同效力的效果。因此，未经备案，并不会导致《商标使用许可合同》无效。另一方面，涉及“阴阳合同”的效力问题。杭州娃哈哈集团与杭州娃哈哈食品有限公司签订的《商标使用许可合同》，本质上是为了替补《商标转让合同》。

---

① 现《商标法》第42条规定，转让注册商标的，转让人和受让人应当签订转让协议，并共同向商标局提出申请。受让人应当保证使用该注册商标的商品质量。转让注册商标的，商标注册人对其在同一种商品上注册的近似的商标，或者在类似商品上注册的相同或者近似的商标，应当一并转让。对容易导致混淆或者有其他不良影响的转让，商标局不予核准，书面通知申请人并说明理由。转让注册商标经核准后，予以公告。受让人自公告之日起享有商标专用权。

杭州娃哈哈食品有限公司获得禁止第三方和商标所有权人使用商标的商标独占许可的约定，实质上让杭州娃哈哈食品有限公司享有相当于商标权人的法律地位。该合同是为了规避《商标转让合同》中关于商标转让许可的规定，因此合同效力存在争议。

2007 年 12 月，杭州仲裁委员会决定，达能与娃哈哈商标转让协议终止，娃哈哈商标属于娃哈哈集团。此后，杭州中级人民法院对裁决进行了确认。最终，2009 年 9 月 30 日，达能和娃哈哈集团宣布双方已达成友好和解，达能同意将其在各家达能—娃哈哈合资公司中的 51% 的股权出售给中方合资伙伴。和解协议执行完毕后，双方之间有关的所有法律程序终止。

案例启示

商标等作为重要的无形资产，在并购时有时会作为重要的出资而进行计算，但出资的方式可以是转让、授权使用等，不同方式的对价差别较大。双方当事人应在合同中明确约定出资的具体方式。若为转让，应及时办理商标权转让登记手续，否则商标权不发生移转。若为许可使用，也应及时办理备案手续，防止发生纠纷。

第三章　时尚品牌价值的建立与推广

品牌是指企业及其所提供的商品或服务的综合标识，包括商标、属性、名称、包装、价格、历史、声誉、广告和公关等多个方面。品牌不仅体现了企业的质量承诺和消费者对其的信任程度，而且蕴含了企业的商品或服务的品质和声誉。时尚与品牌之间存在天然联系。消费者通过品牌认识产品，借助品牌体现自己的身份地位。设计者通过品牌实现美学价值，传达艺术感受，体现自我理念。时尚企业更要通过品牌锁定目标，开拓市场，实现企业价值。因此，时尚企业需根据自己的产品和品牌的特点，进行精准的目标市场定位，从而划分不同的消费群体。时尚企业还可以通过品牌人格和一定的价值体系等文化层面的内涵，体现其独特的个性品质和气质、价值取向、审美情趣、文化底蕴等。为了提升企业产品及服务的地位，让其成为市场不可或缺的部分，时尚企业应注重时尚品牌的建立与推广。

我国早期服装产业不注重品牌化运营，而是作为国际品牌的代工厂，利用其自身的劳动密集等资源方面的优势，来赚取加工费和劳务费。长此以往，必然会导致其竞争优势持续下降，不利于企业的长久发展。近些年来，我国时尚企业也逐渐注重自身的品牌运营，诸多本土品牌得到了快速发展，如雅莹等高端女装。部分代工厂也开始发展自身的品牌，如莆田系鞋也在利用集体商标提升市场认可度、品牌认知度及顾客忠诚度。品牌不仅是对外的标识，也是一种内在的无形价值，它在市场上具有竞争优势，并且能够帮助企业获得更高的利润。

品牌就法律层面而言，是识别产品、服务或者企业的标识的总和，既包括企业的商号，也包括识别产品和服务的商标等。时尚企业作为以创新等无形资产为其重要资产内容的企业，应从企业设立开始进行全周期的商号、商标等价值的维护。因此，本章将重点阐述商标、商号的利用，以及在利用模特提升品牌价值时需要注意的法律问题。

第一节　商号的利用

一、商号权的法律属性

时尚企业无论是以合伙企业还是以公司等组织形式存在，都需要有企业名称。企业名称对应的核心字号部分，即为字号，又称商号。按照《企业名称登记管理规定》第 8 条的规定，字号应当由两个以上的汉字组成，县级以上地方行政区划名称、行业或者经营特点不得作为字号，另有含义的除外。同时，该法第 11 条规定了字号使用的禁止情形，包括不得损害国家尊严或者利益，不得损害社会公共利益或者妨碍社会公共秩序等。以老凤祥股份有限公司为例，“老凤祥”即为商号。企业对商号所享有的权利与自然人享有的姓名权相似，具有非物质性、权利人专有性、专有权地域性、时间无限性等特征。企业对商号具有专有使用权：一方面，企业在依法核准登记的范围内，对商号享有独占使用权和排他使用权，商号权人对商号的使用范围、使用方式都享有完全支配的权利，可以按照自身的想法而自由使用；另一方面，由于商号权人对商号有专有权，因此其他人未经商号权人的授权和允许，不得在商号权人登记的特定区域和行业内使用相同或相似的商号。《民法典》第 1013 条从名称权的角度对法人、非法人组织的商号权进行了规定，商号权人可以依法决定、使用、变更、转让或者许可他人使用自己的名称。此外，《反不正当竞争法》也为擅自使用他人企业名称，引人误认为是他人的商品的行为提供了救济。

商号不仅是企业的人身权，在企业具有一定的商誉之后，商号也可以变现为财产权。商号权人可以对商号进行转让和处分。商号的人身权属性决定商号权不得单独转让，必须与企业或企业的一部分一并转让。受让人必须是同一行政区划内的相同营业范围的企业法人、个体工商户或个人合伙。同时，商号一旦转让，就意味着转让人已将商号专有权及相关营业上的一切设置均转让给他人，转让人不得在相同或相邻区域内从事相同的营业。不仅如此，商号转让本质上是企业主体身份的转变，因此原商号下的债权债务也一并转让给受让人。

二、直营连锁与特许经营

为了扩张品牌的影响力，实现企业的扩张和发展，在商业领域，直营连锁与特许经营是两种常见的商业模式。实践中我们常常可以看到连锁店，即不同店铺具有相同的名字、装饰等就是直营连锁与特许经营的表现。虽然对于消费者而言从外观上难以区分直营连锁与特许经营，但从法律关系上看两者有较大区别。

所谓直营连锁，是指由总公司直接经营的连锁店，即由公司总部直接经营、投资、管理各个零售点的经营形态。总部采取纵深模式的管理方式，直接下令掌管所有的零售店，零售店也必须完全接受总部指挥。从产权关系来看，直营连锁中所有的店铺本质上都归属于同一公司，是总店与分店的关系；所有的人员归属于同一家公司，即直营店的经理也并非该店铺的所有权人，而是总公司的员工之一。直营店与总公司之间是内部管理关系。总部具有所有直营店的所有权与经营权，所有直营店的财务也进行统一核算。对外责任上，由于直营店归属于总部，因此，直营店的责任实质上就是总公司的责任，两者并不区分。直营店是公司建立企业形象、品牌形象的有力场所。

特许经营又被称作加盟、品牌加盟或加盟连锁等，它是指拥有注册商标、企业标志、专利、专有技术等经营资源的企业（以下称特许人），以合同形式将其拥有的经营资源许可其他经营者（以下称被特许人）使用，被特许人按照合同约定在统一的经营模式下开展经营，并向特许人支付特许经营费用的经营活动，是由特许人与被特许人共同经营的一个管理和运营系统。被特许人与特许人是两个独立的主体，两者之间为合同关系。各个加盟店的人事和财务相互独立，特许人无权进行干涉。与此相应，被特许人对店铺经营盈亏自负。商业特许经营的核心是无形资产的输出，注册商标、企业标志、专利、专有技术等经营资源构成了特许经营合同的主要标的物。除此之外，经营资源还包括商业秘密、具有独特风格的整体营业形象，以及在先使用并具有一定影响的未注册商标等能够形成某种市场竞争优势的经营资源。被特许人可以利用品牌影响力，迅速拓宽市场，但对此应支付一定的加盟费、培训费或指导费。

目前关于商业特许经营的法律规范主要包括以下几种：《商业特许经营管理条例》《商业特许经营备案管理办法》《商业特许经营信息披露管理办法》，它们共同构成了我国商业特许经营制度的主体框架。被特许人愿意加入特许经营，往往是因为特许人本身具有一定的市场知名度，具有较为成熟的经营模式，因此《商业特许经营管理条例》规定，特许人本身必须拥有至少2个直营店，并且经营时间超过1年。特许经营合同应当以书面方式订立，同时应于首次订立特许经营合同之日起15日内进行备案登记。但该备案登记仅为了行政管理之便，并不会影响合同的效力。对外责任上，原则上特许人与被特许人是两个独立的主体，分别对自己的行为承担责任。

值得一提的是，由于特许人与被特许人的信息不对称，为了保护被特许人的弱势地位，《商业特许经营管理条例》第12条规定被特许人于合同订立后的一定期限内享有解除权。该条款也成为特许经营权合同纠纷中常常用到的条款，但司法实践中对其适用时，不同的法院存在一定的区别。下面以三个法院判决书的内容为例进行说明。

典型案例 3－1

2019 年 4 月，原告梁某与被告食曰（上海）电子商务有限公司签订关于“早到点”项目的《城市运营中心协议书》、《加盟协议书》及《补充协议》。梁某交付 20 万元后，事实上并未实际掌握或利用被告的特许经营资源。2023 年梁某依据《商业特许经营管理条例》第 12 条，要求解除合同，返还 20 万元。

法院认定：《商业特许经营管理条例》第 12 条规定的立法目的是保护被特许人，以缓冲被特许人的投资冲动，赋予被特许人反悔的权利，但行使该权利应在约定或者合理的期限内，并依法履行通知义务。本案中，虽然涉案两份合同均未约定合同期限，但原告在涉案两份合同签订后 3 年多才向法院提起诉讼要求解除合同，在此情况下原告以“冷静期”为由主张解除合同，背离了“冷静期”设置的初衷，法院难以支持。(本案中，根据在案证据，合同所涉早餐机等其他经营资源确实均未交付)[①]

典型案例 3－2

2022 年 11 月 3 日，原告喜月来公司和被告时尚妈咪公司达成《时尚妈咪月子会所品牌运营合同书》等项目合作协议。此后，被告时尚妈咪公司工作人员就涉案店门店的装修、规划布局、门头设计、广告设计推广等开展了筹建工作，原告喜月来公司亦按照时尚妈咪公司的要求委托装修公司进行了装修。2023 年 2 月原告喜月来公司提起诉讼，要求依据《商业特许经营管理条例》第 12 条解除合同。

法院认定：《商业特许经营管理条例》第 12 条规定是所谓的特许经营“冷静期”条款，该条款是考虑到特许人在特许经营合同中所处的优势地位，而被特许人对即将加盟的行业可能没有充分了解，从保护被特

① 上海市松江区人民法院民事判决书，(2023) 沪 0117 民初 14009 号。

许人的利益出发，为防止被特许人的投资冲动，而由法律特别赋予被特许人的一种单方任意解约权。就本案而言，涉案合同签订后时尚妈咪公司的工作人员已经就涉案店的门店装修、规划布局、门头设计、广告设计推广等开展了筹建工作，喜月来公司亦按照时尚妈咪公司的要求委托装修公司进行了装修。因此，在涉案合同已经实际履行的情况下，喜月来公司提出适用上述“冷静期”的规定要求解除涉案合同显然不符合立法本意，法院不予支持。[①]

典型案例 3－3

2019 年 12 月 15 日，原告吴某姿与被告晋级公司签订关于“晋级托管”等《品牌授权协议书》，此后吴某姿向晋级公司支付了 40 余万元，并开设晋级托管学堂广西壮族自治区南宁市良庆区体强路校区，以全国晋级教育连锁机构的品牌对外招生自主经营。2020 年 11 月吴某姿向晋级公司要求解除合同，2022 年吴某姿提起诉讼，一审判决后，2023 年吴某姿提起上诉，并以《商业特许经营管理条例》第 12 条为依据要求解除合同。

法院认为：《商业特许经营管理条例》第 12 条从立法目的看，该条规定是考虑到被特许人在信息获取、风险判断等方面相较于特许人处于相对弱势地位，故赋予被特许人一定的单方解除权，对其利益进行倾斜保护。但此等权利的行使须以被特许人并未实际利用特许人经营资源为前提，且应当在合理期限内行使。在案证据显示，涉案合同签订后，晋级公司向吴某姿提供了咨询客服群服务，寄送了开业物资、软装物料，发送了运营资料等，且吴某姿最迟于 2020 年 9 月开办了晋级托管学堂广西壮族自治区南宁市良庆区体强路校区，加之吴某姿在一审庭审中自认

---

① 上海市青浦区人民法院民事判决书，(2023) 沪 0118 民初 10335 号。

享受过开业装修软装等服务，应认定吴某姿已经实际利用了晋级公司的经营资源。此外，涉案合同签订于2019年12月15日，在吴某姿已实际使用晋级公司资源的前提下，其行使单方解除权的期限亦难谓合理，故法院对吴某姿行使单方解除权的主张不予支持。[①]

《商业特许经营管理条例》第12条的表述为："特许人和被特许人应当在特许经营合同中约定，被特许人在特许经营合同订立后一定期限内，可以单方解除合同。"该条款是对特许经营合同内容的约定，但实践中，基于特许人的优势地位，合同中往往不会赋予被特许人单方解除权，甚至会故意排除被特许人的解除权。从上述判例可以看出，法院一致认为《商业特许经营管理条例》第12条不仅是对合同条款的规定，而且在当事人未依据该条款作出相应合同约定时，该条款可以直接作为特许经营的被许可人享有法定解除权的依据，并称此条款为特许经营的"冷静期"条款。此种观点是从该条款的立法目的出发进行论证，即考虑到特许人在特许经营合同中所处的优势地位，被特许人在信息获取、风险判断等方面相较于特许人处于相对弱势地位，被特许人对即将加盟的行业可能没有充分了解，从保护被特许人的利益出发，为防止被特许人的投资冲动，而由法律特别赋予被特许人一种单方任意解约权。

但上述三个案例中对于"一定期限内"的理解并不完全一致。在上述案例3-1中，虽然相关的经营资源并未被实际使用，但由于被特许人于3年后才通过诉讼要求解除合同，据此法院认为不符合立法目的，不满足一定期限的要求；案例3-2则与之相反，法院并未考虑时间因素，仅以合同已经实际履行为由，否定了被特许人的任意解除权；案例3-3中法院则综合了时间及合同履行情况等多个因素，从而否定了被特许人的解除权。事实上，特许经营以双方之间存在一定的信任关系为基础，被特许人要求解除合同也意味着双方之间的合作基础不再存在，此时若

① 北京知识产权法院民事判决书，(2023)京73民终1589号。

强制要求双方继续履行合同，也难以真正实现共赢。因此，此处的解除权的“一定期限”宜作较为宽松解释，不仅考虑实践的因素，还应结合时间、资源的使用状态、营业状况等进行综合判断。如若刚接受培训，或店铺刚开设不久，被特许人即主张解除权，此时虽已经履行合同，但时间较短，应认可其享有解除权；若虽然时间较长，但被特许人并未利用任何资源，此时也应认定其享有解除权。由于特许经营合同是关于字号使用、商标权许可使用、技能培训、物资供应等多项合同的组合，在解除的法律效果上应分别按照不同合同的履行情况予以考虑，如字号使用、商标权许可使用等，上述无形资产应按照许可费按时间折价返还；物资供应等，则按照买卖合同的解除返还规则予以返还。

第二节 商标的注册与许可使用

商标是商品或服务提供者为了将自己的商品或服务区别于其他同种类或类似商品而使用的标记。商号与商标均具有识别作用，但两者具有一定的区别。首先，商号适用于企业标识，相当于企业的名称，因此一个企业只能有一个商号；而商标适用于标识服务与产品，因此一家企业可以有多个商标。例如，雅戈尔集团股份有限公司旗下有主品牌“雅戈尔”，此外还有 MAYOR、HART MARX、HANP、UNDEFEATED、HELLY HANSEN 等延伸的立体化品牌体系；安踏集团除了有主品牌 ANTA（中国）外，还有斐乐 FILA（意大利）、迪桑特 DESCENTE（日本）、可隆 KOLON（韩国）等多个中国及国际知名的运动品牌。其次，根据我国法律规定，商号只能由两个以上的汉字组成，但商标的范围更广，包括文字、图形、字母、数字、三维标志、颜色组合和声音等，以及上述要素的组合，只要具有识别性即可。最后，商标的类型更加丰富，不仅有普通商标，还有集体商标与证明商标。例如，莆田市鞋业协会注册了莆田鞋集体商标，该协会的会员可以在商品上使用该商标，以表明自身的会员身份（见图3－1）；国际羊毛局注册了纯羊毛的证明商标，符合国际羊毛局颁布的纯羊毛品质标准即可使用该证明商标（见图3－2）。

图3－1　莆田鞋集体商标

图3－2　国际羊毛局证明商标

一、商标的注册

商标可以分为注册商标与非注册商标。注册商标是指经国家商标主管机构核准注册而使用的商标；非注册商标是指未经国家商标主管机构核准注册而自行使用的商标。后一类商标虽然没有获得商标局的核准，但在实际使用中可能具有一定的商业价值，可以被消费者用于对特定商品或服务的识别。由于我国《商标法》实行商标注册制，注册商标与非注册商标在法律保护上有显著的区别（除驰名商标外，非注册商标法律不予保护）。首先，注册商标因注册登记可以受到法律的全面保护。注册商标的所有人享有商标专用权，可以在核定使用的商品上使用核准注册的商标，并有权禁止他人未经许可使用相同或近似的商标。而普通未注册商标不受商标法的保护，处于一种无权利保障状态，随时可能因他人相同或近似商标的核准注册而被禁止使用。其次，注册商标还可依法进行转让、质押变现等，体现了注册商标的商业价值。由于非注册商标无法完成法定的转让手续，因此难以变现。通过上述分析可知，注重品牌保护的时尚企业，及时完成商标注册对公司有极其重要的意义。

（一）商标的注册流程

《商标法》规定，自然人、法人或者其他组织在生产经营活动中，对其商品或者服务需要取得商标专用权的，应当向商标局申请商标注册。对于自然人而言，由于商标用于识别商品或服务的来源，因此此处的自然人只限于个体工商户、农村承包经营户和其他依法获准从事经营活动的自然人。为了能够顺利地进行注册，注册商标申请人可以在网站进行商标查询，以确认申请的商标与在先权利商标是否相同或近似以及是否存在《商标法》规定的不得注册的情形。商标人提交的商标所具有的显著性能够使相关公众在看到该标识时，对商品和服务产生相关联系。因此，显著性与公众认知及标志与相关商品和服务之间的关系紧密相连。

国家知识产权局在收到商标注册申请人的申请后开始进行审查。国家知识产权局收到商标申请之日即为申请日。由于我国商标注册采用申请在先原则，因此申请日的先后即成为确定商标权的法律依据。国家知识产权局的审查包括形式审查与实质审查。形式审查仅对商标注册的文件和手续是否齐备、是否符合法定要求进行审查，若发现形式问题，国家知识产权局会通知当事人在规定的期限内进行补正；对符合形式要件的申请书发放受理通知书，并进入实质审查阶段。实质审查的核心内容为是否存在不予注册的理由，主要审查是否违反禁用条款、是否缺乏显著性、是否与在先商标构成相同或者近似等。实质审查如果没有通过，商标就会被驳回，若通过则会进入商标审定程序。

商标的审定是指商标注册申请经审查后，对符合《商标法》有关规定的，允许其注册的决定，并在《商标公告》中予以公告。3 个月的公告期内，任何人可以以商标注册损害公共利益、缺乏显著性、侵害在先权利等为由向国家商标局提出异议。

若初步审定的商标自刊登初步审定公告之日起 3 个月没有人提出异议，该商标予以注册，发放商标证明书，并在《商标公告》上进行公告。

商标注册公告代表该商标已经注册，商标注册人享有商标专用权，受法律保护。

（二）商标不予注册的情形

1. 不予注册的绝对理由

商标注册在我国采开放性态度，不仅文字可以注册，图形、字母、数字、三维标志、颜色组合和声音等，以及上述要素的组合，只要具有识别性均可以被注册。例如，腾讯公司QQ的“滴滴滴滴滴滴”声音被注册为声音商标；法国迪奥公司的真我香水瓶身被注册为立体商标等。《商标法》对不予注册的情形进行了列举，分为不予注册的绝对理由和不予注册的相对理由。对不予注册的绝对理由，国家知识产权局在收到申请后会主动依据职能进行审查，若任何人任何时候发现，均可以向国家知识产权局提出异议，审查过程中提出的，国家知识产权局将不予注册；注册后提出的，国家知识产权局将依法宣告注册商标无效。不具有显著性是不予注册的绝对理由之一，例如，仅有本商品的通用名称、图形、型号的；仅直接表示商品的质量、主要原料、功能、用途、重量、数量及其他特点的。对于三维标志的形状而言，若仅由商品自身的性质产生、具有使用功能性或美学功能性，也不得注册为商标。例如，灯泡的形状为带有弧度的椭圆形，若允许此形状被注册为商标，则会剥夺其他经营者公平竞争的机会，从而损害竞争秩序和公共利益；又如，三头剃须刀因具有技术功能而不得被注册为立体商标等。标志内容违法，如与特定官方标志相同或相近，有民族歧视、有欺骗性或有害于社会主义道德风尚或者有其他不良影响的，使用特定的中外地名等，也是不予注册的绝对理由。若申请注册的范围、方式和目的违法，也不得注册。

典型案例 3－4

被告人吴某江、周某志、涂某名于 2010 年 2 月合谋以营利为目的，在未经许可的情况下，共同投资生产、销售海宝美术形象的挂件等商品。三名被告人经分工，由周某志在江苏省昆山市租赁场地，自同年 3 月起组织人员生产未贴附商标的“5cm 海宝毛绒玩具挂件”共计 729,400 只，并向上海发送货物；吴某江、涂某名分别在上海租赁场地用于存放上述海宝挂件等商品（见图 3－3）并对外销售。同年 6 月 24 日，吴某江、涂某名在上海被抓获。其后，公安人员分别从租赁的场所内，查获上述海宝挂件 6000 只。当日，公安人员在江苏省昆山市将周某志抓获归案，并在该处查获上述海宝挂件 79,670 只（系销售后返修）。上述海宝挂件销售期间，吴某江、涂某名合谋购入印有“上海世博会会徽”“海宝形象”注册商标标志的纸片、纸盒进行单独销售，并事后告知了周某志。2010 年 6 月 24 日，公安人员在吴某江、涂某名租住的房屋内查获尚未销售的上述纸片、纸盒 30 万件。经核实，上海世博发展（集团）有限公司于 2007 年依法注册以下平面商标（注册号：6405758，见图 3－4）。最终法院认定被告人吴某江、周某志、涂某名以营利为目的，未经著作权人许可，生产海宝形象美术作品的玩具挂件并对外销售，系复制发行相关美术作品的行为，三名被告人均已构成侵犯著作权罪，且属“有其他特别严重情节”，被告人吴某江、涂某名合谋购入非法制造的注册商标标识并单独对外销售，已构成销售非法制造的注册商标标识罪，且属“情节特别严重”。[①]

---

① 一审案号：上海市黄浦区人民法院刑事判决书，（2011）黄刑初字第 86 号；二审案号：上海市第二中级人民法院刑事判决书，（2011）沪二中刑终字第 303 号。本案被列为上海市黄浦区法院知识产权审判 20 周年十大典型案例。

图3-3 被告人所售海宝挂件

图3-4 上海世博发展（集团）有限公司注册商标

案例分析

本案的争议在于被告人制售的是未附着任何标志的假毛绒海宝玩具，此行为是否构成假冒注册商标罪。

对此有两种不同的观点。有观点认为，上海世博发展（集团）有限公司已经在玩具上注册了海宝商标，未经权利人同意擅自制造和销售海宝玩具，构成在相同商品上使用同一商标，构成商标侵权，情节特别严重，构成假冒商标罪。有学者对此持否定意见。一方面，上海世博发展（集团）有限公司注册的是平面商标，而海宝玩具为三维立体，两者并非一致。另一方面，销售毛绒海宝本身不涉及商标权问题。单纯的海宝玩具无法被视为商标，本身无法发挥识别来源的作用。只有将立体海宝商标与其他商品结合，立体海宝商标才能够发挥标识出处的作用。例如，立体海宝被注册为三维商标后，商标权人可以授权他人在销售其他毛绒玩偶上附带海宝挂链，以表示该商品的来源，此时的立体海宝才发挥商标的标识作用。因此，销售未附着任何标志的假毛绒海宝与上海世博发展（集团）有限公司注册的平面海宝商标无直接关联，不构成侵害商标罪。对此问题，法院认为被告人是否构成假冒注册商标罪问题的关键在于海宝平面商标和玩具立体外形是否属于相同商标，最终法院从商标的表现形态、商标法的保护条件及刑法谦抑性理念三个方面进行综合考量，认定三名被告人并未构成假冒注册商标罪。

将此问题引申，上海世博发展（集团）有限公司是否可以注册海宝的三维立体商标？对此问题仍然有不同的声音。有观点认为，立体海宝无法被注册为商标。消费者购买海宝玩具，是基于其可爱的形象，基于商品本身的实用性价值，海宝玩具本身并非区别玩具来源的标志。若上海世博发展（集团）有限公司想要注册该立体商标也会因立体海宝具有“美学功能性”而无法注册。“海宝”作为一个美术作品，已经取得了著作权。制造海宝玩具，实际上是未经许可对美术作品进行复制，若是照着平面绘画制作，属于从平面到立体的复制；若是照着正版海宝玩偶制作，属于立体到立体的复制，因此销售假毛绒海宝玩具属于未经许可以销售方式向公众提供作品复制件的行为，构成对美术作品复制权和发行权的侵权。情节严重的，构成侵犯著作权罪。[①] 法院认为海宝形象并不是具有功能性的商品形状，也具有显著性，可以作为三维标志注册为立体商标，被告在玩具商品上将海宝作为玩具的形状，应当属于商标使用行为。笔者认为，海宝与其他玩偶不同，其为世博会的吉祥物，因此消费者在购买海宝时，本能地与世博会产生联系，具有显著性。消费者购买海宝玩偶，不仅是基于其本身的形象可爱，还可能是基于对世博会的留念等。因此，若上海世博发展（集团）有限公司申请立体海宝商标，也应予以许可。

2. 不予注册的相对理由

不予注册的相对理由涉及损害他人的在先商标权利、他人现有的其他在先权利等，损害的是特定主体的合法权益，具有相对性。除注册审查程序依职权将他人在先商标权利作为驳回事由外，商标注册部门一般不能依职权主动审理相对理由，仅在异议或评审程序中依当事人申请进行审查审理。不予注册的相对理由包括误导性地使用地理标志，以不正当手段抢注他人已经有一定影响力的未注册商标，代理人、代表人和其他关系人抢注，与他人在相同或相似商品或服务上已注册的或初步审定的商标相同或相近，与他人驰名商标相同或相近，侵犯他人在先的其他

---

① 参见王迁：《知识产权法教程》（第7版），中国人民大学出版社2021年版，第526页。

权利等。在商标注册制下，越来越多的人注意到“商标”的价值，很多人会对商标进行抢注，囤积商标后进行转让以获得利益。

典型案例 3 – 5

颜某庆 2016 ~ 2018 年向国家知识产权局注册了包括“KKW”“KKW BEAUTY”“KKW 凯凯薇”“KKW 咔咔薇”“KKW 咔咔娃”“KKWQIC”“KKW YANQINA”等相关商标共 100 余项。核定使用在第 3 类、第 5 类、第 8 类、第 9 类、第 16 类、第 21 类、第 25 类、第 35 类广告等多个类别（部分商标见图 3 – 5）上。金莎公主公司（KIMSAPRINCESS INC.）向国家知识产权局针对诉争商标提出无效宣告请求，认为“KKW”在诉争商标申请注册日之前在中国市场具有一定知名度，主张诉争商标系以欺骗手段或者其他不正当手段取得商标注册，构成《商标法》（2013 年修正）第 44 条第 1 款所指情形，应予无效宣告。国家知识产权局针对金莎公主公司提出的商标无效宣告请求，作出了“KKW”商标无效宣告裁定，认定诉争商标在“广告、组织商业或广告展览、为商品和服务的买卖双方提供在线市场”等服务上的注册构成《商标法》第 44 条第 1 款所指的“以欺骗手段或者其他不正当手段取得商标注册”之情形，故对诉争商标予以无效宣告。此后，法院审理认为颜某庆申请的 100 余项商标与金莎公主公司享有一定知名度的品牌相同或近似，此行为难以解释为偶然为之或纯属巧合。原告对诉争商标的申

图 3 – 5　颜某庆注册的“KKW”相关部分商标

（资料来源：国家知识产权局商标局）

请注册行为具有明显的抄袭、摹仿他人商标的主观恶意，也超出正常生产经营的需要，扰乱了正常的商标注册管理秩序，损害了公平竞争的市场环境，不具备注册商标应有的正当性。

案例分析

商标抢注行为会侵占公共资源、扰乱商标注册秩序、损害公共利益，因此，司法实践中对此行为进行否定性评价。法院往往会考虑以下因素：商标申请人或商标权人申请注册的商标数量是否过多，与企业或者个体经营规模明显不相适应，超出了正常使用所需的范围；商标申请人是否围绕多个主体的不同知名商标进行了申请；诉争商标的申请时间是否晚于相同或类似商标取得一定知名度的时间；诉争商标的使用情况，比如诉争商标是否已经实际投入商业使用、相比于诉争商标的实际使用范围诉争商标的核定使用类别的跨度是否过于宽广、诉争商标申请人登记的经营范围是否涉及诉争商标核定使用的商品或服务；诉争商标申请人是否被在先生效文书认定在商标申请过程中存在违反诚实信用原则谋取不正当利益的失信行为。结合上述因素，法院可以认定申请人或商标权人是否构成抢注行为。

保护商标的根本目的在于促进商品识别及利用，2023 年发布的《商标法修订草案（征求意见稿）》也强调注册商标要回归“商标性使用”本源，促进注册商标的良性发展。该征求意见稿第 61 条新增说明商标使用情况的义务，即商标注册人应当自商标核准注册之日起每满 5 年之后的 12 个月内，向国务院知识产权行政部门说明该商标在核定商品上的使用情况或者不使用的正当理由等。

对时尚企业而言，为了保护自身的品牌，防止商标被抢注，应做到市场未动、商标先行。首先，充分考虑商标注册申请流程所需时间，尽早申请相应商品或服务的商标，保证在新开发的商品进入市场之前所用商标已经取得权利。其次，由于商标类别分为 48 类，商标注册以“一类商品一件商标一份申请”为原则，为了防止商标侵权，在商标注册时除了正在销售的类别外，可以在相类似的商品类别上进行防御性注册。最后，时尚企业应密切关注国家知识产权局颁布的《商标公告》，检索商品或服务的商标，如发现相同或近似商标，应当及时向国家知识产权局提出异议，以有效防止相关商标注册申请成功。

二、商标与商号之间的权利冲突

按照《保护工业产权巴黎公约》的规定，商标权与商号权均属工业产权的范畴，二者作为商业标识所起到的识别作用不同。商标用于区分商品或服务的不同来源，而商号用于区分不同的市场主体。虽然商号与商标分别用于企业和商品的识别，但对于消费者而言，企业信誉与产品信誉之间互相渗透影响，二者一起发挥着影响商誉的作用，因此商标与商号于消费者而言容易发生混淆。当商号已经包含了特定商誉足以影响消费者对商品或服务的选择时，在一定层面上该企业名称或商号不仅起到了识别商事主体的作用，而且附加了识别商品或服务来源的功效，也就与商标的基本功能相重叠，那么在先的商号则有可能与在后的申请注册商标相冲突，亦将影响商标指向特定商品或服务提供者的功能。①

实践中，商标权和商号权产生冲突的情形也常有发生，主要原因如下：首先，由于商标与商号的管理体系实行条块分割，即商标的登记管理部门为国家知识产权局商标局，在商标局注册的商标在全国范围内都具有排他性的效力；商号的登记机关为各级市场监督管理部门，商号权的效力仅及于该辖区范围。实践中就会出现同一辖区的不同行业内、不同辖区的同一行业内、不同辖区的不同行业内，甚至在不同级别的行政区划内或相同行业内部都可能出现一个企业的商号与另一个企业的注册商标完全相同的情形。其次，二者的管理机制也不相同。商标注册会经过较为严格的申请程序，如前所述，当事人提出申请后，商标局会进行初步审查，如果商标局发现在同一类别中有相同或近似的商标便不予注册；申请注册商标经初步审查通过后会依法进行公告，公告期内如果异

① 参见陶钧：《在先商号权益保护范围的认定》，载《中华商标》2014年第4期。

议理由成立，则该商标不能获得注册；若异议期满而无异议，商标局会给予注册。商号是在县级以上市场监管部门注册、管理，根据我国现有的法律规定，商号只要不违背公序良俗、不违反反不正当竞争法律法规且在本级行政区域内具有唯一性，则市场监督管理部门应当予以登记。此外，两者的法律保障层次不同。商标和企业名称都在《民法典》中作了原则性规定。除此之外，《商标法》《反不正当竞争法》《关于审理商标民事纠纷案件适用法律若干问题的解释》等法律、法规及司法解释都对商标的保护作了专门的规定。相较而言，商号的法律保护措施较为薄弱，主要依据《企业名称登记管理规定》等法规及部门规章等相关管理规定进行保护。正因如此，实践中时常发生注册商标损害在先商号权的案例。实践中，商号权人可以根据《商标法》第32条的规定对注册商标提出异议。该条规定申请商标注册不得损害他人现有的在先权利，也不得以不正当手段抢先注册他人已经使用并有一定影响的商标。商号权是否可以被认定为此处的“在先权利”，商号权益有多大的保护范围成为需要界定的问题。

典型案例3-6

家乐氏公司从1981年申请了第166073号“KELLOGG'S”、第754673号“Kellogg's”、第754674号“Kellogg's”等商标（见图3-6之二至四），且至今仍为商标权人，上述商标核定使用于“早餐食品；快餐食品或者制作食品的原料的（加工过）谷类制品”及“谷类制品”商品上（见图3-7）。

北京凯洛格管理咨询有限公司于2004年7月28日向商标局申请注册第4193035号“凯洛格 Kellogg & Company 及图”商标（以下简称被异议商标）（见图3-6之一），使用类别为“商业管理辅助；商业管理和组织咨询；商业管理咨询；工商管理辅助；商业组织咨询；商业研究；商业管理咨询（顾问）；贸易业务的专业咨询；人事管理咨询；商业评估”。

凯洛格
Kellogg&Company

被异议商标

KELLOGG'S

第166073号商标

Kellogg's

第754673号商标

Kellogg's

第754674号商标

图3－6　相关注册商标

图3－7　家乐氏产品包装

被异议商标经商标局初步审定并公告后，家乐氏公司在异议期内提出异议申请，商标局于2010年8月11日作出第16098号裁定，裁定被异议商标予以核准注册。

家乐氏公司不服，向商标评审委员会申请复审，由于注册商标类别不相同，因此家乐氏公司以损害其在先商号权益为主要理由提出异议。但商标评审委员会认为家乐氏公司所提异议复审理由均不成立，裁定被异议商标予以核准注册。

家乐氏公司不服商标评审委员会的裁定，向法院提起行政诉讼。

一审法院认为，家乐氏公司的企业名称为“KELLOGGCOMPANY”，被异议商标的主要识别部分“Kellogg & Company”虽与之相近，但是，家乐氏公司在商标评审程序中提供的证据不能证明该公司提供的商品或服务与被异议商标指定使用的服务相同近似或存在密切关联，现有证据亦无法证明被异议商标的注册和使用能够造成相关公众的混淆、误认，从而致使家乐氏公司的商号权益受到损害。因此，商标评审委员会未认定被异议商标的申请注册损害了家乐氏公司的在先商号权益并无不当。同时，第16293号裁定的其他相关认定亦无不当。

二审法院认为，根据《商标法》(2001 年修正) 第 31 条①的规定，申请商标注册不得损害他人现有的在先权利。他人的在先商号权益属于上述条款中所述在先权利，但认定是否损害他人在先商号权益，应以系争商标的注册与使用是否容易导致相关公众产生混淆，致使在先商号权人的利益可能受到损害为要件。本案中，家乐氏公司所提交的其公司登记信息、企业财务报表、在被异议商标注册申请日前相关媒体及网络的报道、《管理沟通—原理与实践》一书的记载、该企业在中国受保护的记录等证据，能够证明家乐氏公司的"KelloggCompany"商号在被异议商标注册申请日前已经具有较高的市场声誉及影响，且该企业管理制度已经成为相关领域中的成功案例。由于被异议商标的主要识别部分"Kellogg & Company"与家乐氏公司的在先商号近似程度较高，而且家乐氏公司的企业商誉及影响力足以延及被异议商标指定使用的"商业管理辅助、商业管理咨询"等服务领域，具有密切关联，因此被异议商标的注册与使用容易导致相关公众认为其服务来源与家乐氏公司存在特定联系，或源于家乐氏公司的授权，从而产生混淆，可能使家乐氏公司的利益受到损害。因此，一审判决及第 16293 号裁定相关认定错误，应予纠正。商标评审委员会重新作出异议复审裁定。②

案例评析

从此类案件的审理情况来看，损害在先商号权益的适用要件主要包括以下几个方面：首先，考虑商号的登记、使用日与系争商标注册申请日的时间先后；其次，结合商号在中国相关公众中的知名度以确定其保护的地域范围；最后，考虑系争商标的注册与使用是否容易导致相关公众产生混淆，是否会损害在先商号权人的利益。

---

① 该案件裁判时适用《商标法》(2001 年修正)，该条文于 2013 年修正后成为第 32 条，延续至今。

② 参见陶钧：《在先商号权益保护范围的认定》，载《中华商标》2014 年第 4 期。

商号权要构成“在先权利”，必须在市场监督管理部门的登记时间早于商标的注册申请之日，并且在商标申请日或商标无效宣告请求日时，他人的在先商号权仍处于存续状态。《最高人民法院关于审理商标授权确权行政案件若干问题的意见》第 17 条第 2 款对此进行了明确说明：“人民法院审查判断诉争商标是否损害他人现有的在先权利，一般以诉争商标申请日为准。如果在先权利在诉争商标核准注册时已不存在的，则不影响诉争商标的注册。”《最高人民法院关于审理商标授权确权行政案件若干问题的规定》第 18 条也明确以诉争商标申请日为判断的时间点。

对在先商号的保护以其具有“一定知名度”为前提。因商号的登记注册具有一定的地域性，法律法规仅要求在同一行政区划内具有唯一性即可。注册商标则不同，其排他性专有使用权范围是全国性的。如果允许任何一个在先的商号均可以排除在后商标的注册和使用，则会导致商标注册存在巨大障碍。一则，商标权人无法检索全国的在先商号，无法知晓是否与商号重合的情况；二则，即使知晓，由于商号过多，商标权人也难以有效地防止与现有商号的重合；三则，商标注册程序复杂、周期长，而商号注册方便，周期短，商标权人也难以有效预防与其他商号重合。因此，对于商号的保护以其“具有一定的市场知名度、为相关公众所知悉的企业名称中的字号”为前提。因此，诉讼中应当提交在先商号具有较高知名度的相关证据，包括荣誉证据、使用宣传证据等。

最后也是最容易有争议的是“混淆”要件的界定。前述家乐氏案件中即一审、二审法院对此要件的理解不同而导致最后判决结果的区别。由于商标与商号用于识别的客体不同，两者即使相同也不会产生冲突。只是由于商标与商号的识别作用衍生至商誉，才会导致权利冲突。“保护在先字号并非对字号本身符号的垄断性保护，其保护的是已经起到标示来源功能的在先字号所承载的指示功能和凝聚的商誉。”① 正是因为具有指示功能的在先商号承载了企业多年累积的商誉，诉争商标所导致的混淆才会给在先商号所有人的利益带来损

① 周云川：《商标授权确权诉讼 规则与判例》，法律出版社 2014 年版，第 376 页。

害。鉴于商号与商标相同或相似，相关公众会对诉争商标所标示的商品或服务的来源与在先商号所有人产生关联，以为两者具有一定的关联性。一般而言，在先商号的商誉基于企业在其经营范围内经过长期、广泛使用所积累而成，其直接对应着企业经营产品的品质，与相关产品紧密联系，相关公众仅是在相关产品上识别出商号时，才容易联想至该产品的提供者，而在不相类似的产品上，不会对在先商号产生能够识别商品或服务来源的作用。因此，混淆的前提是诉争的商标与在先商号相同或近似。相同是显而易见的，近似是指商标与商号在文字构成、符合、含义等方面构成近似，相关公众会在二者之间建立较强的联系。需要注意的是，诉争商标指定使用商品或服务与商号所有人实际经营的商品或服务应构成相同或类似商品或服务。由于商号是以区域而非行业类型进行唯一性审查，此处的商号的“相同或类似的商品或服务市场范围”需结合企业的注册及实际的经营范围予以确定。只有将诉争商标与在先商号置于相同或类似的商品或服务市场范围内，讨论混淆才更有意义。[①] 上述家乐氏案件中一审法院就是根据商号与商标的注册类别不同而否定了商标异议。但此种所谓的“相同或类似的商品或服务市场范围”的界定并非绝对，需根据商号的影响力及知名度等综合予以判断。类似于驰名商标的保护，若知名企业的商号影响力已经超出了其行业限制，足以使消费者在看到诉争商标所指定商品或服务时，与在先商号产生联系，让相关公众误认为两者之间存在特定联系，容易产生混淆，则对在先字号的保护可以不受经营范围所指向的行业限制。前述案例的二审法院即以“家乐氏公司的企业商誉及影响力足以延及被异议商标指定使用的‘商业管理辅助、商业管理咨询’等服务领域，具有密切关联”为理由，对家乐氏的字号进行了跨领域的保护。

三、商标许可使用

商标权人不仅可以自己使用商标，也可以许可他人使用商标，被许

① 参见夏旭：《商标授权确权行政案件中对诉争商标损害在先商号权的认定——开滦（集团）有限责任公司诉国家工商总局商标评审委员会、第三人张宏彬商标权无效宣告请求行政案》，载《中华商标》2016 年第 8 期。

可人支付使用费。商标许可使用与商标权的转让不同，权利的归属并不发生改变，只是被许可人可以按照约定的方式、期限和地域等使用许可人的商标。商标许可使用能给商标权人带来直接的经济利益，对于被许可人而言，可以利用商标的品牌效力增加销量，提高知名度。

根据《最高人民法院关于审理商标民事纠纷案件适用法律若干问题的解释》第 3 条的规定，商标许可使用类型包括独占许可、排他许可、普通许可。独占许可是指商标注册人在约定的期间、地域和以约定的方式，将该注册商标仅许可一个被许可人使用，其他任何人包括商标注册人在内均不得使用该注册商标。在注册商标专用权被侵害时，独占许可的被许可人可以单独起诉。排他许可是指商标注册人在约定的期间、地域和以约定的方式，将该注册商标仅许可一个被许可人使用，商标注册人依约定可以使用该注册商标但不得另行许可他人使用其注册商标。在注册商标专用权被侵害时，排他许可的被许可人可以和许可人共同起诉，在许可人不起诉时可以单独起诉。普通许可是指商标注册人在约定的期间、地域和以约定的方式，许可他人使用其注册商标，并可自行使用该注册商标和另行许可他人使用其注册商标。在注册商标专用权被侵害时，普通许可由许可人起诉，被许可人获得许可人明确授权后方可起诉。

实践中有很多企业在品牌具有一定的知名度与市场认可度之后，会进行“品牌授权”，从而增加企业的经济利益。例如，南极人、恒源祥、俞兆林、北极绒等企业都从传统的服装生产制造走向了品牌授权的经营模式。1998 年，上海南极人纺织品发展有限公司成立，“南极人”品牌也正式创立，“南极人”保暖内衣也依靠其更薄、更暖、更舒适的功能性给消费者留下深刻印象。2008 年，金融危机终结了纺织业的黄金 10 年。南极人创始人张玉祥决定转型，开启品牌授权的商业模式。南极人砍掉生产和销售这两个重资产环节，卖掉经营了 10 多年的所有工厂，只保留“南极人”这个品牌，并推出了南极人共同体（NGTT）商业模式。到 2018 年，它已经彻底砍掉了所有的生产线，卖掉了所有的工厂，完全放弃线下实体零售渠道，将品牌授权范围从内衣拓展到男女装、家纺、母婴用品、家电等多个品类，上游授权生产商达 866 家，下游授权经销商达 4186 家，授权店铺更是多达 5535 家。从南极人目前的财报数据来看，品牌授权的毛利率高达 93%，2018 年，南极人营收 33.5 亿元，其中品牌授权相关营收 9.3 亿元，占比 27.8%；2019 年，南极人营收 39.1 亿元，其中品牌授权相关营收 13 亿元，占比 33.2%。

从上述案例来看，南极人的品牌授权模式给其带来了巨大的经济利益。但若过分授权，则会导致品牌的认可度降低。对于消费者而言，商标授权模式会让消费者难以识别产品的来源。对此，法律规定了品牌方的监督义务。我国《商标法》规定，对于许可使用注册商标的商品或服务，许可人负有质量监督义务，被许可人负有质量保证义务。与此同时，法律还规定商标许可使用的情形应当明确标识，即需在使用注册商标的产品上标明被许可人的名称和产地，从而让消费者知悉商品的真正来源。

第三节　模特助力品牌发展中的法律问题

一、模特行业的发展

为了提升品牌的知名度，时尚企业往往借助模特传达设计理念、树立品牌形象，弘扬民族传承，提升人文素质。因此模特对于时尚企业的品牌推广有重要意义。利用模特推广品牌源于意大利米兰、法国巴黎等时尚之都。国外知名的模特企业包括 VMH 模特公司（VMH Models）、福特模特公司（Ford Models）、洛杉矶模特公司（L. A. Models）、暴风雨模特公司（Storm Models）、麦迪逊模特经纪公司（Madison Agency）、威廉敏娜模特经纪公司（Wilhelmina Agency）、精锐模特管理公司（Elite Model Management）等，其中精锐模特管理公司逐渐确立了在世界模特业的领导地位。相较而言，我国的“模特经济”起步较晚。早期，对模特并无专业化的管理与推广。模特多以“自由模特”的形式存在，即没有正式签约模特经纪公司、没有模特经纪人，大多以个人为单位进行演出。1992年成立的新丝路模特经纪公司作为我国首家专业的模特代理机构，把模特和经纪人这两类自由职业者结合成为一个整体，并按照全新的管理模式进行经营和管理。此时，模特开始走向专业化。新丝路公司在我国模特行业的发展中起着“领头羊”的作用，长期在中国两大时尚展会——中国时装周、中国国际服装服饰博览会——进行服装模特展示。

我国模特行业的兴起与西方国家相比较晚，但现今其发展逐渐职业化、专业化。国内的时尚企业也逐步借力模特，提升品牌。模特与品牌形象紧密相连，优秀的模特是企业产品的文化代言，以适合的肢体语言诠释产品内涵。特别是对于高端品牌，除了能通过名人流量产生水花外，一场由模特带来的时装秀所展示的服装组合和布景都能凝练品牌形象。随着互联网的发展，模特已经从传统意义上的职业超模走向平民模特甚至虚拟模特等。模特行业目前存在三种从业模式，分别为传统模特、网络模特和数字虚拟模特。首先是传统模特，模特运用自身的特定语言诠释着品牌形象，传统模特大致包括传统广告模特、平面模特、线下展览会模特以及商品模特。每一类型项下又可具体划分为诸多子类型，如商品模特又可细分为珠宝模特、服装模特、车模等。随着模特产业的迅猛发展，其由原先服务于服装行业，逐渐延伸至其他诸多行业。与之相伴而生的是，模特行业的从业人员不断增多，模特的巅峰期随之缩短，行业整体呈现出低龄化的发展趋势。其次是网络模特，这一类型的模特是伴随着网络信息平台的发展而兴起的，其与网络购物的发展有着密不可分的关系，主要为网络销售者的产品进行推广与营销。相较于对外在形象、专业素养等有着严格要求的传统模特，在包容与开放的网络环境下孕育而生的网络模特更具平民性。故而，组成网络模特的群体也较为复杂，学生群体占据了其中的一定比例。最后是数字虚拟模特。虚拟技术的出现打破了虚拟与现实之间的界限，能够在最大限度上赋予人们的想象以真实性，数字虚拟模特便是数字虚拟人衍生而来的产物。随着数字虚拟人技术的快速发展，其在各个行业的应用范围愈加广泛。例如，由DJ兼音乐制作人Trevor McFedries和Sara DeCou共同打造的初代虚拟网红Lil Miquela；由英国摄影师Cameron – James Wilson设计的虚拟非裔模特Shudu；由德国设计师Joerg Zuber和Opuim Effect工作室共同设计的Q版虚拟模特Noonoouri等。

二、模特与经纪公司之间法律争议辨析

（一）模特与经纪公司之间的法律关系分析

就现行模特从业模式而言，除部分自由模特外，模特在大多数情况下会与模特经纪机构或模特经纪人之间签订模特经纪合同，其属演艺经纪合同项下的具体门类。目前立法上尚未对模特经纪合同作出完整定义，结合《民法典》合同编以及《演出经纪人员管理办法》（文旅市场发〔2021〕129号）的相关规定，可总结出如下定义：模特经纪合同是指模特经纪机构或模特经纪人为模特提供组织演出经纪活动的服务并据此收取相应报酬的合同，其中，演出经纪活动具体包括演出组织、制作、营销，演出居间、代理、行纪，模特签约、推广、代理等活动。我国《民法典》规定了买卖合同、委托合同、行纪合同等在内的19种有名合同，但对模特经纪合同究属何类未作出明确的规定。对模特经纪合同性质的准确界定将易于明确当事人之间的权利与义务，为后续围绕合同展开的订立、效力、履行、变更及终止等问题提供讨论的必要前提。目前，针对模特经纪合同的性质认定主要存在委托合同论、中介合同论、行纪合同论、劳动合同论以及综合合同论等诸多观点，并以综合合同论为主流观点。

从模特经纪合同的内容来看，难以简单地将其归属于上述任何一类有名合同。其一，根据模特经纪合同的内容可知悉其具有复合性。模特经纪合同的性质由该合同的具体内容决定。一份模特经纪合同一般会对

合同目的、合作内容、合作范围、合作形式、合同期限，知识产权归属及使用方式，收入分配，双方的承诺与保证，合同的解除以及违约责任等内容进行规定。在模特经纪权限内容处一般约定模特经纪机构或模特经纪人担任模特的经纪方及商务代表，经纪、代理模特演艺活动及模特演艺活动相关的肖像权、姓名权、著作权、表演者权及其相邻权等派生的各种权益的使用和许可使用，包括代为推广、宣传、策划、运用、执行、与相关合作方签署合同文件等。由此可见，其融合了委托合同、中介合同、行纪合同等合同的内容和形式，具有复合性。目前司法实务界也基本认同了演艺经纪合同具有复合性，部分法院也支持此种观点，认为演艺经纪合同既涉及代理艺人对外沟通交涉的内容，又存在为艺人进行包装宣传的要求，还具有一定的内部管理职能，存在较强的特殊性和行业特征。其不仅具备委托合同的主要特征，也同时具有劳动合同、行纪合同和居间合同等其他合同特征，具有人身依附性，构建了经纪人与艺人之间的特殊合作共赢关系，属于包含多种权利义务关系的综合性合同。[①]

其二，模特经纪合同与委托合同、劳动合同、中介合同等存在一定的差异。首先，与委托合同不同。根据《民法典》第 919 条的规定可知，委托合同是委托人和受托人约定，由受托人处理委托人事务的合同。模特经纪合同确以委托合同为基础合同，模特经纪机构或模特经纪人接受模特的委托，为其提供各项演出经纪活动。模特基于对模特经纪机构或模特经纪人的信任而签订的经纪合同，符合委托合同的法律特点。[②] 但是委托合同与模特经纪合同仍存在诸多差异。第一，委托合同可以有偿，亦可无偿；而模特经纪合同一般为有偿合同，会约定按年度或活动分类

---

① 参见北京市高级人民法院民事判决书，(2020) 京民终 788 号。

② 参见崔立红、韩笑：《合同视野下的表演者权利实现研究》，载《知识产权》2013 年第 8 期。

等确定模特的分成。第二，模特经纪合同的内容包括但不限于委托事项，其中还包括日常补贴标准、新媒体账号归属、有限续约权等内容，无法为委托合同所涵盖。第三，在符合一般民事主体资格的前提下，委托合同对订约主体资质并无其他限制；而根据《演出经纪人员管理办法》的规定可知，我国对模特经纪人实行职业资格认定制度，在我国境内从事相关演出经纪需通过演出经纪人员资格认定考试，取得演出经纪人员资格证，持证上岗。相应地，模特经纪机构也应当加强对模特经纪人的管理与培训，提升其综合素质和专业能力。据此可知，模特经纪合同所要求的订约主体资格较委托合同要严。其次，与劳动合同不同。根据《劳动合同法》的规定可知，劳动合同是指劳动者与用人单位之间确立从属劳动关系、明确双方权利义务的协议。劳动关系的认定则主要需要以主体资格、组织和经济从属性以及关联性三个维度为基准进行综合判定。劳动合同与模特经纪合同在表征形式上具有一定的相似性，二者均表现为劳动者或者模特进行一定的劳动或演艺活动，用人单位或者模特经纪机构或模特经纪人支付一定的报酬。但是，从劳动关系的判断标准方面着手便可知二者存在显著差异。第一，就组织从属性而言，在劳动合同中，劳动者除了要提供劳动之外，还要接受用人单位的管理，遵守其规章制度等；而模特经纪合同中，模特与模特经纪机构或模特经纪人之间通常不存在身份上的隶属关系，无须将档案放在单位或与单位有关的地方，也无须办理员工手册等证明文件。第二，劳动关系认定中的经济从属性要求劳动者除获得工资报酬外，还有法定社会保险、住房公积金等；但在模特经纪合同中其通常约定的是分成，并无支付工资的约定。在实务中，模特经纪机构基于经济成本的考量在绝大多数情况下并不会为模特缴纳相关的社会保险费。最后，与中介合同不同。据《民法典》第961条的规定，中介合同是指中介人向委托人报告订立合同的机会或者提供订立合同的媒介服务，委托人支付报酬的合同。两类合同均表现为模特经纪机构或模特经纪人向模特报告演出经纪活动的机会或者提供演出经纪活动的媒介服务，但仍旧存在不同。在中介合同中，中介人对委托人与第三人之间的合同没有介入权；而在模特经纪合同中，模特经纪机构或模特经纪人不仅可以介入，往往还是模特演出合同的签约主体。合同主体资格以及内容涵盖之区别已于上文论述，故而此处不再赘述。

综上所述，模特与经纪公司之间的合同具有一定的复合性，难以简单归属于有名合同中的任何一类。发生具体争议时，应当根据诉争的具体内容进行判断。

（二）模特跳槽补偿问题分析

因模特行业的特殊性，模特经纪合同所约定的合同期限一般较长，由此导致近些年来模特经纪公司或模特经纪人因模特离职跳槽而产生的纠纷越来越多。纠纷主要涉及模特经纪合同的任意解除，争议焦点主要为模特经纪公司或模特经纪人是否有权以模特单方解除合同为由要求其赔偿高额的违约金。需要考量的问题包括：模特是否具备任意解除权；模特是否需要支付给模特经纪公司或模特经纪人高额违约金以及支付的金额等。

1. 模特是否享有任意解除权

模特是否享有任意解除权需要结合模特经纪合同的性质进行判断。若认定模特经纪合同的性质属委托合同，则在合同履行的信赖基础消失之时，模特与模特经纪公司或模特经纪人皆可依据《民法典》第933条的规定行使解除权，不以一方或双方违约为前提。但通过上文的论述可知，模特经纪合同的性质并非单一的委托合同，其为具有劳动合同、行纪合同和居间合同等其他合同特征的综合性合同。此时便涉及综合性合同的适用规则问题，对此学理上存在主次吸收说、同值结合说和类推适用说等多种学说，并主要以类推适用的方法处理综合性合同的相关问题。笔者认为，应当根据综合性合同的性质决定其适用规则，模特经纪合同属于类型融合型的综合性合同，其融合了不同有名合同的给付义务。通过比对模特经纪合同的条款与有名合同的有关法律规定，适用与其最相类似的法律。若模特经纪合同的委托特征较为突出，便可适用委托合同的相关规则，此时模特可行使任意解除权；若劳动合同的特征较为突出，则要类推适用劳动法的有关规定解除模特经纪合同；若无突出特质，则应适用《民法典》合同编通则规定的行使合同解除权的一般性规定。此外，还有学者主张兼采类推适用说和同值结合说，在与现行法律体系相一致的情况下分析模特经纪合同的性质，依据合同中各个条款的性质分别由对应的规则进行调整；同时，也需要统合合同的性质和目的加以考量。① 此观点亦有可资借鉴之处。

2. 关于模特所需给付的离职跳槽补偿的数额

因解除模特经纪合同造成模特经纪公司或模特经纪人损失的，除不可归责于模特的事由外，模特应当赔偿模特经纪公司或模特经纪人的直接损失和合同履行后可以获得的利益。但是对于赔偿数额的认定标准一直未有明确的规定。实务中，模特经纪公司或模特经纪人一般会在模特经纪合同中约定高额的违约金，以减少模特离职的可能性；在模特离职时，其会主张该违约金。法院针对此高额违约金，通常会考虑模特经纪公司或模特经纪人的实际投入、收益损失，模特的知名度、履约时间及收支等诸多因素予以综合判定。模特与模特经纪公司或模特经纪人约定的违约金若低于造成的损失的，人民法院或仲裁机构可以根据当事人的请求予以增加；约定的违约金过分高于造成的损失的，人民法院或者仲裁机构可以根据当事人的请求予以适当减少。例如，在青岛京洲网络文化传媒有限公司、栾某静行纪合同纠纷案中，法院以合同实际履行情况作为考量依据，并结合合同期限与商业风险、当事人的自身情况、当事人的过错程度、预期利益等综合因素，根据公平原则和诚实信用原则，将栾某静应承担的违约金由“取人民币 2000 万元或合同期间内个人最高

---

① 参见刘承韪：《论演艺经纪合同的解除》，载《清华法学》2019 年第 4 期。

月收入乘以36倍的总金额高者”调整为80,000元。[①] 在湖南宝宝秀文化传媒有限公司、刘某聪合同纠纷一案中，经由分析，法院认为案涉演艺合同属综合性合同，并无任意解除权的适用空间，宝宝秀公司不存在根本违约行为，刘某聪不享有合同解除权，其未办理好离职手续的情况下自行到其他平台直播的行为，属严重违反合同约定，且不能补救，刘某聪应当承担违约责任，支付违约金。关于数额认定问题，法院依据宝宝秀公司的行业特点和刘某聪在合同履行期间的实际收入标准进行核算，以广州东百信息科技有限公司提供的刘某聪在“95秀”平台获得的收益作为损失计算基数，结合刘某聪对合同已履行和未履行时间，支持宝宝秀公司要求刘某聪支付的违约金200,000元。[②] 此外，还涉及违约金与损害赔偿并存的问题。就此而言，需结合违约金与损害赔偿的立法目的进行考量，违约金是以补偿性为原则，对于其性质，宜认定为赔偿性违约金，目的在于填补损失。二者一般无法同时适用，否则会使模特经纪公司或模特经纪人的损失得到重复填补。

（三）竞业禁止

模特与模特经纪公司或模特经纪人之间基于信任构建了模特经纪合作关系，构建了双方合作共赢的局面。模特经纪公司或模特经纪人需对模特进行培养投入、包装投入、宣传推广等，以此提高所培养模特的影响力、知名度；同样，模特也能够为模特经纪公司或模特经纪人带来收益。但是，在模特经纪合同的期限届满后，若模特基于一定的考量决定不再续约，此时将会对模特经纪公司或模特经纪人产生诸多不利影响，原因在于模特与相关经济利益之间呈现出紧密的依附状态，与特定模特经纪公司或模特经纪人之间则无此层关系，伴随模特的离开，该经济利

① 山东省青岛市中级人民法院民事判决书，（2021）鲁02民终5481号。

② 湖南省郴州市中级人民法院民事判决书，（2019）湘10民终2720号。

益也将随之消失，如此原模特经纪公司或模特经纪人则无法享受任何的收益，其承担着较大的商业风险。同时，该模特自身所携带的影响力、知名度将会与原模特经纪公司或模特经纪人之间形成一定的竞争关系。为此，原模特经纪公司或模特经纪人多会与模特在模特经纪合同中约定竞业禁止条款。其通常约定为，模特经纪合同无论由于何种原因终止，模特在合同终止后的一定期限内不得在其他公司或者相关平台从事类似的演艺行为，否则应承担相应的违约责任，在实务中该责任一般体现为高额的违约金。此外，出于减少模特流动的考量，模特经纪公司或模特经纪人也会与模特约定相关的竞业禁止条款。在现行法律的框架下，竞业禁止条款常出现于劳动法、公司法、合伙企业法以及个人独资企业法中，在模特经纪合同中约定此条款的效力如何则无立法上的规定，且就该类经纪合同中竞业禁止条款的效力判断问题在司法实务界存在的案例较少。相关的理论和实务争议主要针对网络直播业主播经纪合同，其存在有效说与无效说两种截然相反的观点。

支持有效说的观点认为，演艺经纪合同是双方真实的意思表示，内容并未违反法律、行政法规的强制性规定，应属合法有效，对各方均有约束力。[①] 此外，还有法院的判决进一步考虑到网络主播行业竞争的特殊性，认为出于管理角度对主播权利义务进行限制性规定符合行业惯例。[②] 对相关经纪合同中竞业禁止条款作出无效认定的判决主要有如下几点理由。其一，竞业禁止条款所限制的是劳动者的劳动权，故而其生效要件之一便是用人单位必须对劳动者的竞业禁止行为作出经济补偿，若经纪公司未对竞业禁止演艺人员进行补偿，即未付出对价，其行为属对演艺人员的主要权利进行了排除，在不具备禁止的正当性和合理性的情况下，

---

① 广东省广州市中级人民法院民事判决书，(2023) 粤 01 民终 14879 号；北京市第二中级人民法院民事判决书，(2023) 京 02 民终 6671 号。

② 吉林省长春市中级人民法院民事判决书，(2019) 吉 01 民终 3149 号。

宜认定该条款无效。[①] 其二，演艺经纪合同是综合性合同，合同当事人之间形成的并非劳动合同关系，其无法适用竞业禁止条款。[②] 其三，竞业限制所针对的主体是单位的高级管理人员、技术人员和其他负有保密义务的人员，演艺人员显然不属于上述负有保密义务的主体。[③] 事实上，上述观点均有一定的道理，实务中应当结合具体案情审慎判定模特经纪合同中竞争禁止条款的效力，不能仅凭借经纪合同为双方合意之产物就判定该条款有效。其一，需要判断模特经纪合同中的竞业禁止条款可否被实际履行，分析各主体之间的利益。就竞业禁止条款存在的目的而言，其主要是为维护模特经纪公司或模特经纪人的利益，为其控制市场提供强有力的手段；而模特的跨平台流动从长远角度来看有利于市场的良性竞争。前者仅涉及微观层面的利益衡量，而后者包括行业利益、社会利益等宏观利益，故而需要审慎列举并比较个案中的利益名目以便平衡所涉利益。[④] 其二，一般而言，模特经纪合同的订约主体存在一定程度上的强弱之分，模特经纪公司或模特经纪人处于强势地位，而模特处于相对弱势的地位，此时仅仅依据意思自治原则对竞业禁止条款作出有效认定难免在某些情况下会失之偏颇，故而应具体考量该限制是否有违实质公平，是否对模特极为不利。

三、模特推广中应注意的法律问题

时尚品牌方利用模特进行品牌推广和提升有各种形式的合作方式，如时装秀走秀、广告拍摄、产品代言等。品牌方在与模特订立合同时尤

---

① 广东省广州市中级人民法院民事判决书，(2021) 粤01民终21360号；广东省广州市中级人民法院民事判决书，(2020) 粤01民终21768号。

② 重庆市第一中级人民法院民事判决书，(2020) 渝01民终8860号。

③ 辽宁省阜新市中级人民法院民事判决书，(2020) 辽09民终321号。

④ 参见李欢、李建伟:《论网络直播业主播经纪合约的司法规制——基于200份商事裁决书的实证分析》，载《河南师范大学学报（哲学社会科学版）》2022年第2期。

其需要注意对模特的肖像权的保护。实践中部分企业会利用模特的照片进行产品或品牌的推广。模特照片实质上涵盖了模特的肖像权与拍摄者的著作权等，具有一定的复合性。其中模特的肖像权是一种具有绝对属性的专有权利，任何未经本人同意而使用肖像权人的肖像的行为，都是对肖像使用专有权的侵害。拍摄者的著作权是基于其拍摄的手法、构图等对展示的模特照片所享有的权利，肖像作品若具备独创性并能以一定形式表现，便可构成著作权法意义上的作品，受著作权法的保护。此时，肖像作品的权利人便享有对肖像作品的著作权，模特个人则对照片上所呈现的肖像享有肖像权，两种权利并行不悖。[①] 在该肖像作品上同时存在肖像权与著作权双重权利，并不发生互相吸收的效果，其中，隶属于人格权的肖像权侧重于被拍摄者即模特的人格利益；作为知识产权项下分支的著作权则侧重于拍摄者即摄影师的智慧财产。因此，若品牌方想要利用肖像照片进行宣传，应同时获得著作权人及肖像权人的同意，否则会构成侵权。实践中，法院也认可对肖像照片中集合的肖像权与著作权分别保护。例如，在武汉市武昌区薇拉摄影店、邵某肖像权纠纷案中，在武汉市武昌区薇拉摄影店并未提供充分的证据证明其使用邵某的照片进行商业宣传系经过邵某认可或授权的情况下，对其在美团网利用邵某照片进行商业宣传的行为，认定构成侵犯邵某肖像权并无不当。[②] 此外，针对人体模特问题，还有学者指出，应结合人格权与行业特质的契合程度解决法律价值冲突问题，针对模特的肖像权，需结合模特的身份进行区分，职业模特收取报酬以供艺术家进行创作，双方之间的行为可通过行业惯例予以约束；而针对临时性的模特，则不可默示二者之间存在肖像使用合同关系，从而认定该特定模特放弃以其人体形象制作的作品的

---

① 浙江省杭州市中级人民法院民事判决书，（2019）浙01民终9931号。

② 湖北省武汉市中级人民法院民事判决书，（2019）鄂01民终9662号。

肖像权。[①] 此观点可资借鉴。

典型案例 3 – 7

基本案情：郭某妍系模特、影视演员，帝客公司在其官方商城（www. ××. com. cn）、A 商城××官方旗舰店（××. ××. com）、B 商城××官方旗舰店（××. ××. com）使用郭某妍身着帝客公司品牌服饰所拍摄的图片（以下简称案涉图片）进行宣传。在帝客公司官方网站上使用案涉图片时，使用如下文字进行描述，"明星同款#抢明星们喜欢的#郭碧婷图片来源于《STREAM》"，另对郭某妍的身份情况及演艺情况进行了描述。在 A 商城××官方旗舰店、B 商城××官方旗舰店首页上对服饰描述"××女神郭碧婷同款"，另在服饰描述中使用了案涉图片（图片上标注了 STREAM），并对郭某妍的身份情况及演艺情况进行了描述。据此，郭某妍主张帝客公司侵犯了其肖像权。

帝客公司辩称，其有权使用案涉图片，并提供了其公司（委托方）与案外人上海××有限公司（承办方，以下简称××公司）签署的《潮流生活广告合约》。该广告合约中约定承办方负责拍摄艺人，在杂志上进行产品植入，即杂志内页中应含艺人身穿××品牌服装拍摄大片 1 页，艺人应当穿着委托方指定的××服装拍摄，共 10 次，每月一次，共 10 个月完成，合同金额 600, 000 元。委托方、承办方有权免费在网络以及品牌、官网、新媒体等平台合法转发、推广、宣传且标明出处，委托方有权书面通知变更、终止承办方使用期限等授权等事宜。

本案的核心争议在于上诉人帝客公司在相关网站上使用案涉照片是否侵犯被上诉人郭某妍的肖像权、姓名权。上诉人帝客公司主张其公司作为广告主根据与案外人××公司签订的广告合约有权使用案涉照片，

① 参见张红：《肖像权保护中的利益平衡》，载《中国法学》2014 年第 1 期。

不存在侵权行为。被上诉人郭某妍对该合约的真实性不予认可。案涉照片作为拍摄自然人肖像的摄影作品，其上权利除著作权人的著作权外，亦附着被拍摄人的肖像权，两者权利主体、客体与内容并不相同，不可等同而语。故即便该合约真实有效，对案涉照片的使用，帝客公司取得了作为著作权人××公司的许可，但该公司未举证证明亦获得了作为肖像权人郭某妍的直接或间接授权。肖像权是自然人以自己的肖像所体现的利益为内容的权利，未经本人同意，其他组织和个人不得以营利为目的使用自然人的肖像。现帝客公司因销售该公司服饰需要，在相关网站上使用案涉照片进行商业宣传，其行为已经侵犯了郭某妍的肖像权。另外，帝客公司对案涉照片所配的文字描述亦侵犯了郭某妍的姓名权。[①]

① 上海市第一中级人民法院民事判决书，(2019) 沪01民终8400号。

第四章　时尚产品营销中的广告法规制

为了增加品牌的知名度与影响力，扩大时尚产品的销售量，广告成为市场营销的一种重要手段。特别是对于时尚企业而言，通过广告引领消费流行趋势具有重要意义。实践中，时尚企业为了打造品牌，会付出大量的营销成本。以蕉下为例，其招股说明书显示，蕉下的广告及营销开支自 2019 年至 2021 年逐年递增，2021 年，蕉下的广告及营销开支占总收入的 24.4%，达 5.86 亿元。时尚企业在利用广告进行产品营销时，要充分了解现有的法律对广告的规制，以防出现民事赔偿或被行政处罚等问题。

传统的四大媒体广告为电视广告、报纸广告、杂志广告、广播广告。随着互联网广告的发展与兴起，传统的广告方式已经逐渐没落。《2023 中国互联网广告数据报告》显示，2022 年，中国互联网广告总体收入为 5088 亿元，2023 年，中国互联网广告市场规模预计为 5732 亿元，较 2022 年增长 12.66%。与此同时，互联网广告的形式存在多样化的特点。互联网广告主要包括推销商品或者服务的含有链接的文字、图片或者视频，例如推销商品或者服务的电子邮件广告；推销商品或者服务的付费搜索广告；推销商品或者服务的商业性展示中的广告；直播广告；短视频广告等。由于互联网属于新兴的广告模式，不同形态的互联网广告之间存在的差异极大，要将不同类型的互联网广告纳入传统的广告法规制存在诸多难点。因此，本章节将重点围绕互联网广告展开阐述。

第一节　互联网广告发展趋势及特点

随着互联网的快速发展，互联网广告的市场规模迅速扩大。2023 年，中国互联网广告市场规模预计为 5732 亿元，较 2022 年增长 12.66％。随着短视频、小游戏等不同网络模式的发展，与此相应的不同类型的互联网广告也呈现不同的态势。2022 年电商平台广告收入规模达 2070.06 亿元，以 36.1％的市场比例占据互联网广告之首。2020 年视频平台增速最快，相较于 2019 年的 547.88 亿元增长了 64.91％，达 903.53 亿元，其中短视频媒体广告更是抢眼，增幅达到 106％，远超长视频媒体 25％的增幅。短视频平台快手冲到 2020 年互联网广告的 TOP10，居第 6 位。2021 年、2022 年视频广告继续发力，据统计，2022 年视频广告收入已达 1433.08 亿元，成为互联网广告主投放的第二大渠道类型，并依然保持高速增长态势。电商广告与视频广告两个渠道类型突破千亿元，两者合计市场占比超过 54％。与此形成对比的是，搜索类平台广告继 2018 年下降了 21％、2019 年下降了 14.9％后，2020 年又下降了 11.8％，在互联网广告平台排行榜中的位次从 2019 年的第 2 位跌到第 3 位。[①]

互联网广告相较于传统广告具有其自身特点。

1. 精准性。较于传统广告来说，互联网广告的精准性体现在能够针对对于该产品或服务有一定需求的潜在消费者输出其广告，以吸引这部分潜在消费者的选择。传统广告仅仅注重受众群体的广泛性，只要有足够多的群体看到该广告，那么该部分受众中就有一定的潜在消费者会选择其产品或服务。如早期的 OPPO 音乐手机广告。该广告利用一段简短

---

① 中关村互动营销实验室：《2023 中国互联网广告数据报告》，载搜狐网 2024 年 1 月 8 日，https：//news. sohu. com/a/751448854_ 121740911。

且容易记忆的音乐对广告受众群体进行深刻印象化，从而吸引客户进行购买。但是这种广告的传送是单向的，是单向传输给大众群体，群体中仅有部分的潜在消费者愿意作出购买行为。对于广告主来说传统的广告传输模式难以送到潜在消费者面前，无疑是效用与资源的不匹配分布。但是互联网广告突破了时间和地域的限制，并且能够结合移动平台用户的大数据进行广告个性化及针对性推荐，极大地削减了广告主投放广告的成本。互联网广告传播采用的是一对一的方式，包括手机以及各 App 平台都设置了是否个性化推荐广告的选项，这样能够极大地利用资源进行广告个性化的服务。

2. 跨时空性。互联网广告可以不局限于时间和空间而无限制地播放广告内容。例如，互联网用户使用移动应用程序时，相关广告可能在该应用程序的不同版块予以呈现，不受时间与空间的限制，可以说是无孔不入。传统广告是具有时间限制的，传统广告多投放在在线电视中，只有用户在某时间段打开电视时，才有可能观看到该广告主投放的广告，广告的播放受到了极大限制。

3. 交互性。结合大数据的使用，广告主和广告受众群体可以进行广告的交互，广告受众群体可以自行选择自己感兴趣的广告。例如，在微信朋友圈页面推送的广告，就可以由用户对所推送的广告选择是否感兴趣或者是否喜欢该广告的推送等。该交互性在较为多数的移动客户端软件中应用，对于广告主而言可以根据用户的要求针对性地提供广告内容，同时广告受众群体可以免于受到漫天广告的轰炸。

4. 易测性。同样，在互联网广告交互性和针对性的影响下，广告主可以对广告的投放情况进行监测。受众群体对该广告观看的次数，观看后是否点击广告界面进行浏览，观看后是否进行注册等行为，广告主或者软件平台都可以进行监测。这种易测性能够方便广告主或者软件平台对其用户更加针对性地提供相关广告内容，由此往复能够更好地收集用户的偏好进行广告投放。

5. 多元化。基于互联网呈现形式的不同，互联网广告的呈现方式也愈加多元化。早期互联网广告多采用网页、网站中的弹窗或者移动小屏进行投放。随着互联网交互方式的丰富化，互联网广告也不再局限于网页式投放，而是开辟了新模式。随着直播、短视频等流媒体的出现，互联网广告主抓住该趋势在上述流媒体中进行大量广告的投放，以求突破原有的引流模式。另外，软文广告模式也是互联网广告投放的新型模式之一。随着互联网的发展，互联网广告的形式将会更加丰富和多元化。

6. 不易区分性。互联网广告的不易区分性是指互联网广告形式的多元化使得在对是否为互联网广告的区分上存在争议。例如，对微信文章推送中的软文广告如何结合广告特征进行认定，是否将该微信公众号列为广告媒体等都需要进行细化区分；网络直播中，主播对商品的推荐和描述是否构成广告推销或宣传，该主播身份是否能被认定为广告代言人等具体细节问题都存在法律不能规制的空白，这也就加大了对于互联网广告的区分难度。

第二节　互联网广告的法律识别

一、互联网广告识别的意义

将互联网广告与其他商业信息进行区分，具有特定的法律上的意义。互联网广告与其他商业信息最核心的区别在于适用的法律规范不同。《广告法》《互联网广告管理办法》有广告主体义务、广告内容准则、广告行为规范等诸多内容，但其调整的对象以“广告”为前提，若不构成广告，则不能适用广告法的相关规定。具体而言，一方面为是否需要审批的不同。《广告法》中规定了事前行政审批制度，广告发布者在发布特殊商品或服务，如药品、医疗器械、农药、兽药、保健食品和医疗广告时必须事前将广告内容提交给广告审查机关审批，得到审批后才能发布，并且其广告内容必须与批文严格一致。每次调整发布的内容，必须再重新申请审批。由于网上销售必然意味着相关商品信息的发布，这意味着网上销售也必须以相关信息提交给广告审查机关审批为前提。与此同时，对于特殊产品的广告表述，法律也有详细的规定，包括禁止表述的内容与必须表述的内容，而其他的商业信息则无此要求。另一方面，相同的行为被不同的法律调整，其法律后果不同。以虚假宣传为例，若构成虚假广告，《广告法》规定了处广告费用 3 倍以上 5 倍以下的罚款，广告费用无法计算或者明显偏低的，处 20 万元以上 100 万元以下的罚款；两年内有 3 次以上违法行为或者有其他严重情节的，处广告费用 5 倍以上 10 倍以下的罚款，广告费用无法计算或者明显偏低的，处 100 万元以上 200 万元以下的罚款，可以吊销营业执照，并由广告审查机关撤销广告审查批准文件、一年内不受理其广告审查申请。与此同时，《反不正当竞争法》《消费者权益保护法》等法律规范中也有关于虚假宣传的相关规定。《反不正当竞争法》第 8 条第 1 款规定，经营者不得对其商品的性能、功能、质量、销售状况、用户评价、曾获荣誉等作虚假或者引人误解的商业宣传，欺骗、误导消费者。若违反该条的规定，依据《反不正当竞争法》第 20 条规定，由监督检查部门责令停止违法行为，处 20 万元以上 100 万元以下的罚款；情节严重的，处 100 万元以上 200 万元以下的罚款，可以吊销营业执照。在实际执法的过程中，已有监管机关适用《反不正当竞争法》第 8 条对销售页面有虚假信息的情形进行处罚的案例。例如，万年县农耕贡发展有限公司于 2021 年 11 月开始在拼多多农耕贡食品官方旗舰店对其公司生产的“沃尔得”贡米进行宣传销售，网店的文字宣传图片宣传“沃尔得”贡米是低糖杂粮，吃“沃尔得”贡米，吃饭不再怕血糖升高，这种大米特别适合糖尿病人食用，不仅解决了糖尿病人吃饭的问题，而且还可以平衡体内的血糖，对恢复健康也有良好作用。此种宣传属于夸大宣传产品性能及功能，该行为属经营者对商品的性能、功能作引人误解的商业宣传的行为。市场监管部门依据《反不正当竞争法》

第 8 条第 1 款、第 20 条对万年县农耕贡发展有限公司进行了行政处罚。[①]《消费者权益保护法》第 20 条对经营者发布的虚假信息进行监管，明确规定经营者向消费者提供质量、性能等信息时不能作虚假或引人误解的宣传。如果经营者违反该条，则会面临该法第 56 条所设定的行政责任，即“单处或者并处警告、没收违法所得、处以违法所得一倍以上十倍以下的罚款，没有违法所得的，处以五十万元以下的罚款；情节严重的，责令停业整顿、吊销营业执照”。《消费者权益保护法》还通过设置虚假宣传民事责任的方式给消费者提供最直接的保护。《消费者权益保护法》第 45 条第 1 款规定了经营者利用虚假广告或其他虚假宣传方式使消费者合法权益受损的，消费者可以要求赔偿；第 55 条规定了经营者如果有欺诈行为，消费者可以要求惩罚性赔偿，额度达到原价款的 3 倍。如果电子商务经营者在销售页面向消费者提供的信息虚假时，可认定为有欺诈行为，消费者可以要求赔偿，并且这个赔偿是惩罚性的，可以达到原价款的 3 倍。通过比较可知，不同的法律调整，其法律后果不同。《广告法》只能调整虚假广告，包括虚假广告在内的虚假宣传都可以被《反不正当竞争法》《消费者权益保护法》所调整。

二、互联网广告的识别标准

《广告法》第 2 条第 1 款规定，在中华人民共和国境内，商品经营者或者服务提供者通过一定媒介和形式直接或者间接地介绍自己所推销的商品或者服务的商业广告活动，适用本法。因此，我国法律所调整的广告应当具备以下三个特征：其一，广告是以推销产品、服务等为目的；其二，商业广告需借助一定媒介和形式，直接或间接地宣传本企业产品或服务项目，昭彰或表现本企业形象，而最终把自己的商品或服务推销给消费者或提供给消费者；其三，广告的内容应不属于法律强制性标识

① 万年县市场监督管理局行政处罚决定书，饶万市监公处罚〔2023〕2 号。

的内容。

（一）营销性特征

所谓营销性特征，是指广告是以直接或间接介绍推销广告主的产品、服务为目的。“直接介绍”是指对广告主的产品或服务进行宣传、介绍、描述，重点说明其产品或服务的特点和优势，以吸引消费者的目光。“间接介绍”是指未直接对广告主的产品或服务进行宣传或推销，而是对广告主即企业本身的形象进行宣传，着重突出企业的理念、信誉、文化等软实力，从而提升消费者对其的信任度，引导消费者选择旗下产品或服务。某些并非出于介绍推销产品、服务或商业观念的互联网信息，则不应认定为互联网广告，如某些互联网新闻介绍特定公司等。公益性广告或者有偿启示等广告因其不具有营利性目的，虽是媒介平台收取相关费用，但是目的并不是推销产品或提供服务，所以不属于商业广告的范畴，不属于《广告法》的规制范围。

互联网广告具有社会化营销、精准化营销的特点。社会化营销是利用博客、微博、微信、百科等社会化媒介展开行销、公关、市场拓展等的一种营销模式。社会化媒体又被称为对话式营销，其与传统营销的最大区别是强调与受众的互动，与受众通过参与构建一种稳定、持续的公共关系。社会化营销模式强调数据更重视受众，社会化媒体借助大数据技术能够清晰勾勒出受众的轮廓和等级，构建受众关系图谱，进而全面掌握和了解受众的实际需求，同时运用大数据确保最大投资回报率。大数据相关技术可以对受众在社交平台上的发布信息、评论信息等进行实时跟踪和处理，进而及时了解互联网广告效果的变化，有针对性地调整和完善营销策略、投入策略等，以确保最大的投资回报率。

精准化营销是互联网广告的另一个特点，互联网广告利用大数据进行智能过滤并精准对受众用户提供个性化服务。相较于传统广告营销模式，精准化营销具有可控性强、实效性高等优势，但最显著的优势是其精准性贯穿于广告营销的所有环节，并集中体现在受众精准、成本精准和效果精准三个方面。现代信息技术的发展与成熟，为个性化营销提供了强有力的技术保障，让其可以更好地针对受众需求生产并传播广告信息，以充分满足消费者的多元化、个性化需求。互联网广告形式及其文案需要体现出营销性，如果没有体现出营销性，就可以对其进行否定，不将其纳入互联网广告范畴。实践中，我们经常可以收到微信或淘宝等平台根据购买记录等信息而为每个消费者进行的个性化推荐，此为精准化营销的典型体现。

（二）媒介性特征

媒介性特征是指商业广告必须通过一定媒介和形式进行传播。商业广告属于营销信息的传播活动，是一种人与人之间的间接信息交流，信息传播必须统一于一定的媒介。在广告中强调媒介性，一方面在于通过媒介，营销信息可以为不特定人接受，具有广泛的影响性；另一方面借助媒介，可以将信息固化，为更多受众接收营销信息提供条件。商业广告的媒介通常是我们现有技术条件可以固化的媒介，比如广播、电视、报纸、期刊、互联网、户外广告等。这些媒介是现有技术条件下可以固化的。实践中，产品的销售还会借助现场商品演示说明、上门推销、电话推销、商品宣传会、推介会等形式，但上述形式是现有技术条件下无法或者难以当场固化的。因此，可以认为现场促销、打折、奖励、样品试用等现场营销活动本身没有借助媒介，不构成广告营销。但需注意的是，有时商家为了实施打折活动而印发或分发传单等，其行为利用了媒介，构成商业广告。因此，广告与现场促销有可能紧密联系。

现阶段互联网广告依托的媒介主要呈现的是基于 WAP（Wireless Application Protocol）的无线互联网的表现形式。WAP 是无线互联网络的基础。基于 WAP 无线互联网平台的广告可以针对用户展开特定的个性化活动，表现形式繁多。可操作的模式和技术手段也呈现多样化。随着计算机信息技术的发展，互联网广告呈现的方式也愈加多元化，不再仅限于互联网网页、互联网网站和互联网应用程序，各种形式的移动客户端、应用软件程序都成为互联网广告承载的媒体或媒介。

（三）非强制性或自愿性特征

自愿性特征是指商业广告通常是商家的商业表达自由范畴的信息。是否进行广告宣传是由商家自主决定的。各国政府为了维护消费安全，保护消费者的合法权益，都会通过法律强制商家披露、公布、说明特定的商品信息，以满足消费者的知情权、选择权。因此，若商家公布上述强制披露的信息，应不属于广告的范畴。

《互联网广告管理办法》第 2 条第 1 款规定了该法的适用范围，即“在中华人民共和国境内，利用网站、网页、互联网应用程序等互联网媒介，以文字、图片、音频、视频或者其他形式，直接或者间接地推销商品或者服务的商业广告活动，适用广告法和本办法的规定”。第 2 款则规定了不适用该法的情形，即“法律、行政法规、部门规章、强制性国家标准以及国家其他有关规定要求应当展示、标示、告知的信息，依照其规定”。由此可见，立法者也进一步认可了强制披露的信息属于非广告信息。此外，原国家工商行政管理总局广告监督管理司对之前的《互联网广告管理暂行办法》相关条款进行释义时，也明确提到互联网的本质就是提供信息，互联网上的商业性信息中既包含了广告，也包含了非广告信息。互联网经营者按照《消费者权益保护法》等法律法规的规定，必须向消费者提供有关产品或服务的相关信息，这是对消费者知情权的保护，这部分信息属于非广告信息。[①] 此释义也进一步论证了上述观点。

目前涉及商品、服务等信息强制披露的规定主要包括以下几个方面：

---

① 参见国家工商行政管理总局广告监督管理司：《〈互联网广告管理暂行办法〉释义》，中国工商出版社 2016 年版，第 5 页。

我国《消费者权益保护法》第 8 条规定消费者享有知悉其购买、使用的商品或者接受的服务的真实情况的权利。消费者有权根据商品或者服务的不同情况，要求经营者提供商品的价格、产地、生产者、用途、性能、规格、等级、主要成份、生产日期、有效期限、检验合格证明、使用方法说明书、售后服务，或者服务的内容、规格、费用等有关情况。与之相对应，《消费者权益保护法》第 20 条规定了经营者向消费者提供有关商品或者服务的质量、性能、用途、有效期限等信息，应当真实、全面，不得作虚假或者引人误解的宣传。经营者对消费者就其提供的商品或者服务的质量和使用方法等问题提出的询问，应当作出真实、明确的答复。经营者提供商品或者服务应当明码标价。《电子商务法》针对电子商务的特性，于第 17 条规定电子商务经营者应当全面、真实、准确、及时地披露商品或者服务信息，保障消费者的知情权和选择权。电子商务经营者不得以虚构交易、编造用户评价等方式进行虚假或者引人误解的商业宣传，欺骗、误导消费者。《产品质量法》第 27 条规定："产品或者其包装上的标识必须真实，并符合下列要求：（一）有产品质量检验合格证明；（二）有中文标明的产品名称、生产厂厂名和厂址；（三）根据产品的特点和使用要求，需要标明产品规格、等级、所含主要成份的名称和含量的，用中文相应予以标明；需要事先让消费者知晓的，应当在外包装上标明，或者预先向消费者提供有关资料；（四）限期使用的产品，应当在显著位置清晰地标明生产日期和安全使用期或者失效日期；（五）使用不当，容易造成产品本身损坏或者可能危及人身、财产安全的产品，应当有警示标志或者中文警示说明。裸装的食品和其他根据产品的特点难以附加标识的裸装产品，可以不附加产品标识。"此外，某些特殊商品在商业信息展示中，还有特别的标准要求。例如，处方药广告必须标明本广告仅供医学药学专业人士阅读，非处方药必须标明请按药品说明书使用或者在药师指导下购买和使用。因此，可以认为仅标注法律规定强制性内容的信息不构成广告。

（四）收费要件弱化

传统广告模式下，付费有两种方式。一种是广告主委托广告经营者为其设计、制作和代理发布，广告主向广告经营者支付设计、制作和代理发布费用，同时广告主还需向广告播放媒介支付相关的播放费用。另一种是广告主自行制作广告，但进行对外传播的仍要向广告播放媒介支付播放费用。传统商业广告的宣传付费主要集中于广告主对广告传播媒介支付的播放费用，且上述费用都是商业广告的必要支出部分。商业广告就是将产品或服务广而告之，能够让公众知悉后在广告引导下购买产品或者服务的具有营利性目的的商业行为。

但广告的商业性与付费并不直接相关。从近些年的立法中可以看出，收费要件也在是否构成广告的标准上逐渐弱化。美国广告主协会将广告定义为：广告是付费的大众传播，其最终目的为传递情报，改变人们对广告商品之态度，诱发其行动而使广告主得到利益。[①] 与此同时，我国2015年修订前的《广告法》对广告定义如下：该法所称广告，是指商品经营者或者服务提供者承担费用，通过一定媒介和形式直接或者间接地介绍自己所推销的商品或者所提供的服务的商业广告。这个定义下的商业广告强调了广告的收费要件。但2015年修订后，《广告法》第2条第1款规定：在中华人民共和国境内，商品经营者或者服务提供者通过一定媒介和形式直接或者间接地介绍自己所推销的商品或者服务的商业广告活动，适用该法。相较于美国广告主协会对广告的定义及我国之前《广告法》的规定，我国新《广告法》的定义中将收费要件直接去除。事实上，早在2010年全国人大常委会法工委对《关于如何理解〈广告法〉第二条第二款规定的请示》出具的意见中就已经明确，只要是通过一定媒

---

① 参见卫军英：《整合营销传播中的观念变革》，载《浙江大学学报（人文社会科学版）》2006年第1期。

介和形式直接或者间接地介绍商品经营者所推销的商品或者服务提供者所提供的服务的商业广告，无论是否有商品经营者或者服务提供者承担广告费用的事实，均由《广告法》调整。立法者之所以弱化收费要件，是为了防止广告发布者等主体规避法律：如果将广告费用认定为必要条件，那么会出现发布者出具未收取广告费证明，宣称违法广告不是《广告法》所称广告，从而不适用《广告法》的规定，如此会导致《广告法》在规范广告市场秩序方面的重要作用得不到有效发挥的严重后果。

在《互联网广告管理办法》中收费要件的排除被进一步明确。该法第 2 条规定，在中华人民共和国境内，利用网站、网页、互联网应用程序等互联网媒介，以文字、图片、音频、视频或者其他形式，直接或者间接地推销商品或者服务的商业广告活动，适用广告法及该办法的规定。该条并未规定收费要件。在互联网广告中，广告主、广告经营者和发布者可能是同一主体；广告主和广告发布者的合作形式也不只有支付广告费用这一种，所以，在互联网广告中也不会对收费要件做任何要求。

但收费要件的弱化并不意味着广告商业性的弱化，而是商业性表现的多元化。以传统形式在电视台做广告，电视台为广告主提供广告播出服务，广告主要交广告费，此为商业性的典型体现，但某足球媒体和某篮球媒体分别在对方媒体上做广告，约定广告换广告，无须支付广告费，此种互换资源等形式也是商业性的体现。

典型案例 4－1

上海旭宇粉末冶金有限公司（以下简称当事人）于 2006 年在阿里巴巴电商平台（https：//sale. 168. com）开设网店，从 2012 年开始，当事人在公司信息展示页面中宣传“管理体系认证：ISO9000 产品质量认证：CCC”，与事实情况不符。该店铺页面系当事人委托阿里巴巴电商平台制作，由当事人审核后发布，广告费 369. 79 元。

上海市宝山区市场监督管理局认定，当事人的行为违反了《广告法》第28条第2款“广告有下列情形之一的，为虚假广告：……（二）商品的性能、功能、产地、用途、质量、规格、成分、价格、生产者、有效期限、销售状况、曾获荣誉等信息，或者服务的内容、提供者、形式、质量、价格、销售状况、曾获荣誉等信息，以及与商品或者服务有关的允诺等信息与实际情况不符，对购买行为有实质性影响的……”的规定。根据《广告法》第55条第1款的规定，责令当事人立即停止发布虚假广告，并在相应范围内消除影响，罚款人民币1110元整。[①]

典型案例4-2

上海宝柯美容服务有限公司作为大众点评店铺“日本POCO宝珂丽美容沙龙”的经营者，自2020年4月至2022年3月，为加强宣传和提高其大众点评店铺评分，吸引更多消费者到上海宝柯美容服务有限公司经营的“日本POCO宝珂丽美容沙龙”店铺处消费，上海宝柯美容服务有限公司与自然人王某达成运营推广合作约定，由王某帮助上海宝柯美容服务有限公司在其大众点评店铺内通过刷单、虚构好评、虚增收藏量等方式进行宣传。

上海市长宁区市场监督管理局认定，上海宝柯美容服务有限公司的上述行为违反了《反不正当竞争法》第8条第1款“经营者不得对其商品的性能、功能、质量、销售状况、用户评价、曾获荣誉等作虚假或者引人误解的商业宣传，欺骗、误导消费者”的规定，并根据《反不正当竞争法》第20条第1款的规定，决定责令上海宝柯美容服务有限公司停

① 上海市宝山区市场监督管理局行政处罚通知书，沪市监宝罚告〔2023〕132023007016号。

止违法行为，罚款人民币 80,000 元。[1]

案例评析

营销的形式丰富多样，如上述案例中的页面展示、客户评价等都属于营销。是否构成广告会导致其行政责任不同。在案例 4-1 中，上海旭宇粉末冶金有限公司在阿里巴巴电商平台展示的“管理体系认证：ISO9000 产品质量认证：CCC”的宣传字样，目的是推销产品，符合营销性特征；借助阿里巴巴的电商平台网页进行展示，符合媒介性特征；展示的信息并非法律法规强制要求信息，符合自愿性特征；最后阿里巴巴电商平台收取了广告费，虽然并非必要要件，但可以加强论证其商业性。因此，执法机关认定该商业信息为广告，以《广告法》为依据，对其虚假广告行为进行行政处罚。在案例 4-2 中，消费者评价一般是消费者消费后对商品的用户体验，既有好评也有差评，目的并非销售产品，而是为了展示真实的使用体验，供其他用户参考。因此，客户评价不具有营销性，不应认定为广告。产品的销量、收藏量等信息，是基本的信息展示，目的也非销售产品，同样不具有营销性，也不应认定为广告。上述信息虽不构成广告，但会给其他消费者在购买选择时产生一定的参考作用。上海宝柯美容服务有限公司为了加强宣传和提高其大众点评店铺评分，吸引更多消费者，通过刷单、虚构好评、虚增收藏量等方式进行虚假宣传，不应当认定为发布虚假广告，而是发布虚假信息，应当由《反不正当竞争法》或《消费者权益保护法》进行调整。

三、互联网广告的可识别性要求

为了防止消费者无法正确识别广告与商业信息，《广告法》于 2021 年修正时就对广告的可识别标注作出了明确规定。其中第 14 条第 1 款、第 2 款规定，广告应当具有可识别性，能够使消费者辨明其为广告。大

---

① 上海市长宁区市场监督管理局行政处罚决定书，沪市监长处〔2023〕052023001327 号。

众传播媒介不得以新闻报道形式变相发布广告。通过大众传播媒介发布的广告应当显著标明“广告”，与其他非广告信息相区别，不得使消费者产生误解。《互联网广告管理办法》第 9 条明确规定，互联网广告应当具有可识别性，能够使消费者辨明其为广告。对于竞价排名的商品或者服务，广告发布者应当显著标明“广告”，与自然搜索结果明显区分。除法律、行政法规禁止发布或者变相发布广告的情形外，通过知识介绍、体验分享、消费测评等形式推销商品或者服务，并附加购物链接等购买方式的，广告发布者应当显著标明“广告”。此外，2023 年 8 月 28 日国家市场监督管理总局公布了《互联网广告可识别性执法指南（公开征求意见稿）》，并向社会公开征求意见，2024 年 8 月 22 日，《互联网广告可识别性执法指南》正式实施，该文件进一步强化了广告“标注”的监管，打通了广告“识别”监管执法的“最后一公里”，值得广告经营者重视和注意。

《互联网广告可识别性执法指南》指出，互联网广告可识别性，是指互联网广告能够与其他非广告信息相区别，使消费者辨明其为广告。互联网广告不具有可识别性的，广告发布者应当依法承担相应的法律责任。广告主自行发布互联网广告的，应当承担广告发布者责任。实践中，已有诸多因发布不具备“可识别性”的广告而被处罚的案例。如青岛市市场监管局查处某营销策划有限公司发布的不具“可识别性”违法广告案中，当事人组织新媒体“达人”到店拍摄体验视频，通过多个互联网平台以自身体验形式发布广告，其中含有商家销售信息链接，未标注“广告”且消费者难以辨认其为广告。当事人的上述行为违反了《广告法》中的有关规定。2023 年 8 月，青岛市市场监管局对当事人依法作出行政处罚，责令当事人停止违法行为，并罚款 2 万元。

第三节　广告主体的法律界定及其义务

一、广告主的认定及其义务

《广告法》第2条第2款规定："本法所称广告主，是指为推销商品或者服务，自行或者委托他人设计、制作、发布广告的自然人、法人或者其他组织。"互联网广告依托的技术形式、展现方式等都在不断进行创新和改变，广告发布者、广告经营者之间的界限变得模糊，会给主体认定和权利义务的承担带来很多困扰，但唯独广告主没变。

广告主的界定应遵循以下几条标准：第一，广告主必须是以推销商品或服务为目的的自然人、法人和其他组织；第二，广告主可以自行设计、制作广告，不必认定为广告经营者，此时广告经营者身份被广告主身份吸收；第三，广告主可以自行或委托他人发布广告，不必认定为广告发布者。[①]《互联网广告管理办法》第13条第3款规定："广告主可以通过自建网站，以及自有的客户端、互联网应用程序、公众号、网络店铺页面等互联网媒介自行发布广告，也可以委托广告经营者、广告发布者发布广告。"若广告主通过自建网站，以及自有的客户端、互联网应用程序、公众号、网络店铺页面等互联网媒介自行发布广告，此情况下广告发布者身份被广告主身份吸收，其权利义务依据广告主进行认定。

广告主的义务应当包括以下内容：第一，广告主应当对广告内容的真实性负责，是虚假广告的第一责任人；第二，广告主应当有真实、合法、有效的行政许可等证明文件；第三，广告主自行或者委托他人进行设计、制作、代理，应当具有相应资格或者提供相应证明文件；第四，

① 参见杨乐：《互联网广告主体及法律责任辨析》，载《行政管理改革》2017年第4期。

广告主应当通过有资质的广告经营者、发布者开展广告活动；第五，互联网广告主委托发布、修改广告时，应当以书面等可以被确认的方式通知受委托的互联网广告经营者、发布者。广告主应当承担民事责任的情形包括：在广告中损害未成年人或者残疾人的身心健康的；假冒他人专利的；贬低其他生产经营者商品、服务的；在广告中未经同意使用他人名义、形象的；其他侵犯他人合法民事权益的行为。

二、互联网广告经营者、发布者的认定及其义务

随着互联网广告的技术创新和市场的细分发展，大数据精准投放、广告主对目标客户的定位、广告联盟的诞生以及多样化的广告费用计算模式等因素使互联网广告经营者、发布者的认定变得更为复杂。《广告法》第2条第3款规定："本法所称广告经营者，是指接受委托提供广告设计、制作、代理服务的自然人、法人或者其他组织。"区分广告经营者、发布者与广告主的关键点是"是否接受他人委托"。归根结底，广告经营者、发布者要接受广告主的委托，为广告主提供服务，并为推销广告主的商品或服务开展后续工作。《广告法》第2条第4款规定："本法所称广告发布者，是指为广告主或者广告主委托的广告经营者发布广告的自然人、法人或者其他组织。"

《互联网广告管理暂行办法》（现已失效）第11条针对互联网广告规定，为广告主或者广告经营者推送或者展示互联网广告，并能够核对广告内容、决定广告发布的自然人、法人或者其他组织，是互联网广告的发布者。根据该规定，我们可以解读出以下内容：广告发布者必须具备核对广告内容、决定广告发布的能力。如果客观上不具有该种能力，就不能被认定为广告发布者。但《互联网广告管理办法》删除了这一规定，仅抽象地规定为"利用互联网为广告主或者广告主委托的广告经营者发布广告的自然人、法人或者其他组织，适用广告法和本办法关于广告发布者的规定"，但并未对如何"发布"进行界定。

互联网广告发布者、广告经营者的法定义务包括：第一，建立健全互联网广告业务的承接登记、审核和档案管理制度；第二，审核查验并登记广告主的名称、地址、有效联系方式等主体身份信息，建立登记档案并定期核实更新；第三，应当查验有关证明文件，核对广告内容，不得设计、制作、代理、发布内容不符或者证明文件不全的广告；第四，应当配备熟悉广告法规的广告审查人员，有条件的应当设立专门机构，负责互联网广告的审查。

（一）对广告主信息的审核登记义务

《互联网广告管理办法》第14条第1款规定："广告经营者、广告发布者应当按照下列规定，建立、健全和实施互联网广告业务的承接登记、审核、档案管理制度……"所谓"建立""健全"包含两层意思：一是必须有相关制度；二是这些制度的内容必须是全面完整、行之有效的。承接登记是指广告经营者、发布者与广告主接洽广告业务时，应当了解、记录广告主的基本情况，确认广告主的合法主体资格，确认广告业务来源是否合法以及广告主是否具有发布该广告的权利。审核是对承接的业务进行审查、核对，包括审核广告内容或者表现形式是否符合《广告法》及有关的法律法规的要求。

（二）对广告内容的核对义务

对于广告发布者而言，无论是在传统广告还是互联网广告中，其均有查验相关证明文件、核对广告内容的义务。2012年原国家工商总局、中宣部、广电总局等12部门联合发布的《大众传播媒介广告发布审查规定》对广告审查程序提出了以下要求：（1）查验各类广告证明文件的真实性、合法性、有效性，对证明文件不全的，要求补充证明文件；（2）审核广告内容是否真实、合法，是否符合社会主义精神文明建设的要求；（3）检查广告表现形式和使用的语言文字是否符合有关规定；（4）审查广告整体效果，确认其不致引起消费者的误解；（5）提出对该广告同意、不同意或者要求修改的书面意见。实际工作中，广告审查的具体内容包括广告真实性的审查和广告合法性的审查。所谓真实性的审查意味着需要查验各类广告证明文件，对证明文件的种类、数量、出处及其真实性、合法性、有效性等进行审查；将广告内容与证明文件进行核对，如果广告内容与证明文件不符，要求修改广告内容，如果证明文件不全，要求补充证明文件。对合法性的审查则意味着需要考察主体是否具有相应的广告资质，是否有法律、法规规定禁止生产销售或禁止做广告的商品或服务，广告的内容是否符合法律的规定等。可见，广告发布者的审查义务巨大。

若广告经营者、广告发布者未履行相关的义务，《广告法》也规定了相应的责任。《广告法》第 55 条第 3 款规定，若广告经营者、广告发布者明知或应知是虚假广告仍然设计、制作、发布的，由市场监督管理部门没收广告费用，并可以处以罚款，甚至可以暂停广告发布业务、吊销营业执照；第 56 条第 1 款规定了广告经营者、广告发布者的信息告知义务与先行赔偿责任，广告经营者、广告发布者所承担的责任为“先行赔偿”责任。承担该责任以其不能提供广告主的有效信息为前提。若广告经营者、广告发布者能够提供有效信息，即便广告主赔偿不能，其亦不承担补充责任或连带责任。此外，“先行赔付”意味着广告经营者、广告发布者并非最终责任人，广告经营者、广告发布者可以在其赔付范围内向广告主追偿。因此，广告经营者、广告发布者为了合理规避民事责任风险，应审核合同相对方的名称、地址、联系方式等便利消费者和自身追偿的信息。

三、互联网信息服务提供者及其义务

《广告法》第 45 条规定，公共场所的管理者或者电信业务经营者、互联网信息服务提供者对其明知或者应知的利用其场所或者信息传输、发布平台发送、发布违法广告的，应当予以制止。该规定认为互联网信息服务提供者本身并不是广告发布者，也不是广告信息的接收者，没有收益或分成，只是为他人发送、发布广告的活动提供了信息传输的场所或者平台，因此法律将其定性为“第三方平台”，即义务的内容仅限于对“明知或应知”的情形下制止违法广告的义务。这意味着在互联网服务提供者接到权利人通知或他人举报后，没有采取必要措施的，则需承担法律责任。《民法典》第 1195 条规定了“通知—删除”规则，确立了网络服务提供者侵权责任的“避风港”和责任限制规则，并规定了网络用户错误通知的侵权责任，在沿袭原《侵权责任法》第 36 条第 2 款规定的基础上，吸收了最高人民法院 2014 年《关于审理利用信息网络侵害人身权益民事纠纷案件适用法律若干问题的规定》（以下简称 2014 年《信息网络规定》）第 5 条、第 6 条、第 7 条、第 8 条以及《信息网络传播权保护条例》第 14 条的相关内容。相较于原《侵权责任法》第 36 条第 2 款的规定，该条规定作了以下修改：一是将被侵权人修改为权利人；二是在“通知—删除”程序中增加规定权利人通知所包含的必要信息；三是增加规定网络服务提供者接到通知后的及时转送义务；四是增加规定权利人错误通知的侵权责任。①

关于“通知”的形式，国务院《信息网络传播权保护条例》第 14 条要求通知应采取书面形式；最高人民法院 2014 年《信息网络规定》第 5 条曾规定，被侵权人发出通知应以书面形式或者网络服务提供者公示的方式，但在 2020 年修正时删除了通知方式的具体要求，修正为结合个案情况来综合认定。《民法典》第 1195 条抽象地规定了通知的内容，即构成侵权的初步证据及权利人的真实身份信息。对此，《信息网络传播权保

---

① 《民法典》第 1195 条第 1 款、第 2 款规定，网络用户利用网络服务实施侵权行为的，权利人有权通知网络服务提供者采取删除、屏蔽、断开链接等必要措施。通知应当包括构成侵权的初步证据及权利人的真实身份信息。网络服务提供者接到通知后，应当及时将该通知转送相关网络用户，并根据构成侵权的初步证据和服务类型采取必要措施；未及时采取必要措施的，对损害的扩大部分与该网络用户承担连带责任。

护条例》对通知的内容作了更加详细的规定。国务院《信息网络传播权保护条例》第14条规定通知书应当包含下列内容："(一) 权利人的姓名(名称)、联系方式和地址；(二) 要求删除或者断开链接的侵权作品、表演、录音录像制品的名称和网络地址；(三) 构成侵权的初步证明材料。"对于"及时"的理解，应当根据网络服务的性质、有效通知的形式和准确程度、网络信息侵权的类型和程度等因素综合判断；"必要措施"的判断则考虑采取的措施是否足以防止侵权行为的继续和侵害后果的扩大并且不会给网络服务提供者造成不成比例的损害，包括删除、屏蔽、断开链接、暂时中止对该网络用户提供服务等。

典型案例4-3

速美公司在淘宝网上销售"年检神器"系列产品，利用该产品可以通过弄虚作假的方式通过机动车尾气年检。中国生物多样性保护与绿色发展基金会在向速美公司主张侵权责任的同时，也要求淘宝网承担侵权责任。其主要理由如下：速美公司销售的"年检神器"系列产品，以弄虚作假的方式通过机动车尾气年检，严重干扰国家大气污染防控体系的有效性，违反《大气污染防治法》第55条规定，生产、销售用于以上用途的专用装置即为违法。《互联网信息服务管理办法》第13条规定平台应保证信息合法；《网络交易管理办法》第26条规定平台应建立检查监控制度。《电子商务法》第38条等规定了平台的连带责任。淘宝公司作为网络交易平台经营者，应当依法建立有效的检查监控制度，负有确保网上交易合法的法定义务。互联网信息服务提供者不得制作、复制、发布、传播含有违法内容的信息，淘宝网的网页上刊登速美公司的产品内容违反前述法律法规规定，且通过置顶或类似置顶的方式，对速美公司进行了排序，并将其列于最显要的首位，客观上应知速美公司的违法销售行为。淘宝公司怠于履行职责，以不作为方式帮助速美公司实现其非法销售行为，对社会公共利益造成实质损害，应当承担连带责任。

法院认为，互联网信息服务提供者承担连带责任的前提是知道网络用户利用其网络服务侵害他人民事权益，未采取必要措施。“知道”体现为应知或明知网络侵权行为仍提供电子商务服务。在本案中，速美公司作为网络平台销售商，生产的产品致使不特定多数人规避汽车尾气检测，损害社会公共利益，应当承担侵权责任。网络服务平台运营商虽然应当对其平台发布的产品进行一定监管，具有一定的注意义务，但淘宝公司本身并不参与会员用户的交易行为，且已尽到身份审查、事前提醒等义务，并在发现速美公司的行为后已经履行网络运营商“通知—删除”义务，不能认为其明知或者应知速美公司行为仍然提供电子商务服务。

案例评析

随着网络技术的发展和社会分工的变化，网络信息内容生产主要经历了从专业生产到用户生产的变化和发展。传统的互联网信息是由专业的数据内容公司以及新闻媒体机构、网络服务平台、自媒体等主体在完成对网络信息内容的生产和编辑后，通过相关媒体平台公布。随着媒体平台形式的丰富，诸如微博、微信、抖音等媒体平台的出现，个体用户生产互联网信息内容也就成为可能，并逐渐普遍。平台用户的身份已由单纯的互联网信息接收者转变为互联网信息内容的接收者与生产者二元身份。此时，互联网平台也从信息提供者的身份转变为互联网服务提供者。互联网服务提供者的主要作用在于为信息交流提供技术支撑，提供的是一种平台或者通道服务，它对于信息的传送、信息的内容以及信息的接收通常并不进行主动组织、筛选和审查；此外，基于互联网信息的无边性与海量性，筛选和审查也超出了网络服务提供者的能力范围。因此，法律对平台的信息审核义务和责任的规定也随之发生变化，通常不强调平台的事先审查义务，而仅规定事后的“通知—删除”责任。网络服务提供者仅在未及时采取必要措施时，就扩大的损失与网络用户承担连带责任。这一规定实际上为网络服务提供者设立了“避风港”和责任限制。

第四节 广告发布者的判断标准理论探讨

根据上述阐述可知，广告发布者与互联网信息服务提供者的法律地位不同，其所对应的法律义务、法律责任也存在天壤之别。界定互联网平台是否构成广告发布者具有重要意义。由于现有的法律规范并未对广告发布者的界定提出明确的标准，因此理论上有较多的探讨。

实践中，互联网平台提供的服务方式多种多样，何时成为广告发布者，何时成为互联网服务提供者存在一定的争议。对此，首先应区分经营性与非经营性活动。经营性信息服务是指通过互联网向网络用户有偿提供信息或者网页制作的服务活动。非经营性信息服务是通过互联网向网络用户无偿提供公开的、共享的信息的服务活动。[①] 若互联网平台提供的是非经营性服务，因其行为不具有商业性，必然不构成广告的发布。但互联网平台提供的是有偿经营性服务，如向用户提供信息技术服务、收费会员服务、增值服务等，也有可能是广告服务，如何界定不无疑问。例如，自 2012 年起新浪为其微博会员提供身份、功能、手机及安全 4 类增值服务，开通会员后关注对象的上限可以突破 2000 人，会员可以在微博平台各个推荐展示列表中得到优先推荐，还享受 VIP 专属标识、专属个人页面模板和等级加速及语音微博等服务。对于互联网平台，特别是当下流行的提供经营性服务的各种自媒体平台，是否构成广告发布者，理论上有“呈现”标准与“控制”标准之争。

① 参见马丽：《付费搜索广告发布主体定位、审核义务及其治理》，载《行政管理改革》2017 年第 4 期。

一、“呈现”标准与“控制”标准之争

（一）“呈现”标准

有学者提出广告发布者的界定标准应采用“呈现”标准，即无论广告主、广告发布者及经营者等各方主体之间的法律关系如何，在公众一般认知里，最终发布广告的媒介方平台即为广告的发布者，这也是消费者对广告产生信赖的重要乃至关键影响因素。[①] 因此，消费者对于广告发布的页面的信赖应该作为认定广告发布者的标准，即“呈现”标准。《互联网广告暂行管理办法（草案）》第11条第3款曾规定，“对于在该互联网媒介资源直接显示的广告内容以及其他存储于本网站的广告信息，还应当履行本条前两款规定的互联网广告发布者义务”，作为对其第5条规定的互联网广告发布者的补充。这一规定系采“呈现”标准，但《互联网广告暂行管理办法》及之后的《互联网广告管理办法》最终未采纳这一标准。

持有“呈现”标准理论的学者指出，该种理论所具有的特定优势，主要体现在两个方面：其一，通过“呈现”标准的确立，加强了最终呈现广告界面的平台的注意义务，增加了其对广告相对方资质和广告内容方面的审核义务，并通过对公众认知的兼顾，将平台的广告行为置于适度的民事责任与普遍的公众监督之下。在此标准下，平台方就不能一味地探索规避自身责任的广告模式，无论其所采广告模式或与广告主的具体关系为何，必须始终将公众认知作为自身行为合法与否的评价标准。其二，相对于消费者，运营商显然具有更高的合法性判断与风险分担能力，“呈现”标准维系了消费者感知与运营商责任的统一，从而有利于消费者的保护与维权。

---

① See Charles R. Taylor, *Editorial: The Six Principles of Digital Advertising*, International Journal of Advertising, Vol. 28: 3, p. 413 - 414.

利用自身空间和界面完整储存、呈现广告信息的互联网运营商可依“呈现”标准被认定为广告发布者。但是，为了充分利用主页界面并多元、深入地呈现广告内容，互联网广告发展出用链接技术将用户从运营商界面导向广告主界面，广告内容实质由广告主自主或委托前述运营商以外的主体进行呈现、控制、修改。此时，初始界面的运营商提供的是对广告主界面内容的简要说明及其链接地址，其不能像传统媒体一样审核与控制链接导向的广告主界面的实质内容。基于加框链接等技术以及运营商广告模式的多元发展，初始界面的广告信息也可以从广告主界面自动抓取或者由广告主自行设置，运营商仅提供呈现界面与技术基础，程序化购买广告即属典型。此种情形下，虽然广告显示在某一互联网平台，但该平台的地位仅类似于提供“场地”，若按照“呈现”标准，该平台为广告发布者。如果对“场地”提供者课以发布者的义务，则与其实际能力不符。

（二）“控制”标准

我国现行的《广告法》《互联网广告管理办法》并未对广告发布者的认定提出明确的标准。但在《互联网广告管理暂行办法》（已失效）中，曾明确采纳过“控制”标准。《互联网广告管理暂行办法》（已失效）第 11 条规定：“为广告主或者广告经营者推送或者展示互联网广告，并能够核对广告内容、决定广告发布的自然人、法人或者其他组织，是互联网广告的发布者。”原国家工商总局广告司负责人在人民网的解读中进一步说明，广告发布者不但能决定是否发布广告、发布广告的时间，还有可能对要发布的广告内容进行核对。[1] 根据该条规定，认定为互联网广告发布者应当具备三个条件：第一，实施了推送或者展示互联网广告

---

① 参见张国华：《解读〈互联网广告管理暂行办法〉》，载北京市人民政府网，https：//www. beijing. gov. cn/zhengce/zcjd/201905/t20190523_ 77525. html。

内容的行为；第二，在推送或展示互联网广告内容之前，有能力和条件核对广告内容；第三，有权利和条件决定是否向互联网广告媒介呈送广告。这三个条件必须同时具备，缺一不可。

二、对“控制”标准的现有批判

对上述两大标准，学者有不同的立场。有的学者对“控制”标准提出了批判，主要从以下几个方面展开。

（一）“控制”标准的界定具有不确定性

“控制”本身作为判断是否为广告发布者的标准，应当具有清晰的界限。但事实上是否可以“控制”本身是模糊的。有学者认为，任何网络平台都当然可以决定在自身界面呈现的广告的发布，即实现控制，但是否能够核对广告内容，不同情形下其结论有所不同。如果广告直接存储于互联网运营商的服务器中，或者基于其他技术设置不能由广告主自行发布或修改，则运营商对广告内容的审核与传统媒体没有差别，也不存在疑问。但互联网广告还有其他模式，以在互联网广告中收入占比最高的付费搜索广告为例，广告主选择购买关键词后，在搜索引擎页面所显示的内容，以及经由链接导向的广告主页面的内容体量巨大且不固定，搜索引擎运营商难以实时审核广告内容。又如，程序化购买广告中借助信息交换平台实现的多个广告主依托多个互联网运营商的广告发布。最终直接向消费者呈现广告的运营商如欲核对广告内容，客观上需要极高的成本。

但是，审核成本较高不等于无法审核，在技术层面上运营商可以通过程序设置，限制呈现于自身界面的广告内容以及广告主的自行修改，或者通过对广告主行业资质的严格控制间接保障广告内容真实合法。所以运营商是否能够核对广告内容并非一成不变的事实，而是取决于运营商对广告模式的设计和在审核方面的投入力度。运营商应当对广告发布承担何种审核义务，正是法律需要明确的内容。

（二）“控制”标准与一般人的常识存在冲突

有学者认为，从非互联网专业人士的角度来看，应以“呈现”标准作为判断广告发布者的标准，因为绝大多数人对互联网广告的认识来自传统媒体及其广告活动的实践，媒体对自己发布包括广告在内的内容负责。[①]

否认“控制”标准的学者认为，该标准没有考虑消费者感知，广告的受众是消费者。[②] 向消费者传达真实有效信息而避免误导，是法律调整广告发布的重要目标。实践中，特定广告是否会误导消费者并不完全取决于技术层面的审核与控制能力，而与广告呈现方式和内容给消费者造成的整体印象相关。认定法律意义上的广告发布者并配置其责任，应当将消费者权益保护考虑在内，但“控制”标准并未考虑消费者的感知。实践中，消费者往往并不能区分其最终接触的广告系采何种模式发布，或者广告实际由何种主体审核与控制，尤其是不可能了解诸如搜索引擎广告、程序化购买广告在最终呈现界面之外的广告活动参与主体。以“控制”为判断标准界定的广告发布者承担对消费者的广告责任，与消费者对广告的接触事实和对广告发布者的朴素感知并不相符。即使是实务中的判决，也会考虑用户的感知。如北京知识产权法院在判决中指出，“用户的认知以及用户是否会产生误解等因素，通常是《商标法》或者《反不正当竞争法》框架下所考虑的问题”。[③] 互联网广告面向不特定公众，广告发布者独立于广告主责任的意义，部分地在于对公众信赖利益

---

① 参见水志东：《互联网广告法律实务》法律出版社2017年版，第47页。

② 参见王玉凯：《互联网广告发布者的认定标准与责任配置——兼评〈互联网广告管理暂行办法〉相关规定》，载张平主编：《网络法律评论》(第19卷)，北京大学出版社2017年版。

③ 北京知识产权法院民事判决书，(2016) 京73民终143号。

的保护。[①] 此信赖不仅与广告内容有关，也与消费者基于一般经验所判断的广告发布者相关。

也正是由于消费者无法判断广告的形式，从而无法判断互联网平台与广告主之间究竟为何种法律关系或是否有其他中介，无法判断广告的真正责任人为何人，因此会导致消费者维权存在困难。便利消费者保护和维权、保护消费者合法权益是《广告法》的重要立法目标，也是我国互联网法律秩序建设中必须着力解决的内容。但在“控制”标准下，谁具有广告的控制权是难以感知的。因此，以“控制”为标准，难以实现《广告法》保护消费者的立法目的。

三、“控制”标准证成

（一）“控制”标准的合理性

从客观现实的角度来看，能否“控制”的判断具有一定的模糊性。诚然，如有的学者所指出的那样，对于互联网平台而言，所谓的“控制”并非不可能。广告最终在互联网平台上展示，从技术层面来说，互联网平台只要有足够的投入，是有可能完成审查义务的。所以“控制”标准并不绝对。但罗马法学家塞尔苏斯（Celsus）曾提出过“给付不能的债务无效”的论断，法律更有“不强人所难”原则。从客观事实及技术发展的无限可能的角度来看，互联网平台是有完成审查义务的可能性的，但该义务并非法律上的可能性。花费的费用过巨而换回极小的价值，如在海里捞针，并非现实的不可能，但法律上仍然认可其为不可能。因此，法律规定当事人的义务，应当具有法律上的可能性，能够与现实状况相符。

但法律上能否控制的判断需要结合当事人具体的客观能力及权利义务的对等性。从现有的互联网平台模式出发，平台内容由用户自行上传，

---

① 参见綦骏：《论广告进入契约的可能性及其实现》，载《法商研究》2005 年第 1 期。

广告的方式具有多样性，包括文字、视频、语音、场景等，要求平台对图像、语音、文字等实行全面监控，存在技术难度，再结合互联网内容具有海量信息的特征，实现技术监管存在客观的不可能性；另外，平台内容由用户自行决定，具有即时性、随意性。例如，现有的直播平台，主播播报内容即时生成，这也是互联网平台直接接触广告的第一次机会，如果要求互联网平台瞬间审查广告的真实性、合法性，并与相关的证明进行核对，客观上难以实现，即使平台后期可以通过技术手段进行识别、屏蔽，也往往具有滞后性；此外，过度的监控本身意味着对个人信息的过度收集。换言之，若认为平台具有控制义务，意味着用户的注册需要提供更多的个人信息，互联网所有内容事项需事先审核等，这与个人信息保护不符；过度监控本身是对个人自由的剥夺，举例而言，若对所有的涉及“价格”的敏感词进行屏蔽，极有可能导致很多不涉及广告的正常言论无法公开，这与宪法中的个人自由相悖；从权利义务角度来看，根据现有的《广告法》及《互联网广告管理办法》中对互联网广告发布者、广告经营者的审查义务，要实现“控制”从而成为广告发布者必须既是广告内容的存储者，同时又是广告主交易的直接对象，从而才能实现广告的实时审查，获得广告主资质的证明文件等。但若互联网平台不参与分佣、不与广告主有任何直接联系，互联网平台又非公权力机关，无法依据合同以外的法律关系要求第三人提供资质等证明文件，赋予平台如此繁重的义务，与其所享有的权利不相匹配。如果规定了与当事人实际能力不相匹配的义务，当事人不可能实现，要么该规定会沦为无法执行的规定，要么当事人抛弃该种交易模式，如此不利于整个互联网行业的发展。

（二）“呈现”标准的不适用性

“呈现”标准最核心的理由在于用户立场，从消费者信赖的角度决定用户发布者。但该种标准在我国现行的互联网模式下难以适用。

随着互联网的发展，用户已经从单纯的信息接收者转变为信息的发布者。自媒体成为当下信息传播的主要模式之一。自媒体形式上高度个人化，自媒体的信息采集者、编辑者和传播者，多是没有经过新闻和传播专业训练的普通大众，而且是集采、编、发于一体，其信息所表达的内容也是个体化的；用户上传具有主观性，可随时、随机发布各类信息。此外，自媒体无需准入门槛，无需程序化过滤，属于开放性的信息聚合、分享和反馈。自媒体的内容也具有极强的丰富性，用户所发布的内容既可以是发布者个人的内心表达、人生的体味，也可以是对某些社会问题、社会事件的看法，还可以是转发朋友推荐内容或自己感兴趣的政治、经济和文化信息，由此形成自媒体发布内容的多样化特征。因此，在自媒体时代，信息发布的技术门槛和“准入”条件降低，不需要成立专业媒体机构进行运作，也不需要相关部门审批，任何人都可以在博客、微博、论坛、微信、QQ 上发布信息，信息会很快在这些载体之间传播。自媒体用户既可以作为信息的接收者，也可以作为信息的发布者。随着自媒体的广泛利用，自媒体用户可以充分地体会到“用户自行上传”的特点，因此，也能够意识到互联网平台信息与平台无直接关联，平台无须对平台信息背书。

典型案例 4－4

原告鄂尔多斯公司为“鄂尔多斯”文字、“ERDOS”英文字母、羊角图形组成的第 979531 号注册商标的专用权人。具体商标见图 4－1。

图 4－1　鄂尔多斯注册商标

2016年10月，原告发现，由被告主办并运营管理的“搜狐网”（域名：sohu. com）上有销售“高档羊绒T恤”的图片链接。前述图片中所展示的服装上、前述图片链接所链接的销售页面上、该销售页面所展示与销售的服装商品（以下简称涉案商品）上以及涉案商品的包装上均突出使用了与原告商标相同及近似的标识，且已构成商标意义上的使用，侵犯了原告的商标权。被告搜狐公司在其网页发布该广告，未尽到审核义务，构成间接侵权。

搜狐公司辩称其在从事互联网广告服务期间，尽到了必要的审核和管理义务，不存在过错。该广告为链接跳转广告，搜狐平台上发布的信息为前端页，该页面无任何侵权内容。侵犯商标权的行为发生在广告素材所链接的落地页，但对此页面内容，被告是既无权力也没有能力进行修改与监控的。此外，被告作为互联网服务提供者，应当适用“避风港”原则。原告在发现被告运营的“搜狐网”（域名：sohu. com）所展示的广告存在侵害其商标权的情况时，应当及时通知被告，要求被告采取删除、屏蔽、断开链接等必要措施。只有被告在接到原告的上述通知却没有采取必要措施的情况下，被告才应当对原告承担侵权责任。但原告从未对其作任何通知。

最终法院认为：（1）搜狐公司系“搜狐网”（域名：sohu. com）的经营者，对相关经营活动应承担民事责任，且从该网站名称及显示的相关信息来看，“搜狐网”（域名：sohu. com）并非单纯为相关交易信息及交易行为提供网络服务的平台，而系涉案广告的发布主体，故不适用网络服务平台商的“避风港”原则。（2）搜狐公司通过广告代理商鼎盛公司提供的资质证明进行审查，利用“搜狐汇算平台”对广告主在搜狐网上发布的广告内容进行审核、管理。搜狐公司在初步审核广告主提供的“彤芭啦”商标注册证等相关证明文件后，利用搜狐汇算代理商平台对广告主上传的广告、创意等发布内容进行审核，故其作为广告发布者对广告主发布的内容具有实际的管控能力，应当对广告发布内容尽到相应的注意义务，但是搜狐公司未能对广告内容尽到相应的审核及管理义务。(3) 涉案广告页面位于搜狐首页的搜狐新闻栏目中，该栏目中的内容应系搜狐公司选择、推荐的信息，而涉案广告以明显不合理的价格出售涉案商品，可以认定搜狐公司知道相关网络卖家实施了侵害鄂尔多斯公司商标专用权的行为，而搜狐公司并未及时采取删除、屏蔽、断开链接等必要措施，应认定其构成帮助网络卖家实施侵害商标权及不正当竞争行为，其应当与网络卖家承担连带责任。搜狐公司辩称广告主在申请广告时提交的申请材料没有任何与原告鄂尔多斯公司相关的信息，所宣传的商品也与原告鄂尔多斯公司无关。仅在广告投放期间，广告主变更了广告素材，搜狐公司审核范围仅限于“搜狐网”展示的广告内容，对“落地页”内容无法修改或监控。但结合现有证据，无论是在搜狐网抑或是被告所称“落地页”发布广告内容，广告主均需要通过搜狐广告汇算管理平台上传广告或创意图片，并经过系统管理员即搜狐公司的审核才能够发布。搜狐公司对于前述广告发布行为具有实际的管控能力，该公司知道涉案网络卖家利用其提供的搜狐网广告发布平台，发布了涉案被控侵权信息，但未采取必要的措施阻止被控侵权信息的发布，应当就此与发布涉案被控侵权信息的涉案网络卖家共同承担商标侵权及不正当竞争的连带责任，故法院对搜狐公司的该项辩称不予采纳。鉴于鄂尔多斯公司依照我国侵权责任法的有关规定，仅请求部分连带责任人承担责任，故搜狐公司应当根据当时实行的《商标法》及1993年12月1日起施行的《反不正当竞争法》承担侵权责任。①

案例评析

本案的核心争议点在于被告搜狐公司的法律地位。搜狐公司主张自身为互联网信息服务提供者，因此可以享受“避风港”原则的保护，仅承担“通

---

① 北京市海淀区人民法院民事判决书，(2017) 京0108民初7895号。

知—删除”之义务。因原告未发出过通知，因此其无对应义务，也无须承担责任。但最终法院认定，搜狐公司不仅为互联网信息提供者，也是互联网广告的发布者，不适用网络服务平台商的“避风港”原则。法院在认定主体地位时，适用了“控制”标准，认为搜狐网对于广告发布主体、发布内容具有实际的管控能力，因此应当对广告发布内容尽到相应的注意义务。由于搜狐网未尽到相应的注意义务，因此构成侵权，需与直接侵权人一起对被侵权人所受的侵权损害承担连带责任。

第五节　广告代言人的界定及其法律责任

为了扩大品牌的影响力，许多时尚企业会聘请明星进行广告代言，通过明星的流量提升品牌知名度和认可度。明星与品牌方合作的方式主要分为广告代言、肖像授权使用、商演活动等。第一种类型广告代言，是明星以自身的形象或身份为品牌方做“担保”，常见的代言有品牌形象代言、产品代言等。第二种类型肖像授权使用是指品牌方向明星购买一定数量的明星自有版权的形象照片的使用权，用于品牌或产品的平面宣传。第三种类型为商演活动，是指品牌邀请明星出席品牌既定时间、地点、形式的现场商业活动，为品牌或产品进行宣传、推广。明星作为广告代言人，往往也会参与一定数量的平面广告片拍摄、影视广告片拍摄及品牌商业活动等工作。但对于广告代言人，我国现行的《广告法》赋予其一定的义务与责任，因此，如何界定广告代言人及其义务和责任非常重要。

一、广告代言人的认定及法律相关规定

对于广告代言人的理解，有广义与狭义之分。广义的广告代言人包括以下几类：(1) 背景烘托类的代言。此类代言在广告中只是起到衬托

广告故事背景的效果，并没有在广告中表达自己的看法与意见。消费者也当然地认为其只是单纯地完成广告主交代的表演任务，并没有推荐证明含义的流露。(2) 推荐或劝说类代言。此类广告代言是通过代言人的言行向广告接收者传达其个人对该产品或服务的喜爱，以推荐或劝说潜在的消费者购买该产品或服务。(3) 证明或鉴别类的代言。该类代言人往往具有专业的技能或是某领域的专家，其在广告中发表对该产品的看法更能使消费者信服；或者其采取现场实验的方式，以实验结果向广告受众推荐产品。此种做法在某些洗衣、洗发品牌的广告中十分常见。[①] 狭义的广告代言是指代广告荐证，仅指代上述的第三种情形，即证明或鉴别类的代言，通过其语言文字表达出信赖性或亲身体验的证明。美国的《广告荐证指南》对“荐证”一词作了明确的界定：荐证是指荐证人的行为可能使消费者认为反映了广告主以外的其他人的意见、信赖、发现或者亲身体验的任何广告信息，包括个人的口头陈述、示范、署名、签章、肖像以及其他能够确定个人身份的特征或者组织的名称、印章等。据此可知，广告荐证的特点在于，使消费者认为其在广告中表达了对广告主的产品与服务的个人看法，即向消费者推荐该产品或向消费者证明该产品符合广告宣称的效果。

我国《广告法》中用了“广告代言人”这一表述，但从“广告代言人”的定义与法律义务的相关规定来看，其内涵更接近广告荐证人。《广告法》第 2 条第 5 款关于广告代言人概念的界定为：该法所称广告代言人，是指广告主以外的，在广告中以自己的名义或形象对商品、服务作推荐、证明的自然人、法人或其他组织。该表述对广告代言人的界定强调需要“自己的名义或形象”“推荐证明”。据此，我们可以发现此广告代言的界定与美国法上的广告荐证人的法律界定类似。

---

① 参见李潇：《对新〈广告法〉中广告代言的思考》，载《合作经济与科技》2016 年第 3 期。

与此同时，我国《广告法》对广告代言的相关规制也极为严格。首先是关于广告代言的主体限制。我国《广告法》对广告代言设置了两方面的准入门槛：一是《广告法》第 38 条第 2 款规定不得利用不满 10 周岁的未成年人作为广告代言人；二是《广告法》第 38 条第 3 款禁止有虚假代言前科之人在 3 年内作广告代言。其次，我国《广告法》规定了广告代言人的真实荐证的义务。其一，广告代言人未实际使用商品，不得代言。美国法上的真实消费义务并不要求所有荐证人都必须具有亲身消费经历，只有明示或暗示其具有消费经历的人，才被要求必须为真实的使用者；否则，需要作出未使用之声明。但我国《广告法》第 38 条第 1 款对代言行为设定了更高的法律义务，它要求所有广告代言人不得为其未使用过的商品或者未接受过的服务作推荐、证明，相当于直接禁止无消费经历者作广告代言。其二，禁止以专家身份为特定产品代言。关于专家代言，美国法除了真实性的要求之外，还要求荐证内容与专家的专业资质相契合，荐证人不得超越其专业领域以专家身份作广告荐证。我国《广告法》对此并无一般性的规定，仅以列举的方式禁止以专家身份或专业人士的名义为农药、兽药、饲料、农作物种子和招商投资等产品或服务作广告代言。其三，绝对禁止广告代言的行业领域。美国并未针对特定行业设置广告荐证禁令，但我国《广告法》明确禁止在医疗、药品、医疗器械和保健食品等领域作广告代言。其四，我国法律对广告代言人规定了较为严格的责任。我国《广告法》第 56 条第 2 款在关系消费者生命健康的商品或服务领域明确规定了广告代言人的无过错责任，不论其主观状态如何，只要广告主在虚假广告致害事故中的责任成立，广告代言人都要承担连带赔偿责任。

由于我国法律对广告代言人作了极为严格的规定，因此明星出现在广告中是否为广告代言人成为法律判断的重点问题。

二、广告代言人的判断标准

（一）主体标准

在《中华人民共和国广告法解读》一书中，全国人大常委会法工委就广告代言人概念所作的权威释义，区分了广告代言人与广告演员，前者适用广告法，后者不适用。从广告代言人和广告演员的认定规则来看，在广告中标注身份的人和虽未标注身份但被相关公众所熟知的名人，属于广告代言人；既未标注身份又不被公众熟知的普通人，属于广告演员。① 该种解释作为立法机关的解读，具有一定的权威性。

理论上也有部分学者持有此观点。他们认为代言人在广告中表明自己身份的，属于以自己的名义，即利用自己独立的人格代言，名人或普通人都可以作为代言人，但对于知名度较高的名人而言，因其具有一定的知名度，受众能辨别其身份，因此即使未明确表明自己的身份，也属于以自己的名义代言。甚至名人的卡通形象，只要能被识别，该名人也被认为是广告代言人。反之，若在广告中未表明自己的身份，受众也难以识别其身份，则不应认为是广告代言人。②

（二）行为标准

有学者提出，我们应从营销者的行为本身出发判断是否为广告代言人。我国《广告法》第 2 条第 5 款中的以自己的名义或者形象对商品、服务作推荐、证明，强调的是行为人独立人格的展示和个人意见的表达，目的旨在排除纯粹的代理人形象和传话筒式的表达。行为人在广告中是

---

① 参见全国人大常委会法制工作委员会经济法室编著：《中华人民共和国广告法解读》，中国法制出版社 2015 年版，第 7 页。

② 参见刘双舟、杨乐：《互联网广告法律问题研究》，中国政法大学出版社 2019 年版，第8 页。

否展示了其独立人格并表达了个人意见，与此人的知名度以及是否为相关公众熟知并无必然联系。知名度高的明星既可在广告中展示其独立人格并表达个人意见，也可成为广告主的代理人和传话筒①，这完全取决于其在广告中表达了什么内容。同理，没有任何知名度的普通消费者既可充当广告主的传话筒，也可在广告中基于其独立人格表达个人推荐意见。而且，从规制法的基本原理来看，法律对广告代言人规制的关键在于规范其行为，至于行为人是谁，虽具有一定的法律意义（基于信赖原理所要求的注意义务的不同），但显然不具有划定法律适用范围上的决定性作用。更何况行为人的知名度或是否为相关公众熟知，是极为抽象的标准，若以此划定我国《广告法》的适用范围，不仅无助于调和个案中当事人的利益，而且会诱发一系列法律规避行为，甚至导致法律权威的丧失和机会主义行为的泛滥。

是否实施了可引发信赖的表意行为，是认定广告代言人的关键。② 这集中体现在我国《广告法》第 2 条第 5 款中推荐、证明的概念上。所谓推荐，即典型的以引发受众信赖为目的的表意行为，其目的旨在使受众接受或认可其所推荐的产品，进而达到推销的目的。相较之下，证明通常表现为对事实的陈述，但这种陈述仍是以推销意图作为目标指向，行为人通常借助产品信息的展示，甚至不惜以人格担保的方式影响消费决策，进而达到推销之目的。由此看来，立法上的推荐、证明概念，实际上已经提供了广告代言人的判定标准，解释论上只需回归法条文义，舍近求远反而偏离了立法目的。

---

① 名人在广告中的陈述并不总是构成荐证，比如在 FTC v. Garvey 案中，美国著名球星加维（Garvey）在电视购物广告中说某减肥产品有效、是史上最好的减肥产品，但法院通过对广告内容的整体判断认为，这些并非 Garvey 个人的表意行为，而是对广告主意见的转述而已，故否认了该广告为荐证广告，进而否认了 Garvey 作为广告荐证人的身份。See FTC v. Garvey, 383 F. 3d 891（9th Cir. cal. 2004）.

② 参见宋亚辉：《广告代言的法律解释论》，载《法学》2016 年第 9 期。

个案中是否存在可引发信赖的表意行为，需要结合以下两个因素加以判定：一是表意行为；二是信赖效果或有信赖之虞。对于前者而言，并非只有在广告中明确表示推荐、承诺才属表意行为，而是要结合其广告用语、表述方式、肢体语言和身份特征等多方面信息进行综合判断。若行为人只是在广告中客观描述了某个既定事实，并无个人主观意思的表达，则不构成表意行为，因而不在广告代言和代言人概念的涵摄范围之内。当然，存在表意行为并不意味着一定会引发信赖，还要看效果要素，即该表意行为可否引发相关公众信赖。实践中需要从消费者视角出发，以一般理性之人的认知能力加以判定。这两个要素实际上也概括了美国关于广告荐证及荐证人的判定标准，即在消费者看来反映了不同于广告主的意见、信赖、发现或亲身体验结果。①

（三）行为标准的证成

1. 主体标准的批判

主体标准中的核心在于营销人员是否为明星或是否标注身份，但明星的界定本身存在困难。对传统的演员、歌手等而言，其本身存在一线、二线、三线等差别，如何界定其是否为明星存在困难。同时，在自媒体时代，网红主播有一定的流量，是否为明星亦存在疑问。不同主播，其流量大小又存在显著区别，很难客观地界定流量的大小与知名度的关系。与此同时，对标注身份的理解存在疑问。关于“身份”一词的本义，《辞海》解释为人的出身、地位或资格，《现代汉语词典》解释为人在社会上或法律上的地位。尽管表述略有不同，但出身所反映的是一个人由于早期经历或家庭背景而得到的社会地位，是以本人或家庭以往的经历或经济状况为基础而形成的社会身份。资格所反映的是一个人现有的社会地位，是以本人现有的能力或获取的成就为基础而形成的社会地位，这种

---

① 16 C. F. R. § § 255，255. 0（b）.

社会地位被法律确认时，即形成个人的法律地位。从法律意义上讲，身份的实质在于法律对一个人的法律地位作出的标签性判定。根据形成方式的不同，身份可以分为两部分：一部分是人的自然特征，即由于年龄、性别、生理方面的差异所形成的特征；另一部分是人的社会特征，即人们在社会活动中由于自己所从事的工作、所扮演的角色、做出的行为不同而形成的特征。此处的身份是指代何者存在疑问。换言之，仅标注姓名、网名能否认为构成标注其身份存在疑问。此外，以主体为判断标准也带来实践中的问题。例如，广告主只需放弃明星代言即可，或者还可选用长着明星脸的普通人作为替代，其模仿秀越是逼真，相关公众越容易误认，当所有人都发生误认时，根据上述主体的识别解释逻辑，此人绝不可能是广告代言人，因为没人真正认识他。实践中已经涌现出的用“明星脸”代言广告以规避广告法的案例正是此点的体现。

2. 行为标准的判断

如前所述，是否实施了可引发信赖的表意行为，是认定广告代言人的关键。但如何判断营销人员的表述是以自己的名义独立作出的表示还是传话筒存在疑问。对此存在主客观两种学说。客观说认为判断广告代言人的荐证性要看广告代言人是否有推荐证明的行为，包括口头语言与肢体语言。按照该学说，无论该广告的代言人是明星还是普通人，客观上其语言表述为自己独立的表述即可；主观说是从保护消费者的角度出发的，它主张以一个普通消费者的眼光判定代言人的行为是否具有荐证性，即普通消费者认为该代言人的行为反映了该代言人个人的意见与观点就可以认定为荐证行为。举例而言，若明星在做广告时表述“我用过的效果……”，既有可能是明星的自发表达，也有可能是广告主给的文本而其一字不改地诵读。客观说主要从事实上是否为独立表述进行考虑，而主观说是从消费者的视角进行判断。对此，我们需结合广告代言产生作用的机理进行分析。

广告代言的突出作用是通过将代言人的人格或身份特征与产品的市

场定位相结合，进而提高产品在消费者心中的被认知程度，并将消费者对代言人的认同感转化为对产品的认同，最终使消费者对产品产生信赖。这正是所谓的意义迁移理论，[①] 即广告代言人的推荐或证言会发生由代言人到产品再到消费者的意义迁移过程。因为社会中各行各业的人（尤其是名人）都代表着一系列独特的符号意义，由名人所代言的产品往往也附加了名人的符号意义或象征意义，在名人与特定产品之间建立关联并在媒体上反复展示，会激发受众对于名人与产品之间的记忆节点，进而在两者之间建立链接。[②] 一旦确立这样的链接，消费者对名人的信赖也将随之传递到名人所代言的产品之上。消费者之所以购买由特定名人代言的产品，是因为其不只看重产品本身的物理特征和功能特征，更看重产品上所附加的名人符号意义和信赖关系。这一意义迁移过程不仅构成了广告代言的心理学基础，而且揭示出广告代言和消费决策之间发生因果联系的事实基础，即因信赖而购买。因此，广告代言人的推荐、证明对受众心理产生影响，正是其产生作用的根本，因消费者对广告代言人的信赖而购买其所推荐的产品和服务时，广告代言人的推荐或证明与消费决策之间存在事实上的因果关系。是否为推荐行为，应从受众的角度进行解释，当然此处的受众应理解为客观理性的第三人。

实践中，时尚品牌会用“明星同款”进行商业宣传，“明星同款”与“广告代言”存在一定的区别。“明星同款”是商家利用明星效应，强调所列商品与明星所用商品相同，从而提高消费者购买意愿的宣传方式。广告代言人，是指在广告中以自己的名义或者形象对商品、服务作推荐、证明的自然人、法人或者其他组织。广告是指商品经营者或者服务提供者通过一定媒介和形式直接或者间接地介绍自己所推销的商品或

① 参见王沛主编：《广告心理效果与评价》，科学出版社2008年版，第228页。

② 参见［美］杰拉德·J. 泰利斯：《广告效果评估：广告何时、如何和为什么有效》，李洋等译，中国劳动社会保障出版社2005年版，第201页。

者服务的商业活动。“明星同款”与“广告代言”均属广告的形式，但两者又存在区别。“明星同款”中，明星通常并未积极对商品进行推荐、证明，甚至不知晓本人已为某商品的销售起到积极的促进作用；“明星同款”中商家通常未与明星签订协议，商家未得到明星的授权，容易侵犯明星肖像权等权利。而广告代言，通常是由明星与商家签订代言合同，明星依约对所代言的商品进行积极推荐、证明，明星在获得相应对价的同时，若因虚假广告给消费者造成损害，明星应依法承担相应的法律责任。可见“明星同款”与“广告代言”是商家利用明星效应采取的不同宣传方式，商家及明星的权利义务不同，法律责任不同：若经明星同意，“明星同款”则可归属于“广告代言”；若未经明星同意，“明星同款”则存在侵权的可能。因存在代言费高等问题，在目前的商业活动中，“明星同款”屡见不鲜，如奥运会举办期间的奥运冠军同款，为商家带来大额收益，但可能误导消费者，同时可能侵犯明星权利。[①]

三、广告代言人的法律责任

由于受众会基于对广告代言人的信任而购买特定的产品，因此法律要求代言人尽到谨慎审查的义务，若未尽到相应的注意义务，则须承担相应的法律责任。[②]

不同人因其身份的不同，其注意义务标准不同。行为人的知名度及其身份特征虽非认定广告代言人的决定性因素，但知名度和身份特征上的差异将决定行为人在代言广告过程中注意义务的高低，而注意义务又

---

① 广东省广州市中级人民法院民事判决书，(2021) 粤01民终17901号。

② 《广告法》第56条第2款规定，关系消费者生命健康的商品或者服务的虚假广告，造成消费者损害的，其广告经营者、广告发布者、广告代言人应当与广告主承担连带责任。第3款规定，前款规定以外的商品或者服务的虚假广告，造成消费者损害的，其广告经营者、广告发布者、广告代言人，明知或者应知广告虚假仍设计、制作、代理、发布或者作推荐、证明的，应当与广告主承担连带责任。

是决定代言行为可归责性的依据所在。其理论基础仍源于信赖原理。信赖具有程度之分，消费者对广告代言人及其代言产品的信赖度高低，在一定程度上取决于代言人的知名度、身份、专业背景及其在广告中表达的推荐意见。相较于普通代言，具有专业背景和权威资质的专家代言，通常更容易取得受众的信赖，如果该专家又具有极高的社会知名度和美誉度，则其广告代言的可信赖度又将显著提升。广告主选择不同的人作广告代言并给付不同的报酬，在一定程度上与此人在受众心目中的可信赖程度有关。

从行为规范的设计原理来看，越容易获得受众信赖的代言人，欺骗或误导消费者的企图也越容易实现，因而也需要为其设置更高的行为谨慎标准。这也正是美国法区分消费者荐证、专家荐证和机构荐证，并为其设置不同程度之法律义务的理由所在。其总体上的注意义务如下：（1）相较于无消费经历的荐证，以消费者身份荐证，需要真实反映其亲身体验之结果，而非局外人的主观感受；（2）相较于普通消费者荐证，专家的荐证内容不仅需要与其专业资质相匹配，而且要体现其超越常人认知的专业能力；（3）相较于自然人荐证，机构荐证需要超越个人感受，反映该机构对产品的集体性认定和评价。[①] 我国《广告法》在规定代言人一般性注意义务（真实代言和未使用不得代言）的基础上，并未根据代言人身份设置不同的法律义务。但在解释论上，基于个案情境的差异，私法上要求不同类型的广告代言人承担有差异的注意义务，并无任何障碍。这是信赖保护原理的应有之义。正所谓能力越大的人，避免损害他人的注意义务程度也越高。此外，我国《广告法》区分广告内容的不同，对于广告代言人的过错程度也有不同的规定。对于关系消费者生命健康的商品或者服务的虚假广告，广告代言人需承担无过错责任；其他产品的虚假广告，广告代言人仅在明知或应知的情形下才需要承担责任。

---

① 16 C. F. R. § § 255，255.0（b）.

典型案例 4－5

自2011年10月起，案外人徐某等人陆续设立了国太集团等系列公司（以下简称中晋系公司）。2011年年底至2016年4月，中晋系公司向社会公众集资400多亿元。自2014年3月起，潘某婷成为“国太集团”相关投资理财产品的代言人，在广告中称“判断源自于观察，更来自于专业；我擅长规避风险！我是潘某婷，我是中晋合伙人！”赵某看到潘某婷代言的广告，出于对潘某婷的信任及广告宣扬的观点，以投资合伙企业的形式出资50万元。2016年4月，中晋系公司的实际控制人、负责人和高管被公安机关立案侦查，2016年10月被移送检察机关起诉，最后受到了刑事处罚。经过刑事案件的判决，这起集资诈骗案件受害人投资款的返还率不超过30%，赵某的损失至少为70%。故原告起诉潘某婷，要求其赔偿人民币20万元。赵某认为，被告作为公众人物，明明不是中晋合伙人，在广告中自称是中晋合伙人。现实中没有中晋合伙人这个产品，属于虚假产品，潘某婷代言的中晋合伙人的广告是虚假广告。从刑事案件的审理情况来看，犯罪人员都构成了集资诈骗罪，潘某婷没有购买过中晋的商品；从广告的内容来看，其不仅没有提示风险，还暗示中晋合伙人是安全的，以规避风险，说明潘某婷没有履行充分的审查义务，可以推定潘某婷明知中晋合伙人是虚假广告。根据《广告法》第56条的规定，潘某婷作为广告代言人应当与广告主承担连带责任。

本案的第一个争议点在于潘某婷是否因虚假宣传与广告主等承担连带责任。根据《广告法》第56条第3款的规定，广告代言人要承担连带责任的前提，一方面是对于非关系消费者生命健康的商品或者服务构成虚假广告，另一方面是广告代言人明知或应知广告虚假。关于是否构成虚假广告，本案中潘某婷代言广告的内容仅仅是其台球技艺的展示，提出打球方面需要规避风险，没有提及任何与投资有关的字眼，不构成虚假宣传。此外，广告的影像资料是经过剪辑合成的。潘某婷认可其说的话是："判断源自于观察，更来自于专业；我不选择更快的回报，我不选择更高的收益，因为，那会带来更大的风险。我擅长规避风险。"但"我是潘某婷，我是中晋合伙人"经确认为剪辑合成。因此，其语言表达也未涉及虚假信息。就明知或应知的主观状态而言，明知为事实状态，应由原告承担证明责任，但赵某无任何证据证明潘某婷对中晋系公司诈骗的情况知情。应知是指当事人未尽到法定的注意义务。在衡量潘某婷的过错时，应当将一般普通人的注意义务作为审慎审查义务的衡量标准，而不应当以事后刑事案件的结果倒推审查的义务。同时，潘某婷为运动员，对投资本身并不专业，因此不宜赋予其以审查该投资项目的合法性的过高的义务。正如大量作为受害人的集资参与人一样，只要潘某婷做到了普通人的审查义务，对广告主的情况予以审查即可，不应对潘某婷苛以更高的审查义务。潘某婷提供的《品牌代言服务合约》《授权书》《商标注册申请受理通知书》等证据证明，潘某婷作为广告代言人，在签约之前查看了营业执照和税务手续等资料，也知晓国太集团是上海电视台《相约星期六》的赞助商，潘某婷就此已经尽到了审查义务。

因此，本案一审、二审法院都驳回了原告赵某的诉讼请求，认可潘某婷无须承担赔偿责任。①

① 上海市第二中级人民法院民事判决书，(2020) 沪 02 民终 3552 号。

第五章　时尚设计的法律保护

时尚设计是时尚企业的灵魂。与其他行业相比，时尚企业关注的重点除了满足人类的物质需求外，更注重人类的精神需求。因此，对于时尚企业而言，企业文化有其重要价值，创新是企业的核心竞争力。时尚企业创新的动力一方面来自其营利性的根本目的，由于时尚流行具有一定的周期性，为了促进消费者的购买欲望，时尚企业需要不断地引导消费时尚，推陈出新；另一方面创新的动力来自时尚企业的自身定位，创新已经成为时尚企业的标杆和立足于行业的根本。能够引领时尚的企业，往往能处于时尚行业的金字塔顶尖，产品中的创新等附属价值较高，消费者文化认可度较高，消费者愿意为其设计、时尚支付较高对价；如果其产品的文化属性相对较低，消费者更愿意比较“性价比”，其产品设计的附加值体现较低。时尚企业需不断地提高自身的设计及品牌认可度，从而增强品牌竞争力。因此，对于时尚企业而言，要注重对自身品牌、设计等无形资产价值的利用。

与其他产品相比，时尚产品的一大特色就是商品的功能性占价格的比例偏低，消费者买单的很大一部分因素在于购买了此类产品背后时尚设计所产生的美感、时尚品牌的地位等附加价值。时尚设计可以塑造品牌形象。时尚设计通过传达品牌的核心理念、人文情感、文化氛围以及品牌的独特形象，呈现品牌的识别性与价值感，从而对整个品牌形象产生积极的塑造作用。例如，迪奥（Dior）以优雅和华丽的传统传承而为人熟知。它们的设计风格充满女性魅力，注重细节和高级定制，通过大量的手工艺展现出华丽的效果。此外，时尚设计可以引领时尚潮流。时尚产业以时尚、创意、新颖为核心，只有拥有让消费者喜欢、接受新品的能力，企业才能生存和继续发展。时尚设计师依据市场需求与潮流趋势，不断推出新款式、新颜色、新设计的服装，让消费者不断对品牌产生新鲜感，从而提升产品的可靠性和竞争力。但与此同时，时尚产品逃不过被“仿冒”的命运。《哈佛商业评论》指出，仿冒品市场在全球大约有4.5兆美元的规模。据《2023时尚产业知识产权保护年度报告》统计，2021年我国服装领域著作权维权诉讼裁判文书有2272份，不正当竞争维权诉讼裁判文书有356份。可见如何对时尚设计进行法律保护，成为时尚品牌方、设计师等时尚产业人士关注的重要问题。

第一节　比较法视野下时尚设计的知识产权保护

一、美国法下时尚产业的知识产权保护

（一）基本立场

美国法律对于时尚设计并未给予充分的保护，此种立法被称为“弱知识产权保护”模式。Susanna Monseau教授解释说，从历史上看，美国的版权法并没有像保护其他创意产业那样保护时尚设计，“因为在法律眼中，文学、音乐和美术等艺术之间存在受版权保护的艺术品和一般不受版权保护的工艺品两种不同类型”[①]。产生此种“弱知识产权保护”模式的根本原因在于，美国版权法中有一项基本原则，即有用物品通常可以任意复制。像服装、家居等物品，虽然具有一定的创新性，但由于与实用性紧密结合，难以分离，因而通常得不到保护。20世纪30年代，美国

① Susanna Monseau, *European Design Rights: A Model for the Protection of All Designers from Piracy*, 48 AM. BUS. L.J. 27, 32 (2011).

时尚创造者公会（The Fashion Originators' Guild of America）签署了一份“合作申明”，承诺仅交易独创作品，通过拒绝销售抄袭服装而对抄袭行为进行抵制。违约的零售商将受到“红牌”（如被抵制）惩罚。协会成员若与“离经叛道”的零售商交易，将面临协会的强制性罚款。公会在短时期内对成员的抄袭活动的遏制相当有效，却被美国联邦贸易委员会（Federal Trade Commission）认定为卡特尔组织，[①] 认为该组织阻碍了正当的市场竞争。美国时尚创造者公会提出抗辩，认为该组织的目的是防止时尚行业的抄袭行为，对服装制造者、劳动者、零售者和消费者而言都是有所助益的。但在 1941 年美国联邦贸易委员会诉美国时尚创造者公会案中，美国联邦最高法院最终支持了美国联邦贸易委员会的诉讼请求。判决中，美国联邦最高法院承认猖獗的盗版是时尚行业面临的现实问题，但指出这一理由不能成为服装制造者违反反托拉斯法的理由。[②] 由于该项判决，美国时尚创造者公会直接面临解体风险。

虽然美国时尚创造者公会不复存在，但为时尚设计提供版权保护的呼声一直不绝于耳，并且随着时尚快消行业的迅速发展，呼吁修改美国法律的声音再一次掀起了高潮。2006 年国会收到关于《防设计剽窃法案》（Design Piracy Prohibition Act）提案，提案中提到“因为许多其他国家在时尚设计领域都推行了版权保护，美国也应该效仿，否则美国将在国际时尚中落后于其他国家”，但此提案最终未被通过。2009 年《创新设计保护和防剽窃法案》（Innovative Design Protection and Piracy Prevention Act）被提交国会，提议者指出“由于美国的版权法未像其他所有的工业化国家的法律一样，为时尚设计提供保护，时尚产业——我国最为活跃的产业之一——正面临威胁”，但此法案最终也未通过。至

① 卡特尔是法语 Cartel 的音译，原意为协定或同盟，是生产同类商品的企业为了垄断市场，获取高额利润而达成有关划分销售市场、限制产品产量、固定商品价格等方面的协议所形成的垄断性企业联合。根据美国反托拉斯法，卡特尔属于非法组织。

② Fashion Originators' Guild of Am. v. FTC, 312 U. S. 457, 462 (1941).

今，美国立法对时尚行业提供的保护仍然十分有限。

美国之所以未能推动相关立法，原因之一在于理论界有部分学者认为时尚行业具有特殊性，抄袭不仅不会导致创新的丧失，反而会加速时尚周期，从而促进时尚产业的发展。相关学者指出，时尚产业有其特殊的经济规律。时尚产业是一个潮流主导产业，这个产业的发展特点就是发现新潮流，摒弃旧潮流。正如社会学家格奥尔格·齐美尔所述，"随着时尚的传播，它也逐渐走向衰落。在一种潮流兴起的早期，其独特性确保了它的广泛传播，但随着传播范围的不断拓展，这种独特性逐渐消退，而潮流必然走向衰亡"。潮流的形成，以有一定程度的追随者为基础。某件时尚产品开始被其他品牌模仿抄袭，说明该种产品引领了一定的潮流，并起到了地位性产品的作用。但一旦所有的人都可以以较低的对价获得与此种产品类似的设计，此时该种时尚产品将无法区分其产品拥有者与其他普通人群，于是它的地位性价值将会被逐渐埋没甚至最终走向消亡，此种潮流也会被认为是过时的。这一潮流周期发展的过程，又叫作"诱导性过时"。以具体的服装为例，在金字塔顶端的是高端定制品牌，往往是设计师对服饰的设计有较多的创造与投入；部分高端品牌将定制服装中的创新要素进行借鉴抄袭，制成成衣销售；快消品牌再对高端品牌进一步抄袭，并以低价进行销售，使之成为大众所通用的消费品。时尚潮流从金字塔顶向下发展。

许多品牌自身也掌握这一时尚发展规律，在营销上呈现出金字塔形的多个层次。例如，乔治·阿玛尼（Giorgio Armani）生产高级定制服装，通过 Giorgio Armani 标签销售高价成衣系列，通过 Armani Collezioni 和 Emporio Armani 品牌销售不同的过渡系列的服装。通过高端品牌，创造引领性地位，通过过渡品牌推广高端品牌的设计及品牌价值。

抄袭在潮流产生和消亡中都扮演着不可或缺的角色，发挥着看似矛盾的作用。在抄袭与仿制的推动下，时尚潮流更迭。抄袭与仿制对于时尚潮流的正面推动作用，又被称为"盗版悖论"（piracy paradox）。有学者统计了美国自 1998 ~ 2010 年连衣裙的价格波动，通过统计发现高端连衣裙价格有显著提高，而中低端连衣裙的价格波动不大。[①] 此项调查可以作为盗版悖论的有力验证。

对于设计师面临抄袭仍然具有持续创新动力的现象，从经济学角度出发的一种解释是其存在“先发优势”（first-mover advantage），设计师从推出创新作品到仿制品进入市场存在时间差，而该时间差内创作者已经获得足够多的利润，不断地创新因此变得有利可图。

从这个层面来说，抄袭行为反而推动了时尚产业的发展。在设计行业中，部分设计师因此对抄袭并不抱有反感的态度，如浪凡（Lanvin）的设计师阿尔伯·艾尔巴茨（Alber Elbaz）直接宣称：“我不在乎别人模仿我的设计，因为模仿者抄袭的只会是我的历史，但他们抄不到我的未来。”甚至有设计师以被抄袭为荣，如普拉达的首席执行官帕特里奇奥·贝尔泰利（Patricio Bertelli）曾说：“相较于被抄袭的担心，如果没人仿冒我的产品，我会更担心。”汤姆·福特更是直接表达道“看到自己的作品被抄袭，是最让人开心的”。

（二）具体立法规范

一般而言，商标、版权、专利是知识产权中的三大支柱，以保护创新创造所付出的努力。但在美国立法中，由于时尚产品只享有《商标法》《专利法》极少的保护，同时也缺乏版权法的保护，因此可以认为上述三大保护并未及于时尚法领域。

一个时尚设计的二维草图通常可以作为一件绘画作品从而受版权保护。但是，基于该设计草图所制作的三维服装，却通常无法受版权保护，以该服装作为模型而进行的复制往往能规避版权责任。其重要原因就在

---

① 参见［美］卡尔·劳斯迪亚等：《模仿如何激发创新》，老卡、蒋漫等译，电子工业出版社 2015 年版，第 71 页。

于美国版权法对保护对象进行了限制。根据美国的《版权法》第102条的规定，版权客体的分类中，时尚产品仅有可能涉及其中的第5项，即图案、平面、雕塑作品。但美国联邦最高法院在Mazer v. Stein一案中提及，实用艺术品包括所有意在或已经体现在物品中的原始图案、图形或雕像作品，但不包括批量生产的产品，设计专利保护商业开发和潜在可用性。美国的《版权法》第101条规定："一件有用的物品设计，仅在该设立可独立于物品的实用功能方面的图案、图形或雕塑特征时，才应被视为图案、图形或雕像作品。"该规则在很大程度上拒绝授予"实用物品"以版权保护。"实用物品"作为一种具有内在功利功能的物品，其功能不仅是描绘物品的外观或传达信息。但随着判例的发展，美国法开始承认，对于某些产品，若通过实用性与艺术性"可分离性"的测试，[①] 则可以获得版权保护。这意味着，对于汽车、飞机、女装、食品加工机、电视机和任何其他工业产品的形状，除非在物理上或概念上具有可以被识别为与该物品的实用主义方面所分离的元素，否则该设计将不受法案的版权保护。对于像服装、家具或者照明灯具等创造性表达与实用性相结合的商品等，要想得到保护，必须能够从实用功能中分离出"物品的表达"。例如，附着在连衣裙上宝石嵌花装饰，在概念上它是可分的，更重要的是在物理上它也是可以与连衣裙分离的，拆除宝石嵌花装饰不会影响到衣服的实用性本身，因此对于宝石嵌花装饰的设计，可以得到版权法上的保护。但绝大多数服装的表达方式并非如同宝石嵌花装饰一样呈现，它构成服装形式本身，无法与服装相分离。如阔腿裤、泡泡袖、花边等，它的设计内容被服装内容所包含，由于设计本身无法与实用功能相分离，因此无法得到版权的保护。

---

① Galiano v. Harrah's Operating Co., 416 F. 3d 411, 418 (5th Cir. 2005)，该判决中认定对于是否享有版权的保护首先应考虑设计是否有用，若不满足此要件，则继续进行第二个方面的检索，如果所讨论的元素可以单独识别并且独立于服装的实用性方面存在，则它可能有资格获得保护。

因此，法院根据版权法对时尚产品进行保护的案例非常少。在实践中较为经典的案例是将一件没有功能的泳衣作为艺术品给予版权保护，[①]因为它的目的在于展示，而非可以使用的衣服。但时尚中的一般原则，无法满足著作权法的要求，即将被著作权法保护的表达性成分与无法被著作权法保护的实用性成分相分离的要求。[②]

总而言之，根据美国法，绝大多数的时尚产品处于无版权区（copyright - free zone），无法被版权保护，其主要原因在于服装等时尚产品的实用性的本质。

在美国法上，另外一个有可能为时尚产品提供保护的途径为商标法。商标法保护的内容包括狭义的商标及商业外观。狭义的商标是指确定来源的标识。商标在美国法律上的定义为：任何文字、名字、符号或其组合，被某人用于识别和区分它所有的商品；且该使用人在商业使用中具有善意，并申请在法律所规定的主注册登记册上登记。商标有助于维护特定品牌的声誉和溢价，特别是时尚产品，消费者所支付的对价很多是对应的产品背后所附加的各种无形价值。因此，商标对于时尚行业的公司而言，有重要的价值。通过商标法为时尚设计提供保护的情形包括两种：其一，商标权侵权救济。如某些小的生产者或服装行业的企业，本身无品牌，通过复制其他品牌的产品及其商标的方式，让消费者误以为其销售的产品是某些品牌的产品从而进行购买，以此达到提高产品销量或产品售价的目的。此种行为构成侵犯商标权，时尚行业的企业可以通过商标权侵权救济等途径维护自身的利益。其二，部分原创设计会将商标进行整合，融入商品设计之中，成为设计的组成部分。例如，巴宝莉

---

① Poe v. Missing Persons, 745 F. 2d 1238, 1240, 1242 (9th Cir. 1984)，该判决中认定形状像泳衣的“主要是灵活乙烯基和覆盖岩石材料的三维艺术品”的著作权；证据表明该物品“是服装的艺术品，且不是实用物品”。

② Galiano v. Harrah's Operating Co. , 416 F. 3d 411, 422 (5th Cir. 2005)，该判决中认定赌场制服不受保护，因为表达性元素与制服的实用功能不能分离销售。

的经典格子为其商标，巴宝莉的服装及配饰会将经典的格子图案融合在产品设计之中；阿迪达斯的三条线为注册商标，在其品牌的衣服、鞋子等设计中会将该三条线的注册商标融入；路易威登手袋上有众所周知的“LV”标志等。这些商品将商标与产品设计进行有机融合，据此通过商标为抵制设计复制提供了重要保护。

但上述两种方式的保护范围较为有限。一方面，实践中更常见的抄袭情形是单纯的复制设计而非复制商标。在网红设计迅速蹿红，部分生产者或时尚行业的企业竞相模仿抄袭的背景下，诸多的快消品牌会抄袭其他服装设计的原创作品。该种抄袭针对的对象是产品的设计，而非商标，时尚行业最常发生的此种设计盗版而非商标假冒的情形，无法借助商标权侵权进行保护。另一方面，通过将商标融入设计的方式进行保护也较为有限。一是产品设计天马行空、创造力无限，若为了获得商标保护而对产品设计进行限制，会严重遏制产品创造的程度；二是上述保护以获得注册商标为前提，而商标注册要求其具有显著性、三维商标不得具有实用性功能或美学功能等特点，因此一般情形下时尚产品难以获得商标。另外，由于注册商标的审查周期较长，而时尚产品存在短周期、快潮流的特点，因此对于非经典的款式而言，企业通过注册商标对其进行保护在时间上也难以满足。因此，通过商标对时尚产品进行保护的范围较为有限。

由于某些“商业外观”也可以用来识别产品的来源，因此也受到商标法的保护。但商标法下的“商业外观”保护与狭义的商标保护不同，对商业外观并无法律上的定义，而是从最初仅限于产品包装的概念，通过司法判例的发展而延伸至产品的设计等。正如美国联邦最高法院指出的，“已经被许多上诉法院扩大至包括一个产品的设计”。[①] 一些法院认为“‘商业外观’包括一个产品的整体形象……如尺寸、形状、颜色或颜色

---

① Wal - Mart Stores v. Samara Bros., 529 U. S. 205, 209 (2000).

的组合、质地、图案，乃至特殊的销售技巧”。[①] 对于商业外观的界定，由于没有法律的直接规定，因此理论界存在不同的观点。绝大部分的观点会强调商业外观在于商品的特色外观或包装。商业外观可以通过商标法进行保护，不仅包含指示商品来源的符号，也包括独特的包装和产品设计。另外一些定义指出商标与商业外观的关系，即商业外观的保护范围要广于商标保护。商业外观侧重于保护不能被注册商标所保护的商品包装及设计。司法实务中，法院对于商业外观的界定包括能够装载其他物品的设备、商品包装及设计、商品的整体造型以及产品配置等。美国联邦最高法院承认两类“商业外观”：产品设计的保护和产品包装的保护。可以得到商标法保护的商业外观，必须具有固有的独特性或已获得一个所谓的“第二重含义”（secondary meaning）。这里所谓的“第二重含义”是指它必须具有内在独特性或公众能够将商品的外观与其独特的来源相联系。关于设计保护，法院认为实际产品可能不受保护，因为它很难具有固有的独特性。识别性的标准对于时尚产品而言也很难达到。识别性标准的判断要求公众能够在不提及其标签的情况下识别出一件物品是特定时装公司的作品。这样的标准使这种保护不适用于大多数设计。实践中较为有典型意义的是 Christian Louboutin 的标志性“红鞋底”案。在 Christian Louboutin 诉 Yves Saint Laurent 案中，美国第二巡回上诉法院裁定 Louboutin 独特的红色鞋底因其作为品牌的定义特征而获得了有限的第二重含义。[②]

最后，某些设计有可能获得专利法的保护。尽管专利法的保护对象的限制更多，但专利法仍然可以为某些具有实质性创新并达到发明专利要求的功能性时装设计或设计元素提供保护。美国专利法允许对鞋子、

① John H. Harland Co. v. Clarke Checks, 711 F. 2d 966, 980 (11th Cir. 1983).

② Monica Sullivan, *Comment*, *After Louboutin*: *Responding to Trademark Ownership of Color in Creative Contexts*, 64 MERCER L. REV. 1047, 1047 (2012).

手袋、珠宝和其他物品的设计提供有效期为15年的外观设计专利。[1] 但由于外观设计专利所保护的产品必须是新颖的和非功能性的，其并不保护产品本身，因此被认为具有功能性的服装无权获得专利保护。[2] 此外，在美国，外观设计专利的申请成本高、程序时间长、认定标准异常高，这使时尚产品要获得外观设计专利的保护也难以实现。

据此我们可以发现，根据美国法律规定，版权法无法对时尚产品提供广泛有效的保护，其原因在于版权法不对实用产品提供保护。对商标以及商业外观的保护途径也无法给予设计者以全面的保护，其原因在于商标及商业外观必须达到可识别产品来源这一标准。最后，专利法由于程序繁复、认定标准高等诸多原因，也难以为时尚产品提供有力的保护。

二、欧盟法下时尚产业的知识产权保护

（一）基本立场

与美国知识产权法规定的最低限度保护相比，欧洲法律在国家和欧盟层面提供了较强的保护。欧盟以“垄断理论”为基本理念，以强知识产权保护为其立法模式。此种观念认为，时尚行业与其他行业一样，应该受到知识产权的保护。缺乏知识产权保护，不能有效激励时尚设计创新，时尚产业会陷入抄袭的怪圈，亦不能正常发展。而且即使是对于快速更新的快时尚，创新成果也应受到有效的保护。此种观点认为，缺失有效的知识产权保护会损害时尚投资者、设计者的利益。以服装为例，设计者要投入大量时间用于新款服装设计，而新款服装并不必然被消费者认同，需要以试错的方式判断是否成功。与此相应，投资商需要投入大量金钱参加时装秀向买家展示新款服装。在收到订单之前，投资商已

---

① 35 U. S. C. § 173 (2017).

② Elizabeth Ferrill & Tina Tanhehco, *Protecting the Material World: The Role of Design Patents in the Fashion Industry*, 12 N. C. J. L. & TECH. 251, 278 – 79 (2011).

经就新款时尚设计付出了大笔投资。如果不能有效规制对时尚设计的抄袭，仿制者完全不需任何创新即可获得超额利润，而最初的设计者甚至无法收回投资成本。[①] 如此会严重打击创新者投资新发明、新创造的积极性。用杰斐逊的话说，如果人人都来借用我的蜡烛，我可能一开始就不愿意点蜡烛了。因此，为了激发创新，必须对复制行为有所控制。创新需要一系列的规则，这些规则让创新者控制谁能够复制其创造物。换言之，创新者需要对复制其创造物的行为进行垄断，此种理论为创新的"垄断理论"。

早期，西尔曼（Sherman）提出基于美学与功能性的区分，将专利与外观进行区分；此后，欧盟通过《关于外观设计法律保护的指令》[Council Directive 98/71，1998 O. J.（L 289）28（EC）.] 及《共同体外观设计保护条例》（EU Regulation 6/2002）以外观设计的模式，为时尚领域提供了注册与非注册的双重保护机制。对于时尚领域的外观设计保护，穆斯克（Musker）提出需满足新颖性与个性特征（individual character），其个性特征的判断主体为"知晓的用户"（informed user）。此后，该种模式也为韩国等国家继受。

（二）具体规范

在欧洲，时尚产品主要是通过以下三种方式进行保护的：版权、设计指令和商标指令。此外，随着产品设计上的科技元素的不断增加，时尚产品也逐渐开始被专利保护。

《欧盟设计保护指令》（The EU Designs Protection Directive）为保护欧盟的"外观设计"提供了监管框架。该指令将设计定义为："由产品本

---

① See Erika Myers, *Justice in Fashion*: *Cheap Chic and the Intellectual Property Equilibrium in the United Kingdom and the United States*, AIPLA Quarterly Journal, (2002) p. 47 – 82.

身和/或其装饰的线条、轮廓、颜色、形状、质地和/或材料的特征产生的整个或部分产品的外观。”所谓的部分产品外观是指代“组件一旦被整合到复杂产品中，在后者的正常使用过程中仍然可见，并且……组成部分的这些特征本身就满足了新颖和个性化的要求”。该指令第16条除了规定国家注册的设计权利外，还规定了未注册的设计权利（UDRs）、商标和其他可识别的标志、专利和实用新型等及其民事责任和不正当竞争的规定等。指令第17条还规定，如果同时符合版权和设计保护的条件，则成员国必须将版权保护与设计保护结合起来。

欧盟的《共同体外观设计保护条例》也对设计提供保护。其中，注册设计需满足新颖性与独特性的要求。新颖性，是指该设计需要与其他在申请日之前（如果有优先权，则以优先权日为准）的公众所能接触到的商标有细节上的实质性的不同。在时尚行业中，此处的“公众”指代的是产品最终的用户、时尚产品设计者以及对时尚行业有强烈兴趣的人。在判断独创性的时候，会对设计者在创造设计时的自由程度进行考虑。需要强调的是，对公众披露不仅意味着向公众提供设计，还包括在正常营业过程中，存在知情用户可以对被披露的设计进行接触的可能性。此外，权利人可以排除任何第三方未经同意而行使其排他性的权利。此项权利包括但不限于制造、提供、销售、出口、进口、使用侵权产品。该指令为已注册的设计提供了5年的保护，并可续展至25年，对于未注册的设计则提供达3年的保护。外观设计的授权条件和侵权判定标准均以消费者对产品的整体视觉印象（overall impression）是否具有明显差异为标准，而且外观设计授权需具备显而易见性。

此外，《欧盟知识产权执法指令》（Directive 2004/48/EC）要求成员国采取“确保知识产权执法所必需的措施、程序和补救措施”，并为合理证明知识产权受到侵犯的当事人提供特定权利，防止此类商品“进入或在商业渠道内流动”。《欧盟知识产权海关保护条例》（Council Regulation 1383/2003）为海关当局对可能侵犯知识产权的商品采取行动提供了法律保障。除了欧盟层面的保护外，欧盟成员国特别是法国、意大利、德国和荷兰的知识产权法提供了额外的严格保护。如法国知识产权法典为设计提供全面的保护；意大利工业产权法典对时尚产品给予广泛的版权保护，并要求工业设计具有艺术价值；德国外观设计法律保护法案对具有独创性的智力创造设计提供保护。

第二节　我国时尚设计的知识产权保护立法规定

一、我国时尚设计的知识产权保护理论选择

我国时尚产业的知识产权的保护模式是选择如同美国的“弱知识产权”模式还是欧盟的“强知识产权”模式，需结合我国时尚行业的发展现状判定。

（一）“强知识产权”模式与我国发展战略相符

党的十八大以来，实施创新驱动发展战略成为我国培育经济社会发展新动能的重要抓手。中共中央政治局就加强我国知识产权保护工作举行第二十五次集体学习时，习近平总书记强调，全面建设社会主义现代化国家，必须从国家战略高度和进入新发展阶段要求出发，全面加强知识产权保护工作，促进建设现代化经济体系，激发全社会创新活力，推动构建新发展格局。习近平总书记指出，知识产权保护工作关系国家治理体系和治理能力现代化，关系高质量发展，关系人民生活幸福，关系国家对外开放大局，关系国家安全。《国务院关于推进文化创意和设计服务与相关产业融合发展的若干意见》《“十三五”国家科技创新规划》《产业技术创新能力发展规划（2016—2020 年）》等政策文件都有涉及时尚产业创新发展的内容，这表明，推动时尚产业的创新发展也得到了越来越多的关注。自“十三五”以来国家发布了 20 多部与时尚产业相关的

政策，在相关政策中国家从创新主体认定、创意设计成果产业化、创新平台建设、创新创业资金保障等方面给予大量政策扶持，体现了国家对时尚产业中的创新因素的重视。

2018 年，中国服装设计师协会经过对国内外时尚产业广泛而深入的调研，在广大会员和合作伙伴的支持下，率先启动了时尚行业的系统化知识产权保护工作。2019 年以来，中国服装设计师协会针对时尚产业的现实需求与中华商标协会联合成立了中国时尚知识产权保护中心，搭建了保护中心线上平台，举办了中国时尚产业知识产权大会等一系列活动，旨在保护原创、鼓励创新、努力做好高品质的“走出去”与“引进来”工作，创建时尚产业新生态。

（二）“强知识产权”模式与我国时尚产业实践相匹配

近些年来，我国时尚行业发展有了较大的转变，从传统的代工厂逐步转型为有自己的品牌意识，从唯洋品牌是从到国潮品牌崛起，我国的时尚行业走出了自己的产业步伐。据调查，2009～2019 年这 10 年间，中国本土品牌的关注度显著上升，从 38% 增长到 70%。我国的时尚产业发展起步晚，呈现出现阶段时尚产业发展的一些特点。

1. 本土时尚品牌市场占有率偏低

我国奢侈品消费规模居全球第一，但奢侈品消费主要集中在境外，境内销售额只占总体的 30% 左右。在国内消费市场中，国外品牌依然占据主导地位。根据罗德传播集团联合精确市场研究中心的消费者调查，中国消费者购买中国设计品牌的占比平均为 35%。以运动服饰品牌为例，阿迪达斯与耐克两大品牌占据前两位。2018 年，二者市场占有率分别为 19.5% 和 19.0%，而安踏和李宁作为本土品牌的市场占有率只有 8% 和 5%。虽然国内对时尚产品的需求不断增加，但从数据来看，人们对国外品牌的认可度远高于对国内品牌的认可度。所以，大部分本土时尚品牌并没有因消费升级而提高市场占有率，实现跨越式发展。[①]

2. 本土品牌以快时尚品牌为主，缺乏高端品牌

相较于国外品牌，中国制造的时尚消费品因高性价比和供应链优势而越发具有竞争力和生命力。因此，当前时尚行业下，国产品牌仍然以快消品牌为主，缺乏高端品牌。快时尚是一种“快速响应顾客时尚、潮流消费需求”的服装生产模式，旨在通过优化供应链，缩短服装产品从生产到销售的周期，以较低的价格为顾客提供具有一定时尚性的服装。2019 年 4 月，《互联网周刊》和 eNet 研究院联合发布的 2019 快时尚品牌排行榜显示，国产品牌如韩都衣舍、森马和太平鸟等跻身快消品牌前十位，其中淘品牌韩都衣舍甚至超过了 H&M、Adidas 等。根据阿里研究院《2020 中国消费品牌发展报告》，2019 年线上中国品牌市场占有率达到 72%；在快消品中，近两年中国品牌抢占了超过 4/5 细分品类的外资品牌的市场份额。由此可见，中国现有品牌发展仍然以快消品牌为主。

3. 本土时尚产业处于产业链低端

我国在全球时尚产业链分工中集中在生产制造环节，主要是为国际知名品牌提供代工服务。据调查，超过 60% 的国际奢侈品牌有自己的中国生产线。例如，Coach 是第一家在中国开展代工的国际奢侈品牌，在中国的产能占到全球的 85%。根据“微笑曲线”理论，前端的研发设计和后端的品牌营销所创造的附加值最高。一般国际大牌的毛利率在 60% 以上、税前净利率在 20% 以上，而代工厂作为产业链的底端，利润十分微薄。以皮具奢侈品代工为例，为奢侈品牌代工的国产皮具厂，其生产成本每件平均为 167. 7 元，出售给品牌方的价格平均为 214. 7 元，每件奢侈品代工的利润为 47 元。若按每件奢侈品定价 1 万元计算，品牌方每件获净利润 2000 元，是代工厂获利的约 40 倍。由此可见，虽然我国的消费升

① 参见徐紫嫣：《多措并举提升我国时尚产业控制力》，载《中国发展观察》2021 年第 15 期。

级带来了时尚产品的大量需求，但总体上，本土时尚产业仍然处于“微笑曲线”的低端，缺乏自主创新能力，模仿潮流设计的发展模式严重限制了本土时尚产业的发展。

4. 电商平台成为销售的重要途径

随着电商的迅速崛起，我国时尚品牌消费渠道形成了电商、商超、主营店“三分天下”的格局。物联网平台等数字技术的应用，让零售商与生产商以更有效的方式进行合作，并使零售商及时地根据市场需求调整库存，提升产业链供需匹配效率。在电商的带动下，国产时尚品牌占据了渠道发展的先机。特别是早期就布局电商的国产品牌，充分利用电商红利，与天猫、京东、唯品会等电商平台建立了深度合作关系，电商渠道销售比例已经达50%以上。另外，电商和新媒体相融合，又发展出社交电商、直播电商等新兴电商形态，进一步拓宽了时尚品牌的销售渠道。建议进一步鼓励时尚品牌企业与电商开展深度合作，对时尚品牌拓展电商渠道销售时给予适当补助。鼓励微商、电商和网络直播等自主就业群体积极推广本土时尚品牌，并在社会保障领域给予相应支持。

结合“弱知识产权”保护立法背后的理论，我们发现中国时尚产业发展与此并不相适应。要想中国的时尚产业发展有所突破，必须重视对品牌的保护，重视对设计的知识产权保护。“弱知识产权”保护理论以时尚产业呈现金字塔形的发展业态为基础，潮流自上而下自发传导。反观我国的时尚行业发展，在全球时尚行业中，主要处于产业链低端地位。在国内品牌中，我国缺乏头部的高端品牌，现在发展较快的多为快时尚品牌，以模仿其他国家的品牌为主。这种行业发展现状显示出我国时尚企业的品牌意识不足，对品牌本身的创意创造不足，未充分地挖掘时尚产品背后的品牌价值等。若不加强对品牌、设计的保护，对原创者不通过法律的途径赋予其基于“垄断”地位而带来的经济价值，就无法激发设计者的创造动力，我国时尚行业便无法有质的改变。“弱知识产权”理论下利用时尚行业自身发展的特点推动时尚周期的经济模式，现阶段在我国无法自主地发挥作用；想要改变我国的时尚行业在国际时尚行业中的地位，更要利用法律刻意地改变这一经济模式的自主规律。另外，随着电商平台的发展，线上销售的模式将缩短从设计到销售的时间差。产品设计者设计的产品可以被快速地模仿、抄袭，抄袭的产品甚至先于原创者的产品到达消费端。因此，“先发者优势”这一经济论断也无法成立，原创者无法利用时间差获取足够的经济上的利益。因此，要想推动我国时尚产业从量变到质变的突破，有必要为保护原创、鼓励创新提供有力的法律支持。

二、我国《著作权法》对时尚设计的保护

根据我国《著作权法》第62条的规定，我国法律上所称的著作权也即版权。著作权对时尚设计提供保护有其优势，最主要体现在自作品完成之日起便自动获得保护，而无须经过主管部门的审批登记，与此相应，时尚产品无须支付相应的费用，也无须经过特定的审查期限。此种保护方式成为时尚企业最经济、方便的保护途径。

时尚设计是一个艺术创作的过程，是艺术构思到艺术表达的统一体。从有一个灵感到确定设计主题、风格再到勾勒草图以表达思维，原创设计者在逐步修改、调整自己的创作。时尚设计呈现在图纸上，以时尚设计图的形式表现出来，其开始有可能成为法律所保护的对象。此后，时尚设计在成为产品的过程中，往往会经过制作样板、批量生产的环节，最终流向市场。在此过程中可能呈现的状态包括时尚设计图、样板、时尚产品成品。运用著作权进行保护，难点在于对被保护对象是否构成作品的认定。

根据《著作权法》第3条的规定，著作权法所保护的对象为“作品”。将内心世界的思想感情，借助符号体系，转化成文字、艺术形式和科学的成果加以表达的过程就是“创作”，由此形成的具有文义或科学美感和独创性的智力成果就是著作权法意义上的“作品”。根据该界定，作

品需满足属于智力成果，属于能够被他人客观感知的外在表达，属于文学、艺术和科学领域，具有独创性等几个特点。著作权的作品类型，我国《著作权法》采用“列举＋兜底”的立法模式进行规定，明确规定作品包括文字作品；口述作品；音乐、戏剧、曲艺、舞蹈、杂技艺术作品；美术、建筑作品；摄影作品；视听作品；工程设计图、产品设计图、地图、示意图等图形作品和模型作品；计算机软件；符合作品特征的其他智力成果。

1. 时尚设计图

服装设计图，是指导服装剪裁的设计图案，包括轮廓走向、尺寸角度等。《著作权法实施条例》对图形作品的定义为“为施工、生产绘制的工程设计图、产品设计图，以及反映地理现象、说明事物原理或者结构的地图、示意图等作品”。就时尚设计图而言，其往往会落入法条所列举的第4项美术、建筑作品及第7项工程设计图、产品设计图、地图、示意图等图形作品和模型作品的讨论中。

美术作品，是指绘画、书法、雕塑等以线条、色彩或者其他方式构成的有审美意义的平面或者立体的造型艺术作品。对于美术作品而言，需具备“审美意义”。此处的审美并不要求具备高度的艺术创造水准或高超的艺术创作质量。只要创作者对其美学的独创观点在物质载体之上以可视艺术形式表现出来，形成的艺术造型符合最低限度创造性的要求，就属于美术作品。过于简单的线条与色彩的组合，如果没有形成起码的艺术造型，很难有独创性可言，不能作为美术作品受到保护。时尚设计图想以美术作品的方式寻求保护时，往往会因独创性缺乏而难以获得保护。

图形作品，是指为施工、生产绘制的工程设计图、产品设计图，以及反映地理现象、说明事物原理或者结构的地图、示意图等作品。相较于以图形形式呈现的美术作品，图形作品处于科学领域，虽然也具有一定的美感，却主要服务于实用性功能，如服装设计图的目的就在于生产相应的服装。就著作权法保护的角度而言，设计图之所以能够成为作品，与其技术实用性毫无关系，而在于工程或产品设计图是由点、线、面和各种几何图形组合而成，包含着设计者眼中严谨、精确、简洁、和谐与对称的科学之美。法律保护的是设计图本身所具有的美感，而非其中的实用性功能。换言之，著作权法将设计图作为作品加以保护仅仅是因为图形设计“看上去美”，而不是因为它变成工程或实用物之后的美感或实用功能。[①] 司法实践中，服装设计图往往会被认定为图形作品，但对于时尚成品抄袭而言，往往难以认定为侵权。

典型案例 5－1

在“晚霞色真丝套装”著作权纠纷案中，原告认为其服装设计图是著作权法保护的对象，被告销售的作品与其设计图相同，因而侵犯了其作品的复制权、发行权。法院指出，服装或服装图样作为美术作品保护应符合两个条件：一是服装的造型、结构、色彩等整体体现了作者个性化的选择和安排，从而具有审美意义；二是此种艺术美感能够在物理上或者观念上与服装的实用性相分离。本案中原告主张权利的服装图样给人的视觉美感并未达到其作为美术作品受到保护的审美高度，其服装设计仍是为了简单轻便、舒适自在等实用功能而存在，其艺术美感与实用功能无法分离。故涉案服装图样不能作为美术作品受到著作权法的保护。原告关于涉案服装图样属于美术作品进而要求被告承担侵害著作权责任的主张，法院不予支持。[②]

在“6000 款”服装设计图侵权案中，法院指出，该设计图是以线条构成的平面图形，故其是否构成美术作品取决于其是否属于具有审美意

① 参见王迁：《知识产权法教程》（第 7 版），中国人民大学出版社 2021 年版，第 129 页。

② 浙江省杭州市余杭区人民法院民事判决书，(2021) 浙 0110 民初 15799 号。

义的造型艺术。虽然“审美意义”及“造型艺术”没有明确统一的标准，不同专业领域、不同群体对此有不同的认识，但美术作品的认定应有一定的门槛，不能过于宽松。正如不是所有的建筑物都是建筑作品，不是所有的图形都能构成美术作品。只有达到一定水准的智力创造高度，具有艺术之美，给人以美感、具有美学意义或价值的作品才能构成美术作品。而涉案“6000 款”服装设计图是一幅简单的内衣设计草图，并不能使观众感受到其艺术之美，不足以形成美术作品。两上诉人认为涉案“6000 款”服装设计图是美术作品应受著作权法保护的主张依据不足，法院不予支持。①

在 HANA 花花家侵权纠纷案中，法院认为，复制包括从平面图形到平面图形的复制以及从平面图形到立体成衣的复制两个层面。关于第一个层面，并无在案证据能够证明杨某实施了复制原告服装设计图的行为，且原告的设计图是用于其内部生产，并无证据能够证明杨某能够接触到该款服装的设计图；关于第二个层面，如前所述，服装设计图属于图形作品，尽管淘宝店铺“HANA 花花家”展示的产品图片显示杨某生产、销售的服装使用了原告主张权利作品中的某些设计元素，但按照产品设计图生产不受著作权法保护的工业产品，不属于我国著作权法意义上的复制。

2. 设计样板

以服装样板为例，其是指制版师根据服装设计图，并结合自身对服装制作的经验和企业要求，在制作服装成衣之前，由领、袖、袋等分离的纸块拼接、组合而成的平面服装。服装样板蕴含制版师对服装设计、制作的理解，是对服装设计图的演绎、表达，但又包含制版师自身的智力创造劳动，一般认定服装样板符合作品的定义。但是，服装样板是制作服装成衣前的步骤，是为了指导服装成衣制作，因此服装样板往往难

---

① 广州知识产权法院民事判决书，（2017）粤 73 民终 2469 号。

以被认定为美术作品，被认定为图形作品也往往难以获得保护。

典型案例 5-2

在青花瓷礼服案中，关于服装样板是否构成图形作品一节，法院认为，服装样板是从设计图到成衣的中间环节，其具有的功能性的部分不在著作权法的保护范围内，只有符合独创性、艺术性的要件，才能受到著作权法的保护。本案中，基于服装构造表达的相对有限性，原告所提供样板的点、线、面的排列、组合本身并不具有独创性及艺术美感，只是作为生产服装的必要工具，不能作为作品受到著作权法的保护。①

在防辐射孕妇装案中，法院指出服装样板是设计图到成衣的中间环节，根据著作权法原理，服装样板同服装都属于实用品，具有功能性，只有符合艺术性的要件，才能受到著作权法的保护。从本案看，原告的5款服装样板只是作为生产服装的必要工具，并不具有艺术美感，不能作为作品受到著作权法的保护。被告生产与原告类似服装的行为，不构成对原告服装样板的著作权侵权。②

3. 时尚产品

我国司法实践中往往会将时尚产品区分为实用性的时尚产品和艺术性的时尚产品。以服装为例，在判断服装是否构成侵权时，实用服装和表演服装的认定标准有显著不同。因为从使用的角度说，服装可以分为两种：一种是以成衣为标志的实用性服装，这类服装以实用性为基本特征，其艺术、装饰要求也基本以实用为前提，故此类服装一般不能成为著作权法上的作品；另一种是服装设计师以潮流示范的方式推出的服装，这种服装强调的是艺术性，数量稀少，可以作为实用艺术作品。表演服

---

① 上海市黄浦区人民法院民事判决书，(2016) 沪0101民初27689号。

② 上海市卢湾区人民法院民事判决书，(2010) 卢民三（知）初字第118号。

饰的艺术性较高，往往容易获得著作权法保护，而实用性服饰是否能够得到保护，则可以从成衣上附着的图文设计和成衣本身的立体形状和造型上进行区分对待：第一，成衣上附着的图文设计。对于这种图文设计，只要符合作品独创性的要求，就可以构成著作权法上的美术作品而受到保护。第二，成衣本身的立体形状和造型设计，此种保护则需要考虑“实用性与艺术性的分离”。具体包括两个标准。标准一：物理上的可分离性标准。考虑的是在剔除了为实用性而进行的设计部分，其他设计部分是否本身已经具有独创性，并足以作为美术作品获得著作权法的保护。标准二：观念上的可分离性标准。不考虑是否剥离，只是从整体上判定是否具有较强的艺术欣赏性，以及具有艺术欣赏性的设计是否为实现特定功能所必需，如果是必需的，则不能获得著作权法保护；如果并非必需，则可以获得著作权法的保护。在司法实践中，主张此项内容的著作权鲜有得到法院支持的。究其原因，在于成衣本身的立体形状和造型设计即使具有美感，也很难与衣服的实用功能分离，而一项不能与功能分离的美感，是难以受到著作权法保护的。部分判例认为满足“实用性与艺术性分离”的服装及其他时尚产品可作为美术作品之实用艺术作品进行保护，具体可参见下述案例。

典型案例 5-3

胡某三诉裘某索、中国美术馆侵犯著作权纠纷案被称为“中国服装设计第一案”。此案认可具有艺术欣赏性的服装可以作为实用艺术作品进行保护。

一审法院认为“对于那些虽具有实用性但更具有艺术欣赏性的服装艺术作品，应作为实用艺术作品来看待。我国著作权法规定的所保护的作品类型当中未明确列举实用艺术作品，但《著作权法实施条例》第四条第（八）项在界定美术作品时，采用了非详尽列举的方式，即规定美术作品是指绘画、书法、雕塑、建筑等以线条、色彩或者其他方式构成的有审美意义的平面或者立体的造型艺术作品。由此可以解释为，我国著作权法规定的美术作品不单指纯艺术性的美术作品，还包括了实用艺术作品，故对服装艺术作品的保护，应当可以适用对美术作品的保护规定”①。

二审法院指出：“以线条、色彩或其他方式构成的有审美意义的平面或者立体的造型艺术品属于我国著作权法所保护的美术作品范畴。本案胡某三及裘某索利用造型、色彩、面料、工艺等设计元素各自独立设计的服装，从其艺术造型、结构及色彩等外在形态来看，均具有较强的艺术性和独创性，表现出了集实用性与艺术性、中西方文化相交融的现代美感，属于受我国著作权法保护的实用美术作品。”②

典型案例 5－4

“唐韵衣帽间家具”案作为最高人民法院 157 号指导案例明确时尚用品可以作为立体造型艺术作品，受著作权法的保护。

2009 年 1 月，原告左尚明舍家居用品（上海）有限公司（以下简称左尚明舍公司）设计了一款名称为“唐韵衣帽间家具”的家具图并据此制作系列家具。此后，左尚明舍公司对此进行拍照宣传，并于 2013 年 12 月 10 日对“唐韵衣帽间组合柜”立体图案进行著作权登记。被告南京梦阳家具销售中心（以下简称梦阳销售中心）为被告北京中融恒盛木业有限公司（以下简称中融公司）在南京地区的代理经销商。梦阳销售中心门店销售品牌为“越界”的“唐韵红木衣帽间”与“唐韵衣帽间组合柜”基本一致。原告左尚明舍公司主张被告侵犯其发行权、复制权，要求赔偿。

① 北京市第二中级人民法院民事判决书，(1999) 二中知初字第 145 号。

② 北京市高级人民法院民事判决书，(2001) 高知终字第 18 号。

一审驳回原告左尚明舍公司的诉讼请求，二审、再审撤销一审判决，支持左尚明舍公司的诉讼请求。

最高人民法院认为，本案主要争议焦点为："唐韵衣帽间家具"是否构成受我国著作权法保护的作品。

实用艺术品本身既具有实用性，又具有艺术性。实用功能属于思想范畴，不应受著作权法保护，作为实用艺术作品受到保护的仅仅在于其艺术性，即保护实用艺术作品上具有独创性的艺术造型或艺术图案，亦即该艺术品的结构或形式。作为美术作品中受著作权法保护的实用艺术作品，除同时满足关于作品的一般构成要件及美术作品的特殊构成条件外，还应满足其实用性与艺术性可以相互分离的条件。实用艺术品在实用性与艺术性不能分离的情况下，不能成为受著作权法保护的美术作品。因此，本案的核心问题在于"唐韵衣帽间家具"上是否具有具备独创性高度的艺术造型或艺术图案，该家具的实用功能与艺术美感能否分离。

从板材花色设计方面看，左尚明舍公司"唐韵衣帽间家具"的板材花色系由其自行设计完成，并非采用木材本身的纹路，而是提取传统中式家具的颜色与元素用抽象手法重新设计，将传统中式与现代风格融合，在颜色的选择、搭配、纹理走向及深浅变化上均体现了其独特的艺术造型或艺术图案；从配件设计方面看，"唐韵衣帽间家具"使用纯手工黄铜配件，包括正面柜门及抽屉把手及抽屉四周镶有黄铜角花，波浪的斜边及镂空的设计。在家具上是否使用角花镶边，角花选用的图案，镶边的具体位置，均体现了左尚明舍公司的取舍、选择、设计、布局等创造性劳动；从中式家具风格方面看，"唐韵衣帽间家具"右边采用了中式一一对称设计，给人以和谐的美感。因此，"唐韵衣帽间家具"具有审美意义，具备美术作品的艺术创作高度。

关于左尚明舍公司"唐韵衣帽间家具"的实用功能是否能与艺术美感分离的问题，"唐韵衣帽间家具"之实用功能主要在于柜体内部置物空间设计，使其具备放置、陈列衣物等功能，以及柜体L形拐角设计，使其能够匹配具体家居环境进行使用。该家具的艺术美感主要体现在板材花色纹路、金属配件搭配、中式对称等设计上，通过在中式风格的基础上加入现代元素，产生古典与现代双重审美效果。改动“唐韵衣帽间家具”的板材花色纹路、金属配件搭配、中式对称等造型设计，其作为衣帽间家具放置、陈列衣物的实用功能并不会受到影响。因此，“唐韵衣帽间家具”的实用功能与艺术美感能够进行分离并独立存在。

因此，左尚明舍公司的“唐韵衣帽间家具”作为兼具实用功能和审美意义的立体造型艺术作品，属于受著作权法保护的美术作品。①

三、我国《专利法》对时尚设计的保护

除了用《著作权法》对时尚设计进行保护以外，外观设计也为时尚设计的保护提供了路径。根据我国《专利法》第 2 条的规定，所谓外观设计，是指对产品的整体或者局部的形状、图案或者其结合以及色彩与形状、图案的结合所作出的富有美感并适于工业应用的新设计。随着生活水平的提高，消费者在购买工业制造品的时候，除了考虑产品的功能和质量以外，也会考虑产品的外观是否精美、是否与众不同等。虽然外观设计、发明、实用新型被统称为专利，但法律并不要求外观设计具有任何的技术含量，只需要具有美感即可。根据《专利法》的上述定义，我们可知外观设计的客体有如下要求：首先，外观设计的对象应该是工业产品，必须可以通过现代工业生产的方法重复制造。例如，根雕等手工制品，由于树根形态各异，无法重复制造，因而无法被外观设计所保护。其次，外观设计的客体既包括整体设计也包括局部设计。例如，雨伞的伞柄、婴儿车的框架等，只要该局部与之前的设计有显著区别，则设计者可以对此申请外观设计专利。最后，设计本身必须具有美感。授

---

① 最高人民法院民事裁定书，(2018) 最高法民申 6061 号，此案同时为最高人民法院指导案例 157 号。

予外观设计的实质条件仅包括新颖性与区别性。所谓新颖性，是指现有设计中没有与之相同或实质相同的外观设计。需要注意的是，由于外观设计的保护范围仅限于相同或相类似的产品，因此在判断新颖性的时候，也仅在同类或相近种类的产品中进行比较。此外，由于外观设计需要考虑对消费者购买欲望的影响，因此新颖性的判断是结合一般消费者的知识水平和认知能力而进行的，与专利和实用新型中本领域专业技术人员作为判断新颖性的主体规定存在区别。如果一项外观设计与现有设计的区别，为一般的消费者以一般注意力无法察觉到的局部细微差异，或在使用时不容易看到或看不到的部位，则两者实质相同。所谓区别性，是指外观设计与现有的设计或者现有设计特征的组合相比，具有明显的区别。将产品现有的形状设计与现有的图案、色彩或其结合得到的外观设计，或将现有设计中的图案、色彩替换成其他现有设计的图案、色彩或其结合得到的外观设计，与现有设计或其特征的组合相比，一般不具有区别性。另外，由于外观设计是用于保护工业产品的美感，因此若产品的形状或者图案等是由产品的功能限定的，则该外观设计无法被保护。若设计兼具功能性与美感，则需要考虑功能性与美感的强弱对比。

通过外观设计进行时尚设计保护有其优劣势。外观设计的权利保护范围明确，能得到救济的可能性大。但外观设计专利由于授权时间较长、专利申请费用和年费较高等原因，难以大范围适用于产品生命周期短、款式更新快的流行服饰行业。首先，就授权时长来看，外观设计专利与著作权不同，著作权是作品完成之日起自动获得，而外观专利设计则需要经过专利部门的审查。通常，外观设计从申请日期起 6 ~ 8 个月完成审查，会收到专利局发出的授权通知书，通知缴纳证书费和年费等，在缴费后大约两个月会收到专利局发出的外观设计专利证书。整个过程为 8 个月至 1 年。如果在审查期间由于申请文件有问题，需要补正、答辩等，则授权的时间会相应后延。实践中，服装类等时尚产品，由于具有周期性、季节性等，如此长的申请批准周期难以适应其流行节奏。此外，外观专利需要缴纳申请费、税费、年费等，一般来说申请费为500元，税费200元，外观设计专利年费是根据专利年限收取的，外观设计专利第1~3年每年收取600元年费，第4~5年每年收取900元年费，第6~8年每年收取1200元年费，第9~10年每年收取2000元年费。若每个设计均申请外观设计专利，该笔费用对于时尚企业来说也是不小的开支。

判断产品是否构成外观设计侵权，产品整体的视觉效果将起到决定性的作用。同时还要考虑设计空间的大小。受到产品结构、功能等因素制约，某些产品在现有的外观基础上进行大幅度变化的可能性不大，在设计者的外观设计空间较小的情形下，只要有一定的区别，就不易构成侵权；反之，设计空间较大的产品，即使有较小的区别，构成侵权的可能性仍然很大。对于侵权行为，除了通过法院进行民事诉讼，要求侵权人承担停止侵害、赔偿损失等民事责任外，还可以要求专利执法部门采取责令停止侵害等执法措施。但专利执法部门的权力仅限于责令侵权人停止侵害，其无权进行罚款、查封或扣押。

以下用同一侵权事实，分别通过行政救济和民事救济所产生的不同法律效果进行比较。

典型案例5-5

请求人在中国申请了名称为“陶瓷摆件（喜兔）”（见图5-1）的外观设计专利，专利号为ZL202230202043.3，申请日为2022年4月12日，授权公告日期为2022年5月6日。请求人景德镇市贝汉美陶瓷有限公司于2022年6月13日发现被请求人杭州慕沣贸易有限公司未经其授权许可在天猫店铺慕风居旗舰店（杭州慕沣贸易有限公司）销售的产品（见图5-2）与其申请了外观设计专利的产品“陶瓷摆件（喜兔）”（专利号：ZL202230202043.3）外观近似，并于第一时间在平台联系了被请求人的相关客服，同时于2022年6月14日向被请求人发送了律师函，被请求人一直置之不理。请求人认为被请求人侵犯了其专利权，属于恶意侵权，并于2022年7月21日向杭州市萧山区市场监督管理局提出申请，要求责令被请求人立即停止生产销售被控侵权产品并公开道歉，同时要求被请求人赔偿经济损失5万元整。

图5－1　涉案专利外观设计

图5－2　涉案产品外观设计

本案的争议焦点为：（1）涉案产品是否侵犯了请求人的专利权；（2）请求人提出的赔偿请求是否成立。

1. 涉案产品是否侵犯了请求人的专利权

杭州市萧山区市场监督管理局认为，陶瓷摆件类产品的外观设计创新主要体现在摆件主体的各部构成形状、各部分位置及相对大小比例上，每一部分都有较大设计空间。就本案而言，各部构成形状、各部分位置及相对大小比例变化更能引起整体形状变化，更易引起一般消费者的视觉注意。在各构成形状、位置及相对比例变化不显著的情况下，每一构成部分形状的细小变化往往会被一般消费者忽视。涉案产品中，兔子的具体形状、两只兔子的相对姿势及兔子中间“囍”字轮廓等，这些部分的具体设计相对于该类产品整体形状不易引起一般消费者的注意，不会对产品的整体视觉效果产生显著影响；而两只兔子的相对位置、站姿以及底座构成了该外观设计的整体视觉，更易引起一般消费者的注意。被控侵权产品与涉案专利的外观设计不同属于细微差别，对一般消费者在整体视觉上不易引起视觉冲击，不会导致整体视觉上的显著差异。

因此，在整体视觉上被控侵权产品与涉案专利外观设计对一般消费者而言无实质性差异，也即两者外观设计近似，落入专利的保护范围，构成侵权。

2. 请求人提出的赔偿请求是否成立

杭州市萧山区市场监督管理局对请求人提出的赔偿问题进行了调解，双方未能达成一致，调解不成功。

综上所述，请求人景德镇市贝汉美陶瓷有限公司拥有有效的外观设计专利权，依法应当得到保护。被请求人杭州慕沣贸易有限公司销售、许诺销售了专利产品应当承担法律责任。请求人的其他请求不属于管理专利工作的部门职责范围，杭州市萧山区市场监督管理局不予支持。最终，杭州市萧山区市场监督管理局责令杭州慕沣贸易有限公司立即停止生产、销售、许诺销售被控侵权产品，驳回请求人景德镇市贝汉美陶瓷有限公司的其他请求。

典型案例 5 -6

原告景德镇贝某陶瓷有限公司为专利号为 ZL20213018XXXX“陶瓷摆件（萌兔)”的外观设计专利权人，被告景德镇宏某陶瓷公司从被告黄某某处购入大量侵权产品，并在抖音视频平台销售案涉侵权产品，被告黄某某在 1688 平台批发销售案涉侵权产品。经过比对确认被诉侵权产品落入原告专利权保护范围，侵权行为给其造成了巨大的经济损失，被告应当承担侵权责任。

景德镇市中级人民法院审理认为，被诉侵权产品与景德镇贝某陶瓷有限公司外观设计专利产品在主要形状设计特征上整体轮廓、线条弧度、棱线分布上均相同。因此认定两被告景德镇宏某陶瓷公司、黄某某构成侵权，判令被告立即停止销售、许诺销售侵犯原告陶瓷摆件（萌兔）外观设计专利权的产品并删除侵权链接，同时赔偿原告景德镇贝某陶瓷有限公司经济损失。[①]

四、我国《商标法》对时尚设计的保护

商标不仅可以通过文字的方式表现，还可以通过图形、字母、数字、三维标志、颜色组合和声音等，以及上述要素的组合进行表达。对于平面商标而言，某些品牌的logo或图案相当知名，也可能成为消费者识别来源的商标，如阿迪达斯的三条线商标，虽然该商标并非立体商标，而是图形商标，但若在服装上出现了该图形，消费者不仅会认为三条线为装饰图案，而且会认为其是商标，标识为阿迪达斯的产品，从而构成商标侵权。此外，时尚设计本身还可能构成立体商标。虽然一般情形下，时尚设计如服装款式、包款造型等立体形象因欠缺“显著性”而无法具有指示或识别商标的功能，很难被注册为立体商标。但某些经典造型等经过品牌方的长期经营推广，能够使消费者看到该设计款式就将其与某些品牌联系起来，此时就具有了后天的“显著性”而可以被注册为商标。立体商标既可以是“商品自身的三维形状”，包括产品自身形状、外观的独特设计等，如三宅一生的经典米字包款（见图5－3）等，也可以是“商品包装或容器的三维形状”，如海飞丝洗发水外包装（见图5－4），还可以是具有独特设计、与指定商品或服务不直接关联的三维标志（见图5－5）。

① 江西省景德镇市中级人民法院民事判决书，（2022）赣02民初120号。

图5-3　三宅一生的经典米字包款

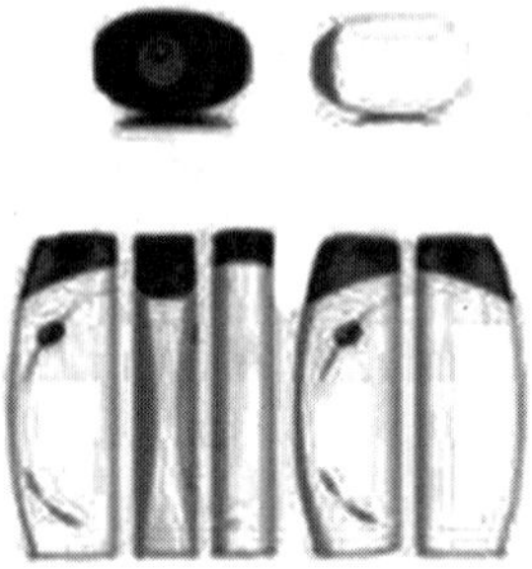

图5-4　海飞丝洗发水外包装

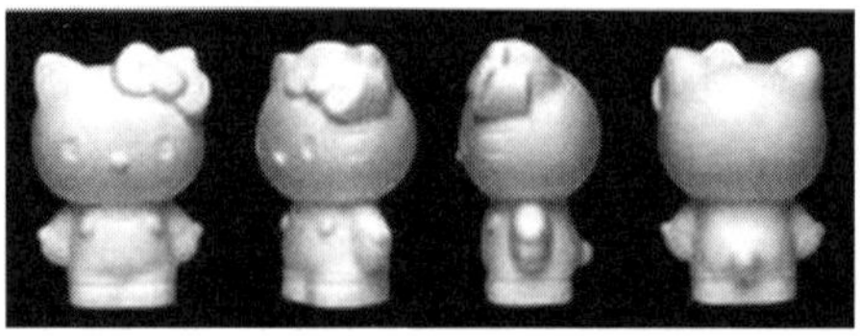

图5-5　三丽鸥的 KITTY 猫

典型案例5-7

阿迪达斯有限公司（以下简称阿迪达斯公司）享有第 G730835 号注册商标专用权，核定使用的商品为鞋，包括运动鞋和休闲鞋。该商标的商标国际注册簿显示，商标说明中载明“商标包括三条平行杠，平行杠颜色与鞋形成对比；鞋的轮廓图仅为显示商标如何使用于鞋上，并不是商标的组成部分”。阿迪达斯公司发现被告晋江市金协发鞋业有限公司未经授权在鞋帮位置使用与之相同或近似的“三条杠”商标，认为其行为构成商标侵权，要求被告承担责任。

被告晋江市金协发鞋业有限公司抗辩称，该注册商标图案为平面商标而非三维标志，商标主体为鞋，但阿迪达斯公司未申请三维商标。商标图案中间有三条杠装饰，并不能等同于该商标就是三条杠，商标标志部分构成要素的使用不能等同于商标的标准和商标的使用。三条斜杠图案为功能性、装饰性的设计，其作为构成鞋帮图案的主要元素和组成部分是行业内的惯常做法，不会造成混淆和误认。

对于是否构成商标侵权的认定这一核心争议点，法院进行了如下论证：首先，应确认阿迪达斯公司涉案商标的保护范围。阿迪达斯公司对其国际注册第G730835号商标向我国提出领土延伸保护申请，鉴于该商标在长期宣传中已具有显著识别作用，故对涉案商标在中国领土延伸保护的申请予以核准。由此可见，阿迪达斯公司对涉案商标的专用权以“三条杠”图形为限，该“三条杠”图形受我国法律保护。其次，应明确涉案商品上的斜杠标识是否构成商标性使用。商标的基本功能在于区分商品及服务的来源，阿迪达斯公司第G730835号注册商标由位于鞋帮处间距相同的三条斜杠组成，斜杠的颜色相对于鞋子本身颜色反差较大，三条斜杠在鞋子上所占面积较大，视觉效果显著，客观上起到了标示商品来源的作用。并且，阿迪达斯公司多年来对带有三条杠商标的商品进行了宣传推广，并在鞋类产品中长期使用“三条杠”图案，“三条杠”商标已在中国相关消费者中建立了较高的知名度，与阿迪达斯公司建立起十分稳固的联系。被诉侵权商品在鞋帮位置所使用的三条杠图形清晰、显著，明显起到识别商品来源的作用，构成商标法意义上的商标性使用。虽然被控侵权运动鞋在外包装及鞋上多处位置标注了显著的“jinxiefa”商标，但鞋面两侧的三条斜杠标识所占面积更大，视觉效果更显著，虽然相关消费者购买该商品时通过销售场所、商品价格等因素能够对产品不是阿迪达斯鞋类进行判断，但当消费者穿着该侵权商品时，吊牌及外包装不再随附在商品上，其他相关公众通常根据鞋子上所占面积较大的三条杠显著标识来判断鞋子的品牌，极易造成商品售后混淆情况的出现，并助长效仿者通过添附等手段实施侵害商标权行为的发生，损害了商标权利人的合法权益。因此，被告的行为构成商标侵权。[①]

---

① 辽宁省高级人民法院民事判决书，(2017) 辽民终1113号。

五、我国《反不正当竞争法》对时尚设计的保护

除了上述的三种方式外，时尚企业还可以尝试通过《反不正当竞争法》对自己的时尚设计等予以保护。通过《反不正当竞争法》进行服装款式等保护有两条路径：其一，将抄袭时尚设计的行为纳入《反不正当竞争法》第6条所规范的“混淆行为”之下予以保护；其二，将抄袭时尚设计的行为通过兜底条款进行调整，即《反不正当竞争法》第2条的诚实信用原则和商业道德。当然，也有司法判例质疑通过《反不正当竞争法》进行时尚设计保护的路径，认为仿冒服装款式的行为虽有不当，但原告就该服装款式可能享有的权利在现有法律框架内足以通过知识产权专门法予以救济，原告径行寻求《反不正当竞争法》救济的主张不妥，如马某、百道践行公司与张某某不正当竞争纠纷案。[①]

《反不正当竞争法》第6条通常被称为混淆条款，因为其规制的是竞争领域使用与他人相同或近似的商业标识导致商品来源混淆的行为。该条前3项对常见的混淆行为进行列举，同时第4项以“其他足以引人误认为是他人商品或者与他人存在特定联系的混淆行为”作为兜底条款。对兜底条款的适用理论界和实务界有不同的观点。有观点认为《反不正当竞争法》第6条来源于我国加入的《保护工业产权巴黎公约》第10条之二，禁止“以任何手段对竞争者的营业主体、商品或者工商业活动造成混淆的一切行为”。这意味着，造成混淆并不限于模仿商业标识在内的任何方式，只要对其他经营者的营业主体、商品或者工商业活动造成混淆即可以纳入第6条的评价范围。我国《反不正当竞争法》第6条前3项规定主要针对有一定影响的未注册商标、企业名称、字号等商业标识的混淆，因此仿冒商业标识以外的混淆行为，即多元素组合而构成整体上的仿冒混淆行为完全可以纳入第4项兜底条款之中，且《最高人民法

---

① 浙江省杭州市余杭区人民法院民事判决书，(2020) 浙0110民初2287号。

院关于适用〈中华人民共和国反不正当竞争法〉若干问题的解释》（以下简称《反不正当竞争法司法解释》）第13条亦未明确排斥整体性混淆行为的认定。同时，《反不正当竞争法司法解释》第12条第2款规定，《反不正当竞争法》第6条规定的“引人误认为是他人商品或者与他人存在特定联系”，包括误认为与他人具有商业联合、许可使用、商业冠名、广告代言等特定联系。因此，我国法律所规定的混淆关系不仅包括商品及商品来源的混淆，也可以将关联关系、认可关系等指示商业联系在内的混淆囊入其中。因此，认可关系混淆也属于混淆行为，[①] 可以被《反不正当竞争法》第6条第4项的兜底条款所涵盖。但也有学者对此提出了批判，认为所谓的关系认可实质上是将“混淆”扩张解释成包括“质量误认”，该仿冒行为导致消费者“质量认可”的实质并非“混淆”而是“搭便车”。[②] 实务中也有持此同样观点的判例。《反不正当竞争法司法解释》第13条专门进行了规范。其一，被告擅自使用的对象必须是有一定影响的商业标识，即具有一定的市场知名度并具有识别商品来源的显著特征；其二，仿冒行为要足以导致混淆，包括商品来源混淆和关联关系混淆，前者是将被告的商品误认为来自原告，后者是误认为被告与原告存在商业联合、许可使用、商业冠名、广告代言等特定联系。但服装设计等时尚产品要被认定为商业标识存在一定的难度。因此，实务中很多判例转用《反不正当竞争法》第2条的一般条款进行裁判。[③] 为防止向一般条款逃逸的行为，适用《反不正当竞争法》第2条的一般条款以不违反《反不正当竞争法》其他具体类型的不正当竞争为前提。同时，应符

① 参见孔祥俊：《商标法原理与判例》，法律出版社2021年版，第662~663页。

② 参见张伟君、张林：《从仿冒服装款式案看〈反不正当竞争法〉的适用——兼评“（质量）认可关系混淆”作为第三种混淆形态》，载微信公众号“之江知产与竞争法”2023年4月11日，https://mp.weixin.qq.com/s/3tGgHbsTq5CTc9SJ1qp7SA。

③ 浙江省杭州市余杭区人民法院民事判决书，（2020）浙0110民初11687号；湖南省高级人民法院民事判决书，（2022）湘知民终540号。

合《反不正当竞争法》所保护的法益，即原告享有合法的竞争性利益，被告的行为属于违反了自愿、平等、公平、诚信的竞争原则和商业道德的市场经营行为。从损害后果看，被诉行为扰乱市场竞争秩序，损害原告和消费者的合法权益。《反不正当竞争法》作为竞争法，而非一般的侵权责任法，其立法目的决定了扰乱市场竞争秩序是最本质的损害后果，原告受到的损害应当是市场竞争秩序受损所致，如果原告受损是由于正常竞争中的优胜劣汰，原告就无法获得司法救济。[①] 现以以下案例展示了司法判例中法院对于款式的模仿，利用《反不正当竞争法》进行规范的法律依据。

典型案例 5－8

2018 年始，原告广州爱帛服饰有限公司（以下简称爱帛公司）旗下有“MO & CO”“Edition MO & CO”等多个服装品牌。被告杭州莱哲服饰有限公司（以下简称莱哲公司）旗下的画伊天猫旗舰店销售的 240 多款服装中的 99 款产品无论是在配色、裁剪方式、服装版型还是在装饰纹样、刺绣等方面与原告“MO & CO”及“Edition MO & CO”两个品牌的服装产品相同或相似。此外，莱哲公司在其网店展示的服装的模特选择、服饰搭配、图片拍摄背景、模特拍摄姿势，甚至产品描述所用词汇等均与爱帛公司的产品展示图片极其近似。

因此，爱帛公司以《反不正当竞争法》第 6 条第 4 项规定作为其请求权基础，要求莱哲公司赔偿。

法院持肯定性观点，其理由在于：《反不正当竞争法》第 6 条源于我国加入的《保护工业产权巴黎公约》第 10 条之二，禁止“以任何手段对竞争者的营业主体、商品或者工商业活动造成混淆的一切行为”。这意味

① 参见何琼、刘建中、曾梦倩：《仿冒服装款式、款号的竞争法规制》，载《人民司法》2023 年第 29 期。

着，并不限于模仿商业标识在内的任何方式，只要对其他经营者的营业主体、商品或者工商业活动造成混淆即可以纳入第6条的评价范围。仿冒商业标识以外的混淆行为，即多元素组合而构成整体上的仿冒混淆行为完全可以纳入第4项兜底条款之中。被告莱哲公司的仿冒行为必须符合“被告构成擅自使用”“涉案服装有一定影响”“易造成混淆”三个要件。根据案情，法院认定被告莱哲公司仿冒原告爱帛公司99款服装款式等行为违反了《反不正当竞争法》第6条第4项规定，构成不正当竞争。①

典型案例5-9

“江南布衣”“JNBY”是江南布衣公司旗下的女装品牌，经过20多年的发展，该公司及其品牌获得了诸多的社会荣誉，产品销售量及利润在全国服装行业均名列前茅。经调查发现，姜某某在淘宝网上以“江南风高品质女装店”的店铺名称、“江南布衣风”的品牌销售女装，其销售的服装不仅仿冒正品服装的款式，而且使用与正品服装相同的款号，还盗用正品服装图片，上述行为足以使消费者误认为其店铺和商品来源于江南布衣公司或与江南布衣公司具有特定联系，构成不正当竞争。其中最大的争议点在于姜某某经营的网络店铺商品名称中包含的服装款号与江南布衣公司销售的服装款号相同以及姜某某仿冒江南布衣公司的服装款式是否构成不正当竞争。

一审法院认为，江南布衣公司的服装款号具备特有性、区别性、唯一性，并因江南布衣公司商标和字号的知名度而具有一定知名度，姜某某在商品名称中使用与江南布衣公司相同的服装款号，主观上具有攀附他人商誉的故意，客观上导致了商品来源混淆的后果，属于《反不正当

① 广州互联网法院民事判决书，(2021) 粤0192民初11888号。

竞争法》第6条第4项规定的不正当竞争行为；江南布衣公司主张的服装款式，不属于《反不正当竞争法》的规制范畴，其可根据《著作权法》或《专利法》的相关规定另行主张。[①]

二审法院经审理认为，江南布衣公司并未提供有效证据证明其服装款号作为被混淆对象，系具有一定影响的商业标识，故姜某某使用相同服装款号的行为不属于《反不正当竞争法》第6条第4项规定的混淆行为，不构成不正当竞争。[②]

再审法院经审理认为：(1) 江南布衣公司提供的证据不足以证明其服装款式和款号属于有一定影响的商业标识，故被诉行为不符合适用《反不正当竞争法》第6条第4项的法定要件。(2) 江南布衣公司对涉案服装款式和款号享有合法的竞争性利益，对姜某某销售与之相同款式的服装以及使用相同服装款号的行为应进行整体评价，该行为违反诚信原则和商业道德，损害江南布衣公司以及消费者的合法权益，同时扰乱了正常的市场竞争秩序，违反《反不正当竞争法》第2条规定，构成不正当竞争。[③]

第三节　仿冒时尚设计的法律救济

一、仿冒时尚设计民事赔偿的类型

仿冒时尚设计，若构成侵犯商标权、著作权或专利权等，则可以要求侵权人承担民事责任。停止侵权往往是被侵权人的第一诉请，据此可以防止损害后果的进一步扩大。赔偿损失是弥补被侵权人损害的填补方

---

① 浙江省杭州市西湖区人民法院民事判决书，(2019) 浙0106民初9989号。

② 浙江省杭州市中级人民法院民事判决书，(2021) 浙01民终1167号。

③ 浙江省高级人民法院民事判决书，(2022) 浙民再256号。

式。根据赔偿范围的不同，知识产权赔偿又分为补偿性赔偿、法定赔偿与惩罚性赔偿。

补偿性赔偿符合传统的损害赔偿制度，是用于填平被侵权人因侵权所遭受的损害，让权利人的状态回复到侵权行为发生之前。但由于商标权、著作权或专利权等均为无形财产，其损失数额的确定存在一定难度。根据我国《著作权法》《专利法》等相关法律规定，赔偿数额按照被侵权所受到的损失予以确定，如侵害著作权，其损失的确定可以根据权利人因侵权所造成的复制品发行减少量或侵权复制品销售量与权利人发行该复制品单位利润的乘积计算；发行减少量难以确定的，按照侵权复制品市场的销量确定；侵害专利权与此相同，按照专利产品减少销量或侵权产品的销量乘以利润进行计算。权利人除了选择上述的实际损失要求赔偿外，还可以选择以“违法所得”为标准进行赔偿（二选一）。违法所得仅计算直接源于侵权行为的相关利益。例如，对于侵害专利的产品而言，并未直接以销售总数乘以销售利润，而需要考虑专利技术对侵权产品利润的贡献程度，以“侵权产品销售总金额×利润率×专利技术对产品价值的贡献度”的方法予以计算。[①] 但实践中，“实际损失”与“违法所得”的举证存在一定难度。一方面，权利人难以证明作品复制品或相关产品销量的下降与侵权行为之间存在直接因果关系。市场本身存在波动，产品的销量受到市场变化、流行趋势、季节变化等各种因素的影响，难以确定多少销量的下降是由侵权产品所导致的。另一方面，被侵权人要证明侵权人的获利也是极其困难的。实务中，侵权人置备完善真实的财务账簿的情形并非常态，且该项资料属于侵权人的内部资料，被侵权人无法获取该项资料。

由于权利人的损失难以确定，因此我国《专利法》等相关法律规定了法定赔偿制度，从而使法院在无法确定权利人的损失时，酌情判令侵

① 最高人民法院民事判决书，(2018) 最高法民再111号。

权人支付法定赔偿金。其中《著作权法》规定的法定赔偿金为500～500万元；《专利法》规定的法定赔偿金是3万～500万元；《商标法》规定的法定赔偿金是500万元以下。具体金额由法院根据侵权行为性质、期间、后果、侵权人的主观过错等因素综合判断。

我国过往的司法实践中，由于专利、商标等损害赔偿举证困难、法定赔偿存在限额等因素，知识产权侵权一直存在“低赔偿”现象，知识产权的赔偿条款也因此被称为“花瓶条款”。为了提高对知识产权的保护，遏制故意侵权行为，我国建立了针对故意侵害知识产权的惩罚性赔偿机制。《商标法》最先引入惩罚性赔偿制度，规定了侵犯商标权情节严重的可获得1倍以上3倍以下的赔偿，此后将此比例进一步调整至1倍至5倍。此后《专利法》《著作权法》的修正案中均引入了相关的规定。惩罚性赔偿在知识产权领域基本实现了全覆盖。《民法典》第1185条增加了知识产权惩罚性赔偿条款，更是以基本法的形式，确定了知识产权惩罚性赔偿的原则条款。此外，最高人民法院还专门颁布了《最高人民法院关于审理侵害知识产权民事案件适用惩罚性赔偿的解释》（以下简称《惩罚性赔偿解释》）。至此，知识产权领域惩罚性赔偿立法体系基本构建。

二、知识产权侵权惩罚性赔偿的适用探讨

随着知识产权领域惩罚性赔偿制度相关法律的完善，许多法院也开始尝试对其加以适用。检视近年来专利权、商标权及著作权领域“惩罚性赔偿”的司法适用现状，发现无论是当事人提出惩罚性赔偿还是法院认可惩罚性赔偿的案件，其数量与比例均有所上升；对比案件总量，其比例也在逐年上升。惩罚性赔偿一方面成为保护时尚品牌的利剑，可以有效地防止其他人故意侵害其商标、设计等；另一方面也成为悬在时尚企业头顶的“达摩克利斯之剑”，企业有可能面临巨额赔偿。因此，有必要对知识产权领域惩罚性赔偿制度的适用展开论述。

(一) 知识产权侵权惩罚性赔偿合理适用的意义

在知识产权领域引入惩罚性赔偿制度，在加强知识产权保护的背景下，有其重要意义。但其适用应秉持过罚相当、审慎谦抑的原则，使惩罚性赔偿制度能够发挥促进创新的制度功能。

1. 引入惩罚性赔偿的意义

一方面，引入惩罚性赔偿有利于弥补现有的刑法制裁功能的空白。我国《刑法》中关于知识产权侵权领域的规定尚不充分，部分故意、严重的知识产权侵权行为，囿于现有的刑法规定而无法入罪。因此，惩罚性赔偿能够作为有力的补充。它通过对侵权人施加高额的民事赔偿实现经济惩罚，进而提高实施严重不法行为的成本，达到对故意侵犯知识产权行为的“惩罚功能”。与此同时，高额赔偿对一般人会产生遏制作用，从而发挥其“预防功能”。它通过遏制侵权的有效诱因，降低侵权行为对社会效益之减损，创造由规避损失所带来的逆向增益。[①] 同时，它还能够减少社会上故意的知识产权侵权行为，提高对知识产权的保护，进而激发社会的创新活力。

另一方面，引入惩罚性赔偿可以对补偿性民事赔偿进行有效补充。民事赔偿以填平损害为基本原则，但侵犯知识产权的行为客体具有非物质性、侵权行为具有隐蔽性、侵权结果具有不确定性且因果关系具有复杂性，这导致实践中被侵权人往往举证困难，致使法院所支持的赔偿无法真正实现填平损害的效果。这也使知识产权侵权长期以来呈现低赔偿的现象，无法实现对被侵权人的有效救济。惩罚性赔偿在实质上不仅能够更好地补足权利人所受的损害，还能激励权利人对知识产权的维权意识，从更深远的层面来看，它对知识产权的创造也能起到极大的激励作

---

① 参见张富强、许健聪：《完善我国著作权惩罚性赔偿立法的思考——基于法经济学“效益最大化原则”的分析》，载《知识产权》2015年第8期。

用。同时，鉴于实践中需要根据侵权行为人主观态度的不同施以不同的赔偿义务，对于惩罚性赔偿而言，其实现实质公平的作用尤显重要。

由此可见，为了强化知识产权的法律保护、克服知识产权保护难的客观障碍、有效贯彻并实现民法公平原则的目的追求，惩罚性赔偿条款在知识产权领域的引入实属必要。其不但有利于知识产权本身的产业运营发展，而且对知识产权市场化进程的加速有所助益。

2. 合理限制惩罚性赔偿的必要性

虽然惩罚性赔偿有其重要意义，但却与民事赔偿“填补损失”的基本原则相悖。惩罚性赔偿制度舶来于英美法系，惩罚性赔偿被视为一种特殊的民事制裁，即“私人罚款”。在公私领域分明的大陆法系，惩罚性赔偿因背离民刑分立的法律体系、对侵权人科处具备刑罚性质的赔偿金、使权利人获得不当得利、欠缺实体程序保障以及属于双重处罚等问题，多不被认可。我国引入此项制度，必须将惩罚性赔偿制度充分本土化，使之能融合于我国现有的法律制度体系。其中的核心就在于，在对惩罚性赔偿的适用上，应采取与公法相同之基本原则，须秉持过罚相当、审慎谦抑的准则。若不对惩罚性赔偿进行合理的限制，会产生如下诸多问题。

（1）贸然支持会导致商业诉讼泛滥

因惩罚性赔偿的数额高于权利人的实际损失，若赔偿的适用尺度过松，可能会导致滥诉。以美国为例，其早期惩罚性赔偿制度的推行并不顺利。由于忽视过罚相当、一味地追求高判赔导致了“诉讼爆炸”，权利人无视实际适用情况、广泛提起惩罚性赔偿之诉，滥诉的现象不仅使大量司法资源被浪费，还对市场秩序产生了一定程度的影响。一味追求高判赔，一方面有可能导致权利人故意不积极维权，直至“情节严重”后，再进行诉讼从而从中牟利；另一方面，由于存在营利空间，可能促使产生“反侵权经营”。经营批量维权诉讼企业的出现会滋生大批新型“专利蟑螂”，如华盖创意公司在我国启动了数千件的著作权维权诉讼。[①] 这对市场经济健康、有序的发展是极为不利的。

（2）侵权人一事多罚责任过重

惩罚性赔偿与传统法律意义上的公法处罚，即行政罚款和刑事罚金并不相同，其发生于“私的法律关系之中”。[②] 但不可否认，惩罚性赔偿所追求的惩罚功能与行政罚款和刑事罚金是部分重合的。根据《民法典》第187条的规定，承担行政责任和刑事责任不影响民事责任的承担。倘若针对侵权人的同一行为同时适用了刑事罚金、行政罚款抑或惩罚性赔偿，侵权人将面临多重“惩罚”，不合理地承受超过其侵权行为的过重侵权责任。为了避免当事人利益的严重失衡，《惩罚性赔偿解释》中明确，若已经处以行政处罚或因同一侵权行为已经被处以行政罚款或者刑事罚金且执行完毕，在确定惩罚性赔偿的倍数时可以综合考虑，这似乎可以部分防止责任过重的问题。但从权利人的角度来看，又会导致“同案不同判”的效果。产生此类结果的根本原因，就在于惩罚性赔偿的制度功能与公法具有一定的重合性。

（3）过度预防将冲击推动创新的制度目标

惩罚性赔偿的制度目的在于给予权利人充分的保护，从而助力创新活动。但知识产权的创新活动不同于其他民事行为，其具有连续性和叠加性。对于知识产权领域而言，纯粹的自我创造较少，多数的创新行为建立在对前成果的利用之上。因此，对在后创新者的创作动力的积极促进与对在前创新者的智力成果的合理保护不可偏废。“每个潜在的发明家，同时也是潜在的侵权者。”[③] 从我国的实际出发，一方面我国有较多

---

① 参见孙远钊：《专利诉讼“蟑螂”为患？——美国应对“专利蟑螂”的研究分析与动向》，载《法治研究》2014年第1期。

② 参见张新宝、李倩：《惩罚性赔偿的立法选择》，载《清华法学》2009年第4期。

③ Robert P. M., Richard R. N., *On the Complex Economics of Patent Scope*, Columbia Law Review, 1990 (4), p. 839-916.

的小微企业、初创企业，其创新发展存在借鉴模仿的阶段；另一方面我国现阶段专利权、著作权的确权门槛低、作品数量大、区别特征多，但个体的独创性不高、智慧价值较小。若惩罚性赔偿的判赔门槛较低，该制度将产生过度震慑的效果，极大地打击小微企业、初创企业及其他在后创新者的创新热情，反而不利于提高创新的积极性。

因此，对惩罚性赔偿的适用应采用审慎原则与谦抑性原则，构建“补偿为主、惩罚为辅”的知识产权损害赔偿制度。

（二）知识产权侵权惩罚性赔偿的适用难点

虽然判例在逐步增加，但由于对惩罚性赔偿的适用尚未达成一致，“同案不同判”的案件层出不穷。通过对具有代表性的此类案件进行归纳分析，该制度在司法实践中的适用困境主要有以下几点。

其一，适用前提不明确。《民法典》第1185条、《反不正当竞争法》第17条、《专利法》第71条、《商标法》第63条均规定了惩罚性赔偿的适用前提，包含主观要件及客观结果。但看似清晰的法条，在实践中却引起了不少分歧。如惠氏案、① 斐乐诉中远鞋业案②等的判决文书中对侵权人的“故意”与“情节严重”进行了分别论述，而小米科技与中山奔腾案、③ 五粮液与徐中华案④等的判决文书中却将这两者混淆认定。“情节严重”与“故意”两者的关系如何不无疑问。此外，如欧普与华升侵害商标权案⑤中一审、二审法院均认为侵权人行为不构成侵害商标权，再审法院最终作出3倍惩罚性赔偿的裁判结果。法院尚且对是否构成侵权存在较大的争议，此种情形下能否认定侵害人存在“故意”值得讨论。

---

① 浙江省高级人民法院民事判决书，(2021) 浙民终294号。

② 北京市高级人民法院民事判决书，(2018) 京民申4666号。

③ 浙江省杭州市中级人民法院民事判决书，(2020) 浙01民终5872号。

④ 浙江省杭州市中级人民法院民事判决书，(2020) 浙01民终5872号。

⑤ 广东省高级人民法院民事判决书，(2019) 粤民再147号。

其二，具体适用基数认定上存在分歧。《惩罚性赔偿解释》中第5条明确，惩罚性赔偿的计算基数为权利人实际损失、侵权人违法所得或侵权获利。但实践中，上述损失多难以证明，因此法定赔偿与惩罚性赔偿之间的关系如何厘清存在较大的争议。司法实践中，法院对惩罚性赔偿与法定赔偿的适用也较为随意，甚至将法定赔偿视为在证据不足的情况下对惩罚性赔偿的替代。如山特电子与杭州菱冠案①中，一审法院认为因关于损害的证据不足而适用法定赔偿，在当事人未提交任何新证据的情形下，二审法院认为侵权获利证据充足，并以此为基数计算惩罚性赔偿。同样的情况也出现在德尔与馨德尔案②中，一审法院适用法定赔偿后，二审法院根据当事人新提供的转账记录认为侵权获利证据充足，从而适用惩罚性赔偿，但再审法院在并无新证据的情形下又认定证据不足而重新适用法定赔偿。

其三，惩罚性赔偿与填平性赔偿在计算方式上存在不同。有部分法院将惩罚性赔偿与填平性赔偿分别计算，也有部分法院将它们合并计算。现就部分司法判例作简单梳理，可见各案认定各异。具体见表5-1。

表5-1　惩罚性赔偿数额计算方法的司法判例

案号	最终赔偿数额	惩罚性赔偿倍数	惩罚性赔偿倍数计算方式
(2021) 浙民终294号	3000万元	3倍	基数×（1+倍数）
(2021) 浙01民终1364号	100万元	2倍	基数×（1+倍数）
(2019) 苏05知初643号	4000万元	1倍	基数×（1+倍数）
(2020) 苏05民初20号	1500万元	1倍	基数×（1+倍数）
(2019) 最高法知民终562号	3000万元	5倍	基数×倍数
(2017) 京73民终1991号	791万元	3倍	基数×倍数
(2019) 苏民终1316号	5000万元	2倍	基数×倍数
(2020) 浙03民终161号	103余万元	3倍	基数×倍数

① 浙江省杭州市中级人民法院民事判决书，(2021) 浙01民终1364号。

② 湖北省高级人民法院民事判决书，(2018) 鄂民终648号。

（三）知识产权惩罚性赔偿的适用条件

从《民法典》第1185条及《商标法》《专利法》等法律规定来看，惩罚性赔偿条款的适用前提包括“故意”及“情节严重”两个要件。“故意”及“情节严重”两个要件之间的关系如何，两者应如何理解需进一步厘清。

从现有的法条规定可知，知识产权领域的侵权惩罚性赔偿制度适用既要满足主观“恶意（故意）”又要满足客观“情节严重”，两者为并列关系，不可或缺，此即所谓的双重要件说。此种观点认为，将“恶意”与“情节严重”进行并行规定，并非立法技术瑕疵导致的语义重复，对于法官而言，情节严重对惩罚性赔偿的倍数选择具有重要意义。在法官的裁判活动中，应先予审查行为人的主观心理状态，然后再对行为情节严重程度进行评价，即通过双要件认定，以规范惩罚性赔偿的有效运作。正如美国侵权法适用该赔偿责任形式所给出的理由那样，主观要件表征了侵权行为的应受谴责性，而客观要件说明了侵权行为应受谴责的程度。单一要件说则主张仅仅以主观要件作为知识产权惩罚性赔偿条款适用的条件。此种观点认为，其一，“恶意侵权”自身即为“情节严重”的表现形式，两者属于包含关系，主观要件是知识产权侵权惩罚性赔偿适用的关键，客观因素仅在主观要件认定的过程中起到参考作用，将两项条件叠加到一起并无必要，将“情节严重”独立作为构成要件之一有画蛇添足之嫌；[①] 其二，主观要件决定是否可以适用惩罚性赔偿条款，客观情节仅是法院在酌定惩罚性赔偿数额倍数时才纳入考量的因素，若同时规定两个要件，会削弱惩罚性赔偿责任的可操作性，导致实践当中难以把握惩罚性赔偿的适用条件。实践中，部分法官仅论证了当事人之故意，就认为存在情节严重，是因为未充分考虑到“情节严重”作为客观要件

① 山东省青岛市中级人民法院民事判决书，（2015）青知民初字第9号。

的独立意义。如在斐乐诉中远鞋业案中，原告早已完成对商标的注册且其商品已被核定使用；被诉侵权人为原告同类商品的同行业经营者，在其商标注册过程中曾被告知其商标与他人在先注册商标构成近似商标，无法完成注册；被告在明知其申请的商标被驳回后，依旧在其生产、销售的同类商品上使用侵权商标，并冒名销售、获利可观。法院据此判定其主观恶意明显、侵权情节严重，并按照其侵权获利数额的 3 倍确定了惩罚性赔偿的判赔倍数。

事实上，主观要件与客观要件是两个相互独立的要件，在适用惩罚性赔偿条款时应将两者一并纳入考虑范围，采用双重要件说更为合理。

一方面，情节严重是对客观方面关于法益侵害程度的整体评价。情节严重与主观故意并不重合，它有自身独立的衡量因素，关注的是侵权的行为方式和行为后果。具体而言，《惩罚性赔偿解释》第 4 条明确规定，将侵权手段、次数，侵权行为的持续时间、地域范围、规模、后果，侵权人在诉讼中的行为等因素作为判断“情节严重”的标准，显然上述无法被“故意”要件涵盖。如以侵害知识产权为业，不仅能证明当事人侵权存在故意，还进一步体现了其侵权行为的性质恶劣程度之高等。因此，“情节严重”并非主观故意要件的“附加评判标准”，其有独立存在的意义。

另一方面，若抛开“情节严重”这一客观要件，仅以主观要件作为判断惩罚性赔偿适用的唯一要件，会导致惩罚性赔偿的适用存在极大的自由裁量空间。主观要件本质上为当事人内心的想法，任何人无法客观探求，而仅得从其外在表现行为进行推知。一则，外在表现行为多重多样；二则，推定的过程具有较大的“心证”的成分，因此法官在适用惩罚性赔偿时，容易不合理地扩大法院的自由裁量权。同时采用“情节严重”和“故意”两个要件也能警醒法官在裁判活动中应当实现主客观双重评价，一定程度上能够避免惩罚性赔偿在司法实践中的滥用。如前文所分析的，惩罚性赔偿制度的重要制度功能在于“惩罚性”及“预防性”，在适用时应秉持审慎原则与谦抑性原则，若情节尚未达到严重的程度，其行为对权利人、公共利益、国家未造成严重后果，此时任意扩大适用惩罚性赔偿，将会产生上文所述的商业诉讼泛滥、侵权人责任过重及违背推动创新的制度目标等诸多负面效果。

主客观要件的界定：

1. “故意”与“恶意”的统一性

《反不正当竞争法》与《商标法》中将“恶意”作为侵权主观要件的认定条件，《专利法》和《民法典》中则采用了“故意”一词。因此，对于惩罚性赔偿制度中主观要件的判断是“故意”还是“恶意”存在争议。为了统一法律适用，《惩罚性赔偿解释》第1条明确规定，知识产权惩罚性赔偿统一适用“故意”，其内涵包括了《反不正当竞争法》与《商标法》中的“恶意”。实务中，法官在惩罚性赔偿适用问题上也并不严格区分“故意”与“恶意”，下面以几个判决书为例，加以佐证。在源德盛塑胶电子诉广东富图宝影像工业侵害实用新型专利权案的二审民事判决书中，多次出现“主观恶意”和“故意侵权”等，可见法院在这两个词汇使用上并未刻意进行区分。同样的情况也出现在了（2020）最高法知民终372号判决书、（2020）最高法知民终374号判决书、（2020）最高法知民终381号判决书中。可见，在知识产权惩罚性赔偿的适用问题上，“故意”还是“恶意”无须作严格的区分，可作一致性解释。

2. “故意”以“明知”为前提

我国《民法典》侵权责任编以“过错”作为一般侵权的要件，主观过错有轻重程度的不同，但由于两者对责任的构成并无实质性影响，因此民商法理论中对两者的区别研究较少。因惩罚性赔偿的目的在于惩罚与预防侵权，故而应将其制度适用的前提限制为具有较强可谴责性的“故意”。因此，如何理解“故意”成为主观要件判断的核心问题。

过错的内部构造包括“知”和“欲”两个层面。所谓“知”，是对损害后果发生的认知因素；所谓“欲”，是对损害结果发生内容的意志因素。“明知”是客观事实上当事人的主观认识状态；“应该知道”是作为一般理性第三人所应处的认知状态。“故意”中对认知因素的要件仅指“明知”还是包括“应该知道”不无疑问。

有观点认为，应该知道而不知道，并不能作为违法阻却事由。以商标侵权为例，因为注册商标早已被国家有关商标管理部门公开，法律推定所有人都应当知晓，生产经营者在使用商标时未进行必经的检索工作，存在不可豁免之过错。《惩罚性赔偿解释》列举了 5 种可以认定侵权人存在主观故意的情形，其中也包括被告实施盗版、假冒注册商标的行为，这似乎也证明了对于注册商标等公开性知识产权而言，“应该知道”也被涵盖。支持此种观点的学者进一步提出，若不以“应该知道”为主观要件，会导致行为人故意不进行检索，反而不利于知识产权的保护。

扩大对“故意”要件的理解的观点并不可取。首先，从“故意”这一要件的内涵出发，“应该知道”不应被涵盖。“故意”，是行为人预见自己行为的结果，仍然希望它发生或者听任它发生的主观心理状态。关于“故意”应当如何释明，目前存在三种主流学说。“意思主义”认为，故意是指行为人“希望”或“意欲”某种损害后果的发生，对该后果持积极追求的主观态度；“观念主义”强调，故意是行为人对其行为的后果能够认识或有所预见；① “折中主义”则认为，故意行为人对其行为的后果能够认识或有所预见，同时又希望或听任其发生。三种学说都表明，从认知因素上来看“故意”是对其行为的后果能够认识或有所预见。从惩罚性赔偿的制度功能来看，若要对严重的“恶”进行惩戒，对“恶”的认识是基础，意志上的追求或纵容“恶”是根本。若仅仅因当事人未尽到法律所赋予的注意义务，就对其行为进行惩罚，有悖于惩罚性赔偿适用的审慎原则与谦抑性原则。

---

① 史尚宽先生指出：“依意思主义，行为人不独知其行为之结果，而只需有欲为之意；依观念主义，则以有行为结果之预见为已足。”

其次，《惩罚性赔偿解释》列举了5种可以认定侵权人存在主观故意的情形，这5种情形并非"应该知道"的标准，而是当事人"知道"的初步证据。从条文的文义上来看，条文明确使用了"……初步认定……"的表述。换言之，法条所列情形不具有绝对效力；若认为以"应该知道"为判断标准，该种情形则具有不可推翻性，与条文文义不符。众所周知，过错是当事人的主观心理状态，难以为外界把握。主观过错需借助一定的客观行为体现，检验过错的标准也呈现客观化。因此，条文所列举的情形，如已经经过权利人通知或警告、与权利人有特定的身份关系等，都可以作为客观的初步证据证明当事人的主观状态，而非"应该知道"的标准。如果行为人的证据足以将其推翻（例如，在收到权利人的通知或警告后行为人的积极行为，如向律师等专业人士咨询等），且行为人结合专业意见判断对方并非真正的权利人或自身的行为并不构成侵权后，继续利用该知识产权，事后即使经过诉讼确认其行为构成侵权，也不应承担惩罚性赔偿责任。

最后，对于"应该知道"不予以惩罚性赔偿，并不会导致行为人故意不进行公开知识产权的检索。一方面，"明知"仅仅为惩罚性赔偿条款的适用前提，而非侵权责任的适用前提。只要构成知识产权侵权，行为人都需要对权利人进行赔偿。一般的侵权损害赔偿足以填补权利人的损失，剥夺行为人的非法获利。作为一般交易的行为人，仍然会尽到一般理性人的注意义务，以防自身的行为侵害他人权利，从而导致自身获利被剥夺。另一方面，举证规则也会让行为人进行公开权利检索。依据《惩罚性赔偿解释》，权利人通过举证上述情形，可以初步证明权利人主观是明知。若权利人主张自己并不知晓，则由其承担举证责任。"不知晓"需要权利人证明其没有通过任何途径知道，这种否定性的举证客观上存在难度。为了防止不利益，行为人在实施相关行为时，也会主动进行必要的公开检索。因此，"明知"的标准，也不会导致行为人故意不进行公开知识产权检索，从而规避责任。

3. “情节严重”为行为要件

“情节严重”应被作为知识产权侵权惩罚性赔偿制度的客观要件。针对“情节严重”与“损害后果严重”，有学者提出，“情节严重”是以侵权造成的后果作为考量基准，一般既要将具体、可证明的实际物质损失纳入考量，也要考虑不法行为对权利人造成的难以衡量或无法明确证明的损失以及这一侵权行为对相关行业和社会所造成的负面影响。“情节严重”作为行为要件而非结果要件加以规定更为合理。侵权行为的损害后果应作为确定惩罚性赔偿金数额的判定依据，而非是否适用惩罚性赔偿制度的构成要件。虽然在《惩罚性赔偿解释》第 4 条对侵权行为的性质进行判断的参考因素中，不仅包含了侵权手段、次数，侵权行为的持续时间、地域范围、规模等行为要素，也提到了后果这一结果要素，但此处的结果要素并非单纯地指代“损害后果”，还需要结合其行为所产生的社会后果予以考量。

（四）知识产权惩罚性赔偿适用的计算

1. 知识产权惩罚性赔偿基数的认定

惩罚性赔偿的适用前提是存在损害。同时，权利人若主张惩罚性赔偿，应当提出明确的赔偿数额计算方法并承担相应的举证责任。《惩罚性赔偿解释》中明确，惩罚性赔偿基数的计算方法包括三类填平性补偿的计算方式，即计算权利人的实际损失、侵权人的侵权获利，以及在前二者难以判定的情况下的许可费。

惩罚性赔偿的计算基数首先应考虑行为人的实际损失。实际损失的计算公式为“实际损失 = 侵权人侵权产品的销售量抑或权利人因侵权而导致的销售减少量 × 权利人同期的平均销售利润”。[①] 该公式适用的难点

---

① 《关于审理专利纠纷案件适用法律问题的若干规定》第 14 条、《关于审理著作权民事纠纷案件适用法律若干问题的解释》第 25 条皆对该种计算方法进行了确认。

在于证明销量的减少与侵权人的侵权行为之间的因果关系。产品的销量受到消费习惯的变化、替代品的出现、营销的方式等各种因素的影响，销量的减少与侵权行为的出现之间的直接因果关系很难证明。鉴于市场交易的复杂性和知识产权产品的多样性，在实际计算过程中难以简单地将侵权产品销售量直接代入公式，导致该计算方法获得法院支持的可能性不大。①

在实际损失难以证明时，可以以侵权获利作为计算基础。侵权获利以“规范损害论”作为损害赔偿数额计算的价值基础，逻辑起点在于根据权利人丧失之交易机会，判定侵权行为对其造成之损失，实现对“差额说”力有未逮的补充与修正。侵权获利的计算规则为“侵权获利 = 侵权商品销售量 × 商品单位利润；当无法查明该商品单位利润时，侵权获利 = 侵权商品销售量 × 注册商标商品单位利润”。针对利润的计算，司法实践中也分为三种情况：基于侵权人的利润进行计算、基于权利人的利润进行计算以及基于同行业平均利润加以计算。② 但无论是侵权产品的销售量还是商品单位利润，相关信息均掌握在侵权人处，甚至侵权人自身也没有完整的明细的财务资料，因此该种计算方式因举证困难，实践中亦难以适用。

许可使用费是在权利人上述计算方法均无法适用时，对上述认定方法的必要补充，偏重救济权利人“可得而未得”的市场交易机会，是在前述方法难以计算之时，退而求其次，实现对权利人最低限度的补偿。司法实践中，原告提交许可使用合同作为证据的案件比比皆是，而被法院采信的寥寥可数。主要原因是权利人提交的商标许可使用合同的真实性在认定方面存在困难，且合同与案件的关联性缺乏完整的证据链条，

---

① 据统计，2014～2017 年 6003 件商标民事一审案件的数据中仅有 1 件适用了实际损失。

② 由最高人民法院民事判决书，(2019) 最高法知民终 562 号；广东省高级人民法院民事判决书，(2016) 粤民终 770 号中内容归纳而来。

难以实现互相印证。如在苏州华奥餐饮管理有限公司诉李某刚公司侵害商标权纠纷案中，法院也认为“鉴于原告许可他人使用的不限于注册商标经营资源，他人在其授权经营范围内开设的加盟连锁店数量、许可使用期限及地域范围与本案不具有可比性，故上述证据与本案缺乏关联性，不能作为原告因商标被侵权所受到的实际损失依据，本院不予采纳”。[①]

法定赔偿是否可以作为惩罚性赔偿的基数，存在较大的理论争议。有学者认为，法定赔偿是填平性损害的计算方法之一，而惩罚性赔偿以填平性损害为前提，若排除了法定赔偿，则在前述的填平性损害难以计算时，惩罚性赔偿也难以发挥作用。此外，从比较法的角度来看，有明确规定将法定赔偿作为惩性赔偿的基数。[②]

但将法定赔偿作为惩罚性赔偿的基数与我国现行法律并不相符。

首先，我国现行法框架下并未将法定赔偿作为判断标准。一则，《惩罚性赔偿解释》中明确，惩罚性赔偿的计算标准为权利人的实际损失、侵权人的侵权获利以及许可费，排除了法定赔偿作为基数。二则，我国法定赔偿具有一定的惩罚性功能。我国法律下的法定赔偿的确定，参考因素包括侵权行为的性质、损害后果、侵权人主观恶性等，因考虑“主观恶性”等多重因素，其本身承担了一定的“惩罚性”功能，甚至有人将法定赔偿称为“隐形的惩罚性赔偿”。将法定赔偿与惩罚性赔偿在确定时应当考虑的因素进行对比，发现两者有所竞合。若再将法定赔偿作为惩罚性赔偿的基数，难免有重复评价之嫌，导致侵权人承担双倍惩罚性赔偿，权利人多重获利，进而产生知识产权维权诉讼商业化等各种负面影响。

其次，以法定赔偿作为标准将扩大对惩罚性赔偿的适用。从比较法

---

① 上海市徐汇区人民法院民事判决书，(2014) 徐民三（知）初字第665号。

② 美国《专利法》第284条第2款规定：“在陪审团没能确定损害赔偿金时，法院应当评估确定。无论是由陪审团还是由法院确定损害赔偿金，法院都可以将损害赔偿金增加到原决定或估定的数额的三倍。”

上来看，近年来惩罚性赔偿制度适用的标准不断提高，比如美国大部分州对惩罚性赔偿制度适用的证明标准采用的是“清楚且具有说服力的证据”（clear and convincing evidence），逐渐取代原来的“证据优势”的标准。可见，惩罚性赔偿的适用，需要有一个较为清楚、明确的基础。相较于其他填平性损害有明确的计算方法，法定赔偿是由法院根据侵权行为的情节对判赔数额作出的裁判，其本质在于酌定性，法官有较大的自由裁量权。能够适用法定赔偿的场景是，虽然具有部分能够证明损害赔偿数额的证据，但是并不足以依此使损害赔偿的具体数额得以明确。若具体数据并不明确，而为了适用之便利，将惩罚性赔偿以此为基数进行计算，将扩大其适用范围，与其适用的审慎谦抑原则不符。

最后，若按照填平性损害无法完全确定数额时，可就有充分证据的部分进行惩罚性赔偿。如在“卡波”技术秘密惩罚性赔偿案中，最高人民法院判决时指出：“若现有证据不足以证明两天赐公司实际损失和安徽纽曼公司侵权获利的全部数额，则无法以此为基数适用惩罚性赔偿；但若部分数额能够得到确定，案件仍可就该部分数额适用惩罚性赔偿。”① 该种判决可兹赞同，据此可以让惩罚性赔偿得到合理的适用，而不落入法官完全自由裁量的范围。

2. 知识产权惩罚性赔偿倍数的明确

知识产权惩罚性赔偿倍数由法官结合侵权人的主观过错程度、侵权行为的情节严重程度等因素进行自由裁量。但实践中容易产生混淆的问题在于如何理解 1 倍惩罚性赔偿。如前文表 5－1 所示，法院对此的认定各不相同。在惠氏案中，一审、二审法院皆对 3 倍的惩罚性赔偿倍数予以认可，但一审法院采用的倍数计算方式为“基数×倍数”，而二审法院则适用“基数×（1＋倍数）”，最终全额支持了原告 3000 万元的判赔诉请。失之毫厘差之千里，“惩罚性赔偿究竟是否应当与填平性赔偿分别计

① 最高人民法院民事判决书，(2019) 最高法知民终 562 号。

算”这一问题将严重影响司法裁判的可预见性，故而对其加以明确对于司法实践尤为重要。

最高人民法院的法官对《惩罚性赔偿解释》的司法解读中提到，填平性赔偿与惩罚性赔偿应分别单独计算。但此种理解是否合理存在疑问。一方面，惩罚性赔偿最低为“一倍以上”的判赔倍数，而依据《民法典》规定，“以上”“以下”皆包含本数，这意味着司法实践中最少是“一倍”作为惩罚性赔偿的倍数出现，即“赔一罚一”。同时在上述理解中又明确，赔偿倍数可以不是整数，两者结合，上述理解剥夺了1倍以下的倍数的可能性。换言之，实践中总赔偿金额为基数1～2倍的无法支持，如福州市鼓楼区人民法院裁判“依照侵权获利的1.5倍计算赔偿金额”则无法被认可，[①] 因为经计算侵权人实际承担的惩罚性赔偿金额为基数的一半不符合“一倍以上”的倍数标准。另一方面，按照该理解，惩罚性赔偿最高额为5倍，则实际最高额会产生6倍的赔偿效果，这存在不合理地加重侵权人责任的可能。因此，对于该倍数的理解将填平性赔偿合并计算，似乎与立法原意相符。

三、仿冒时尚设计的行政责任与刑事责任

由于时尚设计可以被《著作权法》《专利法》《商标法》等法律保护，若侵权行为情节严重，损害公共利益，该违法行为则有可能面临行政处罚和刑事处罚。

我国《专利法》第68条规定了假冒专利的行政责任，内容为：“假冒专利的，除依法承担民事责任外，由负责专利执法的部门责令改正并予公告，没收违法所得，可以处违法所得五倍以下的罚款；没有违法所得或者违法所得在五万元以下的，可以处二十五万元以下的罚款；构成

---

① 福州市鼓楼区人民法院：《全市首例知识产权惩罚性赔偿案件》，载澎湃网2021年10月12日，https://m.thepaper.cn/baijiahao_14873521?sdkver=2c9d920d。

犯罪的，依法追究刑事责任。”专利执法部门根据已经取得的证据，对涉嫌假冒专利行为进行查处时，有权采取包括询问有关当事人，调查与涉嫌违法行为有关的情况，对当事人涉嫌违法行为的场所实施现场检查，查阅、复制与涉嫌违法行为有关的合同、发票、账簿以及其他有关资料，检查与涉嫌违法行为有关的产品，对有证据证明是假冒专利的产品进行查封或者扣押等措施。

我国《刑法》第216条规定了假冒专利罪，该条规定假冒他人专利，情节严重的，处3年以下有期徒刑或者拘役，并处或者单处罚金。对于“情节严重”的理解，《最高人民法院、最高人民检察院关于办理侵犯知识产权刑事案件具体应用法律若干问题的解释》进行了界定，包括非法经营数额在20万元以上或者违法所得数额在10万元以上的；给专利权人造成直接经济损失50万元以上的；假冒两项以上他人专利，非法经营数额在10万元以上或者违法所得数额在5万元以上的等情形。

我国《著作权法》第53条规定了可能承担行政与刑事责任的情形，即“（一）未经著作权人许可，复制、发行、表演、放映、广播、汇编、通过信息网络向公众传播其作品的，本法另有规定的除外；（二）出版他人享有专有出版权的图书的；（三）未经表演者许可，复制、发行录有其表演的录音录像制品，或者通过信息网络向公众传播其表演的，本法另有规定的除外；（四）未经录音录像制作者许可，复制、发行、通过信息网络向公众传播其制作的录音录像制品的，本法另有规定的除外；（五）未经许可，播放、复制或者通过信息网络向公众传播广播、电视的，本法另有规定的除外；（六）未经著作权人或者与著作权有关的权利人许可，故意避开或者破坏技术措施的，故意制造、进口或者向他人提供主要用于避开、破坏技术措施的装置或者部件的，或者故意为他人避开或者破坏技术措施提供技术服务的，法律、行政法规另有规定的除外；（七）未经著作权人或者与著作权有关的权利人许可，故意删除或者改变作品、版式设计、表演、录音录像制品或者广播、电视上的权利管理信息的，知道或者应当知道作品、版式设计、表演、录音录像制品或者广播、电视上的权利管理信息未经许可被删除或者改变，仍然向公众提供的，法律、行政法规另有规定的除外；（八）制作、出售假冒他人署名的作品的”8种情形。该法第53条第1款规定，行为人的上述“侵权行为同时损害公共利益的，由主管著作权的部门责令停止侵权行为，予以警告，没收违法所得，没收、无害化销毁处理侵权复制品以及主要用于制作侵权复制品的材料、工具、设备等，违法经营额五万元以上的，可以并处违法经营额一倍以上五倍以下的罚款；没有违法经营额、违法经营额难以计算或者不足五万元的，可以并处二十五万元以下的罚款；构成犯罪的，依法追究刑事责任”。

我国《刑法》第217条规定了侵犯著作权罪，第218条规定了销售侵权复制品罪。其中第217条规定，若行为人“以营利为目的，有下列侵犯著作权或者与著作权有关的权利的情形之一，违法所得数额较大或者有其他严重情节的，处三年以下有期徒刑，并处或者单处罚金；违法所得数额巨大或者有其他特别严重情节的，处三年以上十年以下有期徒刑，并处罚金：（一）未经著作权人许可，复制发行、通过信息网络向公众传播其文字作品、音乐、美术、视听作品、计算机软件及法律、行政法规规定的其他作品的；（二）出版他人享有专有出版权的图书的；（三）未经录音录像制作者许可，复制发行、通过信息网络向公众传播其制作的录音录像的；（四）未经表演者许可，复制发行录有其表演的录音录像制品，或者通过信息网络向公众传播其表演的；（五）制作、出售假冒他人署名的美术作品的；（六）未经著作权人或者与著作权有关的权利人许可，故意避开或者破坏权利人为其作品、录音录像制品等采取的保护著作权或者与著作权有关的权利的技术措施的”。《最高人民法院、最高人民检察院关于办理侵犯知识产权刑事案件具体应用法律若干问题的解释》第5条进一步明确：违法所得数额在3万元以上的，则属于“违法所得数额较大”；具有下列情形之一的，属于“有其他严重情节”：

（1）非法经营数额在 5 万元以上的；（2）未经著作权人许可，复制发行其文字作品、音乐、电影、电视、录像作品、计算机软件及其他作品，复制品数量合计在 1000 张（份）以上的；（3）其他严重情节的情形。违法所得数额在 15 万元以上的，属于“违法所得数额巨大”；具有下列情形之一的，属于“有其他特别严重情节”，应当以侵犯著作权罪判处 3 年以上 7 年以下有期徒刑，并处罚金：（1）非法经营数额在 25 万元以上的；（2）未经著作权人许可，复制发行其文字作品、音乐、电影、电视、录像作品、计算机软件及其他作品，复制品数量合计在 5000 张（份）以上的；（3）其他特别严重情节的情形。

《刑法》第 218 条规定：“以营利为目的，销售明知是本法第二百一十七条规定的侵权复制品，违法所得数额巨大或者有其他严重情节的，处五年以下有期徒刑，并处或者单处罚金。”《最高人民法院、最高人民检察院关于办理侵犯知识产权刑事案件具体应用法律若干问题的解释》进一步明确，以营利为目的，实施《刑法》第 218 条规定的行为，违法所得数额在 10 万元以上的，属于“违法所得数额巨大”，应当以销售侵权复制品罪判处 3 年以下有期徒刑或者拘役，并处或者单处罚金。

我国《商标法》第 60 条规定了侵害的行政责任。依据该规定，侵犯注册商标专有权的，市场监督管理部门可以责令立即停止侵权行为，没收、销毁侵权商品和主要用于制造侵权商品、伪造注册商标标识的工具，违法经营额 5 万元以上的，可以处违法经营额 5 倍以下的罚款，没有违法经营额或者违法经营额不足 5 万元的，可以处 25 万元以下的罚款。对 5 年内实施两次以上商标侵权行为或者有其他严重情节的，应当从重处罚。销售不知道是侵犯注册商标专用权的商品，能证明该商品是自己合法取得并说明提供者的，由市场监督管理部门责令停止销售。此外，我国《刑法》第 213 条、第 214 条、第 215 条分别规定了假冒注册商标罪、销售假冒注册商标的商品罪和非法制造、销售非法制造的注册商标标识罪。

第六章　时尚产业发展新动向下的法律探索

时尚产业作为一个充满创意和变革的行业，一直以来都在不断地探索新的发展方向。随着科技和社会的进步，时尚产业也迎来了一系列的新动向。一方面，在国家重视生态文明的政策下，越来越多的品牌也开始关注环保材料的使用和减少碳排放。同时，一些新兴的时尚概念，如慢时尚和环保时尚，也逐渐得到了广泛的认可和推广。这些新动向的出现，使人们更加注重时尚与环保的结合，推动了整个产业向可持续发展方向迈进。另一方面，随着互联网和社交媒体的普及，数字与时尚结合产生了数字时尚这一新发展方向。其中，“直播带货”成为当下的热点话题，也成为品牌追逐的新型营销方式之一。通过电商平台和社交媒体，品牌能够与消费者更直接地进行互动，实现无缝的购物体验。此外，区块链、大数据和虚拟现实等技术的应用，使时尚设计可以超脱于材料等的限制，设计者可以在无线技术下实现更有创意的创作，同时借助区块链技术将自身的设计进行唯一性识别，数字藏品应运而生。对这些新的时尚产业发展动向，法律如何保驾护航成为需要探索的新问题。

第一节　发展可持续时尚的法律保护探索

一、发展可持续时尚的必要性

现代人类对时尚孜孜不倦的追求铸就了包括服装业、鞋业等在内的巨大的时尚行业。作为全球经济发展的一大支柱，时尚业每年的全球市值约2.5万亿美元，在整个价值链中直接雇用7500万人，是仅次于汽车行业和技术行业的世界第三大制造业。与此同时，中国时尚业也在快速发展，“中国创意”之崛起和中国时尚消费市场对海外品牌持续不断的吸引力，使中国的时尚产业展现出前所未有的活力与自信。中国是时尚消费的主力军，2020年中国相关品类销售总额达2843亿美元，超过了美国、英国、日本和德国的总和。《2022中国时尚产业白皮书》也表明，中国时尚产业市场规模正在迅速扩大，参见图6-1。

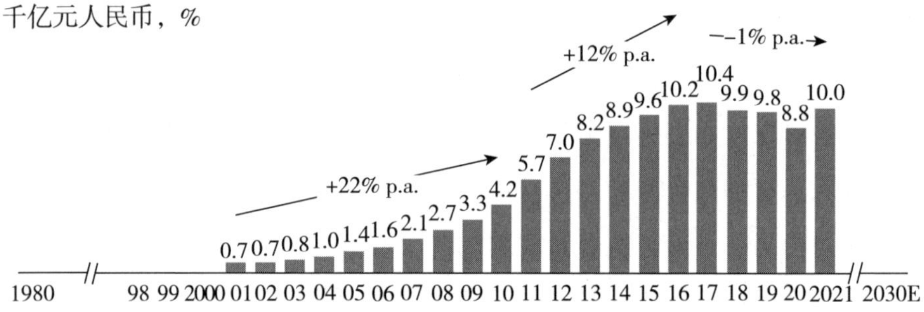

图6-1 中国主营收入500万元以上企业服装类商品零售类值

（资料来源：《2022中国时尚产业白皮书》）

时尚产业凭借其巨大的市场价值，同样成为地区发展的重点规划发展项目。浙江省政府办公厅印发《浙江省人民政府关于加快发展时尚产业的指导意见》，对省级重点企业设计院，由省财政每家给予500万元资助。2019年，全省生产各类服装已近31.68亿件，时尚产业总产出更是达到1.05万亿元。

但随着快时尚等的发展，时尚产业已经成为继石油和天然气后全球污染最严重的产业，高能耗、劳动密集、高污染，已经成为时尚产业被诟病的几大“原罪”。在服装的生产过程中，染色与后整等工序需要用到大量淡水，与此同时，纺织业产生的废水中普遍含有铅、汞和砷等有害物质，这些废水会通过洋流散播至全球各地。因此，时尚产业的快速发展会导致水资源的消耗与水污染问题。服装等生产过程还会产生大量的温室气体。根据 2021 年世界资源研究所（World Resources Institution，WRI）与品牌环境影响力机构（Apparel Impact Institute，AII）发布的报告，服装行业的温室气体排放量占全球排放总量的 2% ~8%。温室气体的产出主要来自大量服装的生产、制造与运输环节。另外，为了获取动植物纤维，过度放牧、使用化学品、砍伐森林都会导致土壤退化、原始森林被砍伐等诸多问题。废弃衣物的处理也是时尚产业面临的一个严峻问题。在全球范围内，一部分废旧衣物进入了捐赠和回收再利用的渠道，但仍有较大比重的废旧衣物被填埋或焚烧。填埋不仅占用土地资源，还存在自然分解时间长、污染地下水资源等问题，焚烧则会产生空气污染。在时尚产业的发展中，有些时尚企业为了维护品牌形象，甚至焚烧填埋未使用的产品，如 2018 年国际知名品牌 Burberry 燃烧了价值约 2860 万英镑（约合 2.53 亿元人民币）的库存商品。另外，近年来快速发展的“快时尚”所带来的产品快速消费和淘汰，引发“过度消费”，也造成了极大的污染。

以中国为例，时尚业为经济发展带来新增长点的同时，也消耗了大量的能源，并且呈现逐年快速增长趋势。具体数据参见图 6 - 2。

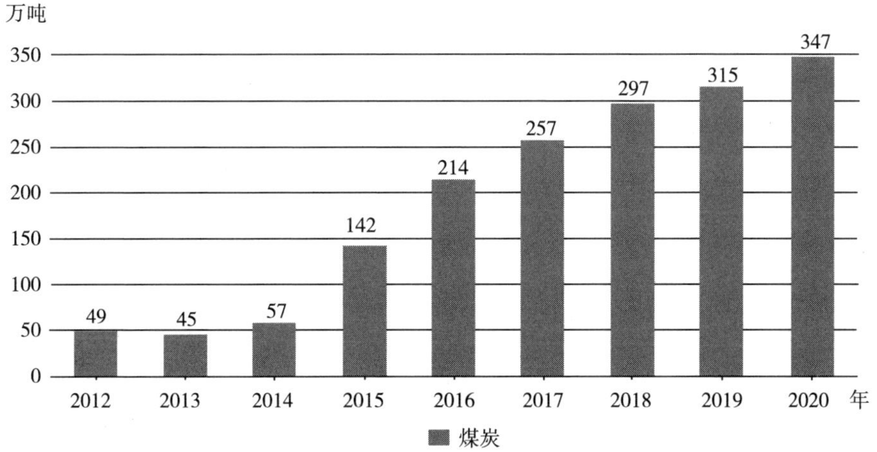

（a）

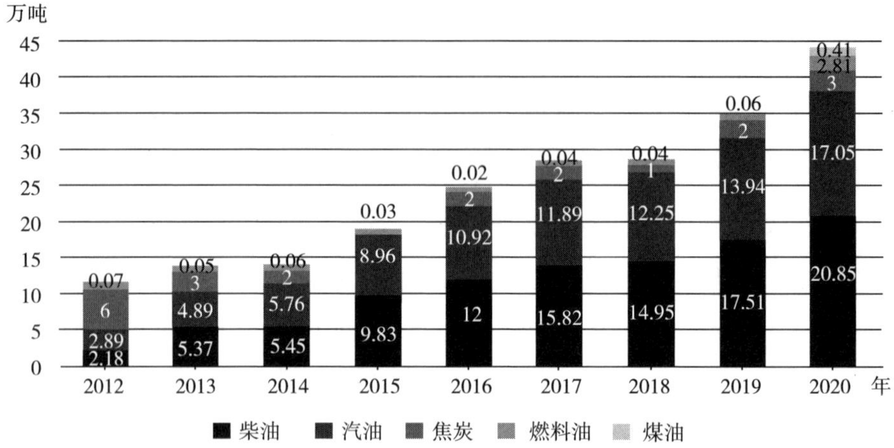

（b）

图 6－2　2012～2020 年服装业能源消耗总量

（资料来源：国家统计局，2021 年）

在时尚产业飞速发展的同时，环境问题也成为不可忽视的问题。我国政府不断地将生态文明问题摆在重要位置上。党的十八大报告就已经指出“建设生态文明，是中华民族永续发展的千年大计，关系人民福祉，关乎民族未来，功在当代，利在千秋”，中国对生态的态度已发展至文明的高度。党的十九大对“大力推进绿色可持续发展”作了系统阐述，党的二十大则继续提出“推动绿色发展，促进人与自然和谐共生”。我国政府于 2020 年 9 月 22 日宣布，将努力实现碳达峰，并尽早实现碳中和；承诺到 2060 年前我国的二氧化碳排放将达到峰值并开始逐步减少，直至实现碳中和。由此可见，可持续发展是我国重要的发展方针。

越来越多的人开始关注购物狂欢和消费主义的代价，时尚行业背后的可持续问题浮出水面。显然，时尚品牌依靠牺牲长期利益换取市场份额的粗放型发展策略行不通了。如果将眼光放长远，过度消费、生产和物流所产生的包括全球变暖在内的环境问题将成为时尚产品零售商的噩梦。据统计，消费者对时尚行业的可持续发展的期待持续增高。2019 年，“可持续时尚”在互联网的搜索量比 2016 年增加了 3 倍以上，预计这一趋势将持续增长。在麦肯锡公司的调查中，约 66% 的受访者表示他们在购买奢侈品时会考虑可持续性。同时，中国消费者正处在从消费主义向可持续生活方式过渡的文化迁徙阶段，根据 R. I. S. E. 可持续时尚实验室发布的 2021 年《中国可持续时尚消费人群行为图谱》，高达 79% 的中国受访者已认识到现代时尚行业的污染，并有 93% 的受访者赞成“应该购买或使用具有可持续性的产品”。根据 Vogue Business 发布的《解码中国 Z 世代的可持续消费观》报告，54% 的年轻群体更关注可持续品牌的实用性，要求产品能够经久耐用，并且可以循环利用。

由此可见，无论是为了满足生态文明发展需要还是时尚产业自身的发展需要，时尚产业发展模式如何转变为可持续发展模式成为极有意义的话题。“可持续时尚”是基于供应链对时尚产品全生命周期开展的一系列环境友好型生产发展行为。具体来讲，就是以可持续的方式进行设计、原料采购、生产、销售和回收利用服装、鞋帽、配饰等，并考虑整个过程对环境所造成的影响。这一模式综合考量了生态学、社会学、经济学等多个角度，力求在生态与经济效益中取得动态平衡，是解决时尚业环保问题的最优方案之一。可持续时尚发展面临的挑战见图 6－3。

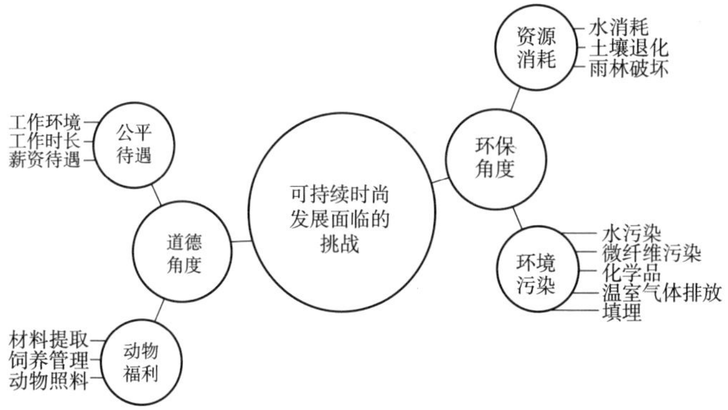

图 6－3　可持续时尚发展面临的挑战

［资料来源：R. I. S. E. 可持续时尚实验室：《时尚行业可持续行动指南》（2022 年版），载原动力文档 2022 年 5 月 5 日，https：//max. book118. com/html/2022/0504/5311340322004222. shtm］

二、全球发展可持续时尚的法律保护现状

为了调和时尚业爆发式发展与污染严重之间的矛盾，“可持续时尚”逐步进入人们的视野。在维基百科中，对可持续时尚作如下定义：它是促进时尚产品和时尚系统向生态更加完整性和社会正义性转变的行为和过程。可持续时尚不仅涉及时尚产品，还包含整个时尚系统，这意味着相互依存的社会、文化、生态甚至金融体系都被囊括其中。可持续时尚的内涵极为丰富，不仅包含在制造销售时尚产品时的环境保护，如减少对自然资源的消耗，降低碳排放和废物产生等环境负担，也强调时尚企业的社会责任，如关注劳工权益和福利，拒绝过度劳动和剥削；既包括时尚企业在生产等过程中对碳排放的关注，如使用环境友好的材料及工艺，也包括消费从“快时尚”向“慢时尚”消费观的转变，如关注可持续风尚和生活方式的转变，追求更细致、高品质的产品。

随着可持续时尚理念的发展，联合国及各国都开始积极推进相关立法。在联合国气候变化组织的主持下，时尚利益相关者在 2018 年致力于确定更广泛的纺织、服装和时尚行业如何实现对气候行动的全面承诺。他们创建了《联合国时尚产业气候行动宪章》（UN Fashion Charter for Climate Action），其使命是推动时尚行业在 2050 年之前实现温室气体净零排放，以期将全球变暖控制在 1.5 摄氏度以下。《联合国时尚产业气候行动宪章》于 2018 年 12 月在第 24 届联合国气候变化大会上发布，并于 2021 年 11 月在第 26 届联合国环境变化大会上更新。《联合国时尚产业气候行动宪章》的签署者共同代表了时尚行业的很大一部分参与者。目前有 100 家公司和 41 个支持组织签署了《联合国时尚产业气候行动宪章》，其中包括晨风集团、劲霸男装和盛泰集团等在内的中国企业。

联合国环境规划署和联合国气候变化组织联合发布《可持续时尚传播行动手册》，强调转变时尚传播方式以实现可持续和循环的时尚的重要性，并提请人们关注营销人员、品牌经理、形象塑造者、故事讲述者、

媒体、影响者等的作用。该手册主要包括以下4个方面的内容：其一，打击错误信息；其二，减少导致过度消费的信息；其三，将愿望转向更可持续的生活方式；其四，使消费者能够要求企业和政策制定者采取更大的行动。该行动手册倡导的不仅是个人从思想到行为的改变，更是在商业、社会和政策层面进行的系统性转变。

2022年3月，欧盟委员会提出了《可持续产品生态设计法规》（Eco－design for Sustainable Products Regulation，ESPR）提案。该提案是《新循环经济计划》的一部分，旨在全面减少欧洲市场上产品在生命周期内对环境的负面影响，包括资源使用效率、能源效率、温室气体排放和废弃物管理等方面。该法规强调，制造商不得利用设计功能限制产品的使用寿命，并且应当及时提供软件更新、消耗品、备用件和配件，从而有效地增加产品的使用年限。另外，该法规对产品的标识也提出了要求，规定产品上必须附带有包括相关性能、可追溯性、有害化学品、用户手册等准确和最新信息，以保证消费者的知情权。为了防止出现维护品牌形象而销毁未售出的产品的行为，该法规规定当经济经营者需要销毁未售出的商品（特别是纺织品、鞋类等）时，必须报告所丢弃产品的年度数量、百分比以及原因，特别规定禁止销毁未售出的电气和电子设备。

2021～2022年，美国纽约州议会相继提出并采纳了首个规制服装与制衣产业的FABRIC法案，以及《时尚可持续性与社会责任法案》（Fashion Act）。美国联邦贸易委员会也进一步发布“绿色指南”（Green Guides）。通过以上措施，政府和相关组织积极指导时尚企业市场营销人员提出合规的环保声明。上述法案以促进时尚企业绿色声明合规为主要目的，重点打击时尚企业“漂绿”问题，明确剖析引发“漂绿”问题的原因并据此设定对应的判断标准，列明绿色声明中关键的声明事项。

日本建立了较为完整的可持续时尚规制法律体系，《环境宪法》作为环境基本法指导立法。日本的可持续发展立法与产品生命周期相配套，在生产阶段，由《促进资源有效利用法》进行规范；在消费使用阶段，由《采用绿色采购法》进行规范；在回收再生利用阶段，由《制定容器包装再生利用法》进行规范；在废弃阶段，由《出台废弃物处理法和产业特措法》进行规范，不同的立法在不同的环节发挥作用，环环相扣，保证了产业的可持续发展。

法国颁布了《反浪费和循环经济法》，主要围绕5个关键问题，包括到2040年消除一次性塑料包装；提供更好、更透明的信息；限制废物产生并促进再利用、回收和修复；采取行动针对计划报废；从设计阶段推广更好的资源管理系统提高生产等。该法重点强调透明度，要求对政府审查机构、第三方环保组织、公众消费者等群体详细提供完善的环保措施信息，注重产品回收问题，同时实现碳减排。

三、我国发展可持续时尚的立法保护现状

习近平主席在第七十五届联合国大会一般性辩论上作出“中国将提高国家自主贡献力度，采取更加有力的政策和措施，二氧化碳排放力争于2030年前达到峰值，努力争取2060年前实现碳中和”的政治宣示。随即，“碳达峰、碳中和”被写入“十四五”规划纲要，我国应对气候变化的现实目标与理想愿景得以正式确立。

2020年9月，中国纺织工业联合会（以下简称中国纺联）秋季联展全面推进气候创新行动，第一时间响应国家“双碳”目标。中国纺联于2021年6月1日启动了“中国时尚品牌气候创新碳中和加速计划”，支持绿色低碳技术研发的推广和应用，全面推进可信低碳产品、支持可持续消费，共同推进行业气候行动。2023年9月22日，中国纺联与“双碳”目标加速计划企业联合响应并发布气候行动进展报告，共同助力实现国家自主减排目标，探索可持续生产与消费的模式和路径，推动全球时尚产业的绿色变革。为实现行业减碳目标，中国纺联初步制定了路线图，将2030年前的时间分为三个阶段——自发阶段（2019～2022年）、自主阶段（2023～2025年）和市场化阶段（2026～2030年）。自发阶段即有

意识企业先行自发采取减排行动；自主阶段是引导行业大部分企业主动采取减排行动；市场化阶段是指通过碳交易机制等市场化手段实现行业的整体减排。

国家发展改革委等部门也发布了关于加快建立产品碳足迹管理体系的意见，其中提到建立产品碳标识认证制度。在制定产品碳足迹核算规则和标准、建立相关背景数据库的基础上，国家层面建立统一规范的产品碳标识认证制度，通过明确标注产品碳足迹量化信息，引导企业节能降碳。国家鼓励企业按照市场化原则自愿开展产品碳标识认证，引导其在产品或包装物、广告等位置标注和使用碳标识。

在立法层面，我国也在加强碳中和立法。2021 年 9 月《中共中央、国务院关于完整准确全面贯彻新发展理念做好碳达峰碳中和工作的意见》中明确提出，研究制定碳中和专项法律，抓紧修订节约能源法、电力法、煤炭法、可再生能源法、循环经济促进法等，增强相关法律法规的针对性和有效性。可持续发展在我国立法中有以下体现：《民法典》总则编提到了绿色原则，将环保等理念提升为《民法典》的基本原则，体现了民法对可持续发展的重视。分则部分有关环境污染和生态破坏责任的条款更详细地规定了环境侵权责任，集中见于《民法典》侵权责任编中的第七章，明确限制时尚企业在生产环节环境污染和生态破坏的侵权责任，提升了时尚行业的环境效益，有利于可持续时尚的发展。《环境保护法》中对时尚企业相关的环保规定，集中见于第 40 条、第 42 条、第 43 条、第 45 条和第 46 条，从清洁生产、资源循环利用、淘汰和禁止引进严重污染环境的工艺、材料、技术和产品等角度，对时尚企业生产过程采取严格的环保限制，该规定相较《民法典》中有关环境污染和生态破坏责任的规定而言更为具体和细致。此外，我国《广告法》从对时尚企业广告的真实性、引导性的规范以及对“虚假广告”的定义出发，在一定程度上限制了时尚企业在广告中虚假、夸大宣传环境效益的行为，在保护消费者权益的同时有利于可持续时尚产业的健康发展。《消费者权益保护法》明确了“提供真实、全面信息的义务”，保证消费者的知情权。《碳排放权交易管理办法（试行）》则通过设立碳排放权的方式推动企业减少碳排放并鼓励投资低碳技术，其中规定了碳排放权交易的实施办法、权益划分等内容。《可再生能源法》旨在促进可再生能源的开发和利用，推动能源结构的优化，其中规定了可再生能源发电的管理、电力市场准入等内容。

关于产品的可持续标准，早在1991年7月，国际标准化组织（ISO）颁布了首批与环境管理体系及其审核有关的5个标准，即ISO14000环境管理系列标准，引起了各国政府和产业界的高度重视。我国政府也将上述标准转变为包括GB/T 24001－1996 idt ISO14001环境管理体系在内的5项国内标准。“预防为主”是贯穿ISO14000系列标准的主导思想，它要求企业必须承诺污染预防，并在体系中加以落实。持续改进是ISO14000系列标准的灵魂，组织通过实施标准，建立起不断改进的机制，在持续改进中，实现自己对社会的承诺，最终达到改善环境绩效的目的。此外，2022年7月19日，浙江省质量合格评定协会在全国团体标准信息平台上发布公告，批准发布《时尚产业可持续发展管理体系—要求第1部分　管理体系要求及指南》（T/ZACA 049—2022）和《时尚产业可持续发展管理体系—要求第2部分　时尚产业产品（纺织、皮革）安全技术要求》（T/ZACA 050—2022）两项团体标准。这是国内首次针对时尚产业可持续发展而制定的管理规范，该规范以管理方法、风险思维、过程管理、输入源和输出管理为核心管理技术，能够帮助时尚产业提高整体绩效，实现可持续发展。这也是我国自身的可持续时尚的标准，可以借以突破各国的各种生态产品认证，掌握一定的时尚产品发展的话语权。

四、可持续时尚的发展现状及司法实践

我国时尚企业开始进入可持续时尚的转型中。一些企业已经布局可持续发展战略，从原料采购到生产加工到消费者理念等多个环节注入绿

色理念，考虑如使用可降解材料和可持续包装减少塑料污染和资源浪费等具体问题。截至2019年，我国已有2600余家可降解材料相关企业，可降解材料和可持续包装在时尚行业中的应用也越来越普遍。另外，一些品牌也在加强旧衣回收计划，通过专业化的手段，将有价值的旧衣物进行分类、清洗、消毒等处理，再将其资源化利用或捐赠给需要的人，既解决了环境污染问题，又实现了资源的循环利用，如优衣库在2020年推出“RE. UNIQLO”项目活动，耐克的“move to zero计划”等。时尚企业可持续发展的基本措施如图6－4所示。

与此同时，时尚产业也在培养可持续时尚的理念，如以榜单方式鼓励时尚企业采取可持续发展措施。

WWD中国推出“Sustain100”可持续时尚创意榜单，以表彰时尚、美容和零售业在此领域作出的有形贡献。这些榜样力量可以成为企业实践中借鉴的对象，帮助消费者在众多绿色行为中鉴别出真正有创新价值的行为，同时亦为产业可持续发展带来更多启发和指引。中国国际时装周本身也时刻关注环保与社会责任，长期引导鼓励品牌、设计师致力于环保材料与“绿色”制造，以让环保融入生活的轻松方式践行时尚可持续发展，启迪后来者。中国绿发会—行动亚洲基金与深圳市服装行业协会联合举办了“第四届湾区可持续时尚论坛暨第八届国际可持续时尚零皮草盛典2022国际同理新时尚论坛”。该论坛以“可持续降碳消费”为主题，深入探讨时尚可持续议题。同期揭幕的Redress可持续时尚设计展，也为消费者呈现了可持续时尚从概念到产品的实体体验。

虽然时尚产业在逐步推进可持续时尚，但是环境侵权仍然时有发生。为了进一步提高对生态环境的保护，《最高人民法院关于审理生态环境侵权责任纠纷案件适用法律若干问题的解释》《最高人民法院关于审理生态环境损害赔偿案件的若干规定（试行）》专门就生态环境侵权问题作出相关解释，确定就生态环境损害，既可以由被侵权人提起生态环境损害赔偿诉讼，也可以由检察院、环保部门提起民事公益诉讼；既可以要求被

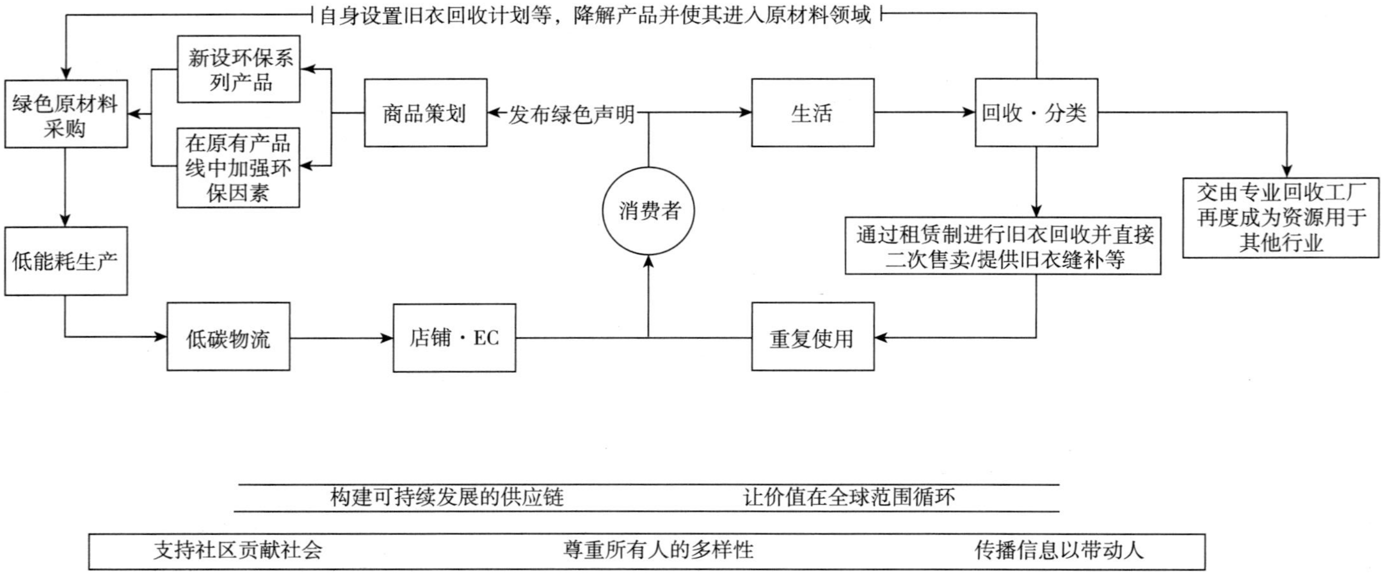

图 6－4　时尚企业可持续发展的基本措施

告承担生态环境服务功能损失赔偿资金、生态环境功能永久性损害造成的损失赔偿资金，也可以要求被告在不履行生态环境修复义务时承担修复费用。例如，浙江省温州市人民检察院就陈某存未经批准，擅自占用山福镇双溪村集体土地进行填土培地、固化地面、垒砌石墙、建造房屋的行为要求被告承担生态环境修复费用 235,928 元、生态服务功能损失 61,474 元并赔礼道歉等。[①] 此外，我国《刑法》第 338 条规定了污染环境罪，明确违反国家规定，排放、倾倒或者处置有放射性的废物、含传染病病原体的废物、有毒物质或者其他有害物质，严重污染环境的，构成犯罪。为了进一步明确此污染环境罪的适用，最高人民法院、最高人民检察院颁布了《最高人民法院、最高人民检察院关于办理环境污染刑事案件适用法律若干问题的解释》（法释〔2023〕7 号）。实践中，若企业的行为严重污染环境，会同时面临民事赔偿与刑事处罚等。

典型案例 6－1

潘某新未经批准将承包的总面积为 250 亩的山林地块以两年共计 26 万元的价格租赁给杨某庆。2018 年 4～8 月，杨某庆将回收的工业垃圾废料至少 1177 吨不加处理地直接倾倒于上述地块并用土壤将垃圾掩埋，造成上述地块土壤及水源受到污染。绍兴市越城区人民法院经审理后认为潘某新违反国家规定，倾倒其他有害物质，严重污染环境，行为均已构成污染环境罪，且系共同犯罪，作出（2022）浙 0602 刑初 744 号刑事判决，判决潘某新、洁丰公司犯污染环境罪。绍兴市生态环境局提起公益诉讼，经法院审理判令被告潘某新等支付阶段性生态环境损害赔偿金 936,485.86 元，并公开赔礼道歉。[②]

---

① 浙江省温州市中级人民法院民事判决书，（2022）浙 03 民初 1742 号。

② 浙江省绍兴市中级人民法院民事判决书，（2023）浙 06 民初 75 号。

此外，部分企业还会利用“绿漂”吸引眼球，即企业表面上宣示其自身对环境友好，但实际上是反其道而行，这种“绿漂”被认为是一种形式上适应而实质上对抗的社会责任响应方式。但由于缺乏具体的规定，“绿漂”行为在司法实践中存在难以认定的问题。例如，SHEIN 利用绿色可回收材质打广告，玩文字游戏，注明“可回收材质”，但未写明回收材料占比，回收计划仅针对退货品和残次品，不面向消费者；H. M 利用语言差异增加释义难度，面对环保广告的质疑仅发表英文版声明。合理营销手段和承诺标准难以界定，如可口可乐案例，消费者主张可口可乐公司在 2018 年承诺帮助减少塑料，但几乎没有采取任何行动，没有做出任何重大努力向循环经济转型，或以其他方式作为可持续企业运营，长期以来违背对可持续发展目标的公开承诺。但最终法院认为可口可乐提出的环保口号并非对消费者的具体承诺，因此原告 Earth Island 的诉求被驳回。在消费者诉 Allbirds 案中，消费者对 Allbirds 公司衡量碳足迹的方法质疑，并指控虽然 Allbirds 的广告“被环保词汇充满”，但该品牌真实的运营情况与“环保”重点的营销策略并不匹配，在“动物福利声明”方面也存在误导性，其兜售的环保信息实际上存在“虚假、欺骗性和误导性”，违反了 New York General Business Law（GBL）项下“禁止欺骗性商业行为和虚假广告”的规定，并构成“违反明示保证”“欺诈”“不当得利”等违法行为。最终法院驳回了原告的诉求，认为“Allbirds 没有法律义务披露所谓的隐瞒事实”。实践中能被法院认可的情形通常是对虚假宣传或虚假广告等进行认定。例如，一名消费者向法国广告监管机构投诉，认为某知名运动品牌 2021 年 3 月推出的“环保版”运动鞋广告宣传具有误导性，并非广告中所说的 100% 采用可回收塑料制成。经过调查，法国广告监管机构裁定，某知名运动品牌在海报中的宣传的确存在夸大宣传，违反了现行的广告道德规范。在 Alcantara 诉 MIKO 案中，Alcantara 提出，首先 MIKO 的广告话术是虚假和模棱两可的，诸如“第一款可持续且可循环利用的超细纤维”“100% 可回收”“减少 80% 的能源消耗和碳排放”“环境友好”等，不符合“清晰、真实、准确且无误导性”的要求，其次 MIKO 的材料成分和来源与广告宣传的概念互相矛盾，“很难相信这种材料可以被视为一种天然纤维”，最终戈里齐亚法院认为“如今消费者环保意识强，公司或产品所宣扬的生态美德将影响普通消费者的购买选择”，而且“绿色环保声明必须清晰、真实、准确且无误导性，并以通过浅显易懂的方式呈现科学数据为基础”。基于这种原则，法院认定 MIKO 的广告中存在严重的“绿漂”。我国《南方周末》自 2009 年至今一直在公布“绿漂榜”，对在环境保护方面进行公然欺骗、刻意隐瞒、双重标准等的企业进行公示。行政执法部门往往会依据《广告法》《消费者权益保护法》等对涉及环保的虚假宣传行为作出行政处罚。

典型案例 6－2

海宁市斜桥镇金邦装饰材料厂出于更好地销售其产品的目的，自 2019 年起，在其位于浙江省嘉兴市海宁市斜桥镇北黄墩港 2 号的海宁市斜桥镇金邦装饰材料厂内，开始使用印有“德国易匠建材科技有限公司荣誉出品”“ISO90012018 认证国际质量管理体系”“中国优秀环保产品”“中国家装工程推荐产品”“无醛”“抗碱”“防霉”“环保”“抗裂”标识内容的包装袋与包装桶分别用于灌装腻子粉和腻子水并用于销售。但实际上，上述涉案商品外包装上印有的“ISO90012018 认证国际质量管理体系”“中国优秀环保产品”“中国家装工程推荐产品”“无醛”“抗碱”“防霉”“环保”“抗裂”标识内容并无相关依据或证据材料与来源。海宁市市场监督管理局对其虚假宣传行为予以罚款 200,000 元的行政处罚。①

① 海宁市市场监督管理局行政处罚决定书，海市监处字〔2021〕402 号。

第二节 直播营销下法律难点问题分析

一、直播营销的发展现状及营销模式

互联网直播营销是指在特定场合下，由网络主播通过直播平台即时向平台受众群体推销商品或提供服务，受众群体可在主播的营销下自行选择是否购买的新型购物形式。近年来，互联网直播营销模式发展迅猛，成为商家进行电子商务推广的重要渠道之一。作为一种新兴的电商交易模式，带货主播通过网络平台直播发布产品或服务信息，实时地运用语言、形象、试用感受等形式向消费者宣传、推广产品或服务，吸引消费者做出购买决策。

直播营销模式初步兴起于2016年，后随着数字经济、电子商务以及“宅经济”的不断发展，直播营销模式因及时性强、交互性强、真实感强等优势迅速成长，向精细化运营发展，于2019年开始火爆，被越来越多的消费者和商家接受。2020年，在自身模式的渐趋成熟与新冠疫情的催化下，直播营销模式更是在全国掀起一股热潮，2020年因此号称“直播营销模式元年”。数据显示，2016～2020年中国在线直播用户规模逐年递增，已突破5亿直播用户；同时，中国网络零售额每年以超25%的增长率不断增长。逐年递增的直播用户人数以及庞大的网络销售市场，为直播营销模式提供了完备的“人”和“场”的条件。中国互联网络信息中心发布的第46次《中国互联网络发展状况统计报告》显示，截至2020年6月，我国电商直播、短视频及网络购物用户规模较3月增长均超过5%，电商直播用户规模达3.09亿人，较2020年3月增长4430万人，规模增速达16.7%，成为上半年增长最快的个人互联网应用。网络零售用

户规模达 7.49 亿人，占网民整体的 79.7%。[①] 2022 年网络直播用户规模 7.51 亿，成为仅次于短视频的网络视听第二大应用。2022 年中国电商直播市场规模进一步上升至 15,073 亿元。当下，无论是快时尚服饰还是中高端品牌，直播都成为其营销模式的重要选择之一。

直播营销模式是一种“注意力经济”，相比传统的营销模式（如代理商模式、经销商模式、直营模式等），直播营销模式具有三个明显的优势：其一，成本低廉。直播营销模式可以把传统商贸准备过程全部“挪移”到“云端”进行，产品介绍、推广以及观众从受众到顾客的转换在短短一场直播中完成，观看人数的容量要远超线下的会场，这就可以为商家节省大量成本。其二，及时高效。直播营销模式可以及时高效地把新产品在第一时间以“声情并茂”的方式展现给消费者，消费者对直播在短时间内所传递的商品信息接受度和理解度更高，从而大大缩短了营销时间。其三，宣传到位。直播营销模式以手机、电脑为平台，充分利用消费者的闲暇时间，让消费者边看直播边购物，在无形中成了商家的广告受众。与此同时，直播营销模式能够吸引消费者购买，一方面是基于主播个人的影响力，主播的粉丝数量会很大程度上决定该场直播的受众；另一方面直播营销产品本身的优惠力度也具有较强的吸引力，价格优惠会增加人们的购买欲望。此外，直播的内容设计也很重要，主播采取一定的方式技巧，突出商品的某些特性，抓住顾客的心理，潜移默化地影响观众的购买欲望。

现有的直播营销模式大致可以分为商家直播和独立主播推广两类。

一类是商家自行或者雇用主播进行自营商品和服务的销售。这一类行为更接近于销售行为，实质上是把电商原有的文字、图片、短视频形

---

① 中国互联网信息中心：《第 46 次〈中国互联网络发展状况统计报告〉（全文）》，载中国网信网，http：//www.cac.gov.cn/2020－09/29/c_1602939918747816.htm？from＝timeline。

式，转换成即时、互动的直播形式描述商品并销售。此时，主播，也就是商家，可能集广告主、销售者、电子商务经营者三种身份于一身，商家对商品的问题当然承担责任，与传统电商并无本质差别。在直接销售类直播电商中，一般认为，主播对产品的介绍、说明应纳入销售范围，而非《广告法》领域。主播即销售者，相关承诺等应依据《消费者保障权益法》的相关规定予以履行。

另一类是主播独立于商家提供带货服务。商家与主播或者其他参与主体签订直播营销模式服务合同，商家提供产品，并给予主播或者其他合同当事方一定的服务费，约定一定的销售提成，由主播提供带货服务。此种模式一般依托于两种新平台开展：一是以淘宝联盟、京东联盟为代表的联盟平台，商家的商品通过联盟平台发布后，网络用户自发地在该平台上选择商品，进行营销推广；二是以阿里 V 任务、快手快接单为代表的营销任务平台，此类平台上商家的商品发布后，网络用户自行选择营销任务，或者商家自行向特定用户发起邀约，由达人进行营销推广。

第一种以淘宝联盟、京东联盟为代表的联盟平台所开展的短视频、直播营销的运作模式如下：商家通过电商联盟平台发布需要进行宣传和带货的商品，网络直播者自行在该平台上选择商品。其中典型的是 MCN 公司签约主播。一般是由 MCN 公司根据其在各社交平台所搜集的资料及目标主播，向符合其目标的潜在主播进行邀约，邀请其加入本机构作为签约主播，MCN 公司负责对该主播进行前期的孵化及后期的直播引导和管理等。这种多半是由机构对联盟平台商品进行筛选后选取适合该主播的商品再进行直播。①

第二种是以阿里 V 任务、快手快接单为代表的营销任务平台为基础的直播模式。这种模式较之前一种最大的区别是该平台本身并不是经营

---

① 参见马婷婷：《网络直播广告中主体定位及责任分析》，载《中国广播》2020 年第 6 期。

电子商务的平台。此类平台更多的是处于居间地位，负责网络主播和商家之间的联系。以快手快接单为例，快手本身这个平台是社交平台，主要是通过用户发布短视频以获取流量和热度的社交软件。基于对流量和热度的变现，该平台内的用户会采取参与直播营销模式或发布带货短视频以获取佣金收入。因此，快手快接单就基于此需求而产生，该平台主要是由商家在该平台发布需要推广的商品或服务，由快手短视频内的用户自行选取任务并按照要求直播或者发布短视频，在达到一定的销售量或者推广度时获取相应的佣金。

二、直播平台的广告法主体地位的界定

目前直播平台发布广告分为三种模式：直播平台发布广告、直播用户发布广告、平台与用户共同发布广告。

在直播平台投放广告的形式是简单的三方主体架构，由广告主、直播平台、用户构成。广告主通过直播平台发布广告内容，网友在直播平台浏览过程中看到发布的广告，根据自己的兴趣选择观看广告，了解购买产品。若直播平台掌握着广告的发布决定权，能够对广告的内容进行核对，则直播平台为广告发布者。此类型广告的特点在于广告的发布路径：广告主或广告代理人将广告内容交给互联网平台，互联网平台根据其所签订的互联网广告发布合同的要求发布广告，也就是说，广告的发布行为由互联网平台做出。互联网平台是能够对互联网广告的主体、内容、发布形式进行审查和控制的。在此种模式下，直播平台与广告主或广告代理人之间存在合同关系，直播平台可以对其身份进行审查核对，同时可以要求对方提供相应的产品等相应证明。此种典型的模式为直播的开屏广告等。

直播平台用户自行发布广告存在两种模式：其一，直播间植入式广告；其二，狭义的直播带货。直播间植入式广告是将宣传产品摆放于直播间的突出位置，产品构成直播画面的一部分。这种广告植入与传统影

视剧中的广告植入类似，直播平台用户在直播过程中通过语言或肢体行为将产品与直播内容关联，引起用户对产品的关注，通过提升产品的曝光率增强用户对产品的熟悉感，进而实现品牌宣传的目的。狭义的直播带货是直播平台用户通过口述或者亲自试验产品的方式，将产品的试用效果直观地呈现在消费者面前，消费者基于直播平台用户的花式赞美和产品试用效果产生购买欲望。

在上述的两种模式下，直播平台用户利用直播平台进行广告发布，直播平台仅为信息服务提供者。此时，直播平台用户应当认定为广告的发布者，因为该用户对所发布的广告内容完全控制。具体而言，在此种情形下，直播平台与直播平台用户之间存在用户协议，直播平台可以在协议中约定对用户的相关信息进行审核，如注册用户的身份认证管理、审批用户在直播平台中所发布产品是否违反法律法规。但直播平台对产品的宣传内容、价格等并无实质的控制权。直播平台用户选品，并与广告主或广告代理人签订商品折扣合同或推广协议，以促成直播观众消费购买，决定产品及其广告的内容。从合同的角度来看，广告主订立的广告合同的相对人为直播平台用户。广告主发布、修订广告内容，需以直播平台用户为相对人，当事人可以在合同中约定相关的审查权利、索赔的权利等。而直播平台的合同相对人为直播平台用户。直播平台无法要求与其无合同关系的第三人即广告主提供相应的资质以供审查。因此，若认为直播平台为广告发布者，则审核查验并登记广告主的名称等相关信息及登记备案的义务，直播平台无法履行。相反，若认为直播平台用户为广告发布者或广告经营者，其与广告主直接接触，作为合同的相对方，审查交易相对人的相关信息，符合一般的交易观念，对相关信息进行登记备案也并非难以完成的义务。对此，实务中法院的判例持类似的观点，认为若本身不存储、控制、编辑或修改被链接的第三方网页上登载、存储、编辑、显示的信息内容或其表现形式，则不能认为其应承担相应的责任。[1] 此外，对于自媒体端的广告，消费者对于推荐商品的信赖并非源自该平台，而是源自特定的直播平台用户。正如当下许多商品以“李佳琦”等知名主播推荐作为其广告内容，从而论证该产品的可靠性。由此可见，即使就用户信赖的角度而言，广告的发布者也应认为是直播平台用户。直播平台只是为他人发送、发布广告的活动提供了信息传输的场所或者平台，因此法律将其定性为“第三方平台”，即义务的内容仅为在“明知或应知”的情形下制止违法广告的义务。此外，直播平台用户在直播的过程中一般会以自己使用为前提，对自己使用过的产品或服务进行介绍和推荐，并以自己的名义或者形象进行推荐证明。与法律规定的“广告代言人需要使用过其推荐的产品或服务”相符，因此直播平台用户在构成广告发布者的同时，亦为广告代言人。

除了上述两种模式外，还存在直播平台与直播平台用户合作发布广告的情形，即直播平台用户与互联网企业共同参与到广告的发布过程中，直播平台用户并不直接发布广告，而是需要与平台方进行合作，联合推送或展示广告信息，且都参与广告的内容与广告的发布，如信息流广告等情形（见图6－5）。

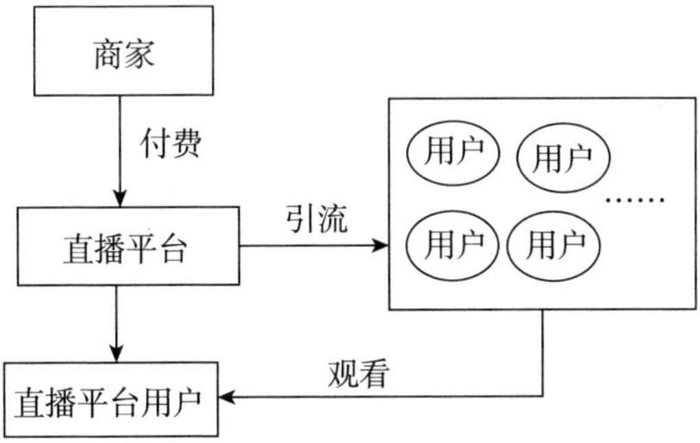

图6－5　直播平台与直播平台用户合作发布广告

从“控制”的角度来看，上述模式中，直播平台用户与直播平台签

① 广东省深圳市中级人民法院民事判决书，（2011）深中法知民终字第651号。

订推广协议或者合作协议，共同决定着广告的发布以及广告的内容形式，直播平台与直播平台用户两者为合作关系，共同发布互联网广告。直播平台用户需与直播平台对导流的对象进行约定，其内容不具有随机性，直播平台可以对其进行审查核对；从盈利模式来看，直播平台与直播平台用户合作发布广告，直播平台用户通过缴纳推广费用，由直播平台引流推荐或在平台主页广告位发布直播平台用户广告等。换言之，直播平台本身从广告中可以获得相应的利益。对于此种模式，《市场监管总局关于加强网络直播营销活动监管的指导意见》中明确规定，直播平台为商品经营者（含服务提供者）或网络直播者提供付费导流等服务，对网络直播营销活动进行宣传、推广，具有发布商业广告的特性，直播平台应履行广告发布者或广告经营者的责任与义务。

典型案例 6-3

东阳市吴宁小仙服装店在其抖音上的网店“卡奈尼严选”上发布了“秋冬保暖 37 度恒温隐形热能衣舒适无痕打底女超薄款保暖溯源好物”这个产品，在上述该产品的详情介绍中使用了“37 度恒温”“360°全方位锁温”“自发热技术”“暖感值远远高于同类普通打底衫”等文字和图片的描述，当事人承认上述描述为自己编造，无法提供合法证明材料，内容虚假。至 2023 年 11 月 21 日案发日止，当事人编辑发布上述虚假广告，共花费推广费 100 元，制作费用 25 元，共计广告费用 125 元。东阳市市场监督管理局认为当事人在抖音上发布虚假广告，违反了《广告法》第 28 条第 1 款，构成以虚假或者引人误解的内容欺骗、误导消费者的其他情形的虚假广告行为，并根据《广告法》第 55 条第 1 款责令当事人停止发布广告，在相应范围内消除影响，罚款 500 元，上缴国库。①

① 东阳市市场监督管理局行政处罚决定书，东市监处罚〔2023〕1172 号。

三、网红主播跳槽的天价违约金调整研究

在网络直播行业迅猛发展带来巨大流量经济利益的同时，网络直播行业也存在许多乱象，如以斗鱼、虎牙为首的网络直播平台相互挖角，进行不正当竞争。MCN 公司会为了网络主播孵化支出一定的成本，但随着流量的增加，粉丝会对主播产生一定的人身信赖，此时主播跳槽会对 MCN 公司造成巨大的损失。因此为了防止主播跳槽，MCN 公司会与主播之间约定“天价违约金”条款，如何对该违约金进行调整，从而既保证平台利益，又能在一定程度上维护主播的人身自由，是亟须解决的问题。

首先，需考虑主播与 MCN 公司之间的法律关系。若两者构成劳动关系，则需优先适用《劳动合同法》的规定，否则可以直接适用《民法典》关于合同的相关规定。如果构成劳动关系，需满足以下几个特征：一是人格上的拘束；二是身份上的依附；三是经济收入上的依靠；四是经济风险上的依靠。[①] 从属性标准是界定劳动者身份与其他法律关系主体（特别是民事主体）身份的最重要标准。其内容主要包括人格从属性和经济从属性。[②] 所谓人格从属性，是指劳动者必须被纳入用人单位的组织体系当中，成为用人单位的一名成员，在用人单位的指挥、命令、管理下提供劳动，用人单位对劳动者拥有广泛的指挥权，例如，用人单位有权对劳动者布置生产任务或者下达劳动定额；有权确定劳动者的工作地点、工作时间和岗位职业；有权作出指示；有权依法制定和实施内部劳动规则；对违反单位规章制度和劳动纪律的劳动者作出惩戒决定。所谓经济从属性，是指劳动者与用人单位之间存在经济上的依赖关系，例如，劳动者并非为自己提供劳动，而是为他人提供劳动，并以他人所给付的劳

---

① 参见李海明：《论劳动法上的劳动者》，载《清华法学》2011 年第 2 期。

② 参见林嘉主编、杨飞副主编：《劳动法和社会保障法》（第 4 版），中国人民大学出版社 2016 年版，第 54～60 页。

动报酬和其他待遇作为其主要生活来源；用人单位应向劳动者提供劳动所需的生产资料和劳动条件，支付劳动力的“对价”（工资和福利）。在具体运用从属性标准界定劳动者身份时，应以人格从属性作为主要判断标准，以经济从属性作为辅助判断标准。MCN 公司和主播之间往往会签订《演艺经纪合同》《合作协议》《委托协议》等形式的合同，合同一般会对视频创作、账号归属、直播打赏分成、广告收益分成等进行约定，合同内容不同，双方之间的法律关系也会不同，实务中的主流观点是认为双方不构成劳动合同关系。

其次，需考虑违约金酌减规则。我国《民法典》第 585 条第 2 款规定，约定的违约金低于造成的损失的，人民法院或者仲裁机构可以根据当事人的请求予以增加；约定的违约金过分高于造成的损失的，人民法院或者仲裁机构可以根据当事人的请求予以适当减少。之所以要进行违约金调整，主要基于以下考虑：第一，债务人允诺违约金时，通常信赖自己能够履行，往往会低估违约金的有害属性，许以高额的违约金。然而如果事与愿违，债务人就会处于极为不利的状态。在结果上，债务人会发现其承担的赔偿远远超出其履行行为为债权人带来的价值。置言之，若允许自由约定违约金不受限制，则每个交易主体均可能遭受毫无限制的惩罚。第二，在缔约时，债务人不能预见会发生什么，也不能预测其过失或者无主观过错的违反约定的危险有多大。在通过履行辅助人履约的情况下，债务人也无法预见履行辅助人的注意程度。若法律允许其承担超出其预见的违约金数额，并不公平。第三，就合同缔结情形来看，存在谈判力量不均衡的问题。债权人往往通过规定违约金，使经济上处于弱势的债务人置于相当大的压力之下，有时甚至超过债权人合理或正当的利益。债务人常常只有接受或不接受的自由，而无就违约金是否有效谈判的自由。[①]《最高人民法院关于适用〈中华人民共和国民法典〉合

---

① 参见姚明斌：《〈合同法〉第 114 条（约定违约金）评注》，载《法学家》2017 年第 5 期。

同编通则若干问题的解释》第 65 条规定了违约金调整的情形。一方面，若约定的违约金超过造成损失的 30%，人民法院一般可以认定为过分高于造成的损失。实践中的难点是对实际损失的计算。实际损失的计算通说采用“差额说”，所谓损害，是指损害事实发生之前与损害事实发生之后，两者状态相比得出的差额。在直播营销中，主播跳槽会造成 MCN 公司的损失，但损失的多少难以计算。具体而言，多少流量的减少是由于主播跳槽导致的难以确认，流量减少又会导致多少经济利益的减少也不无疑问。据此，法院会结合 MCN 公司所举证的损失、结合主播跳槽所获得的收益等进行综合判断。另一方面，该 30% 并非唯一标准，法院还会兼顾合同主体、交易类型、合同的履行情况、当事人的过错程度、履约背景等因素，遵循公平原则和诚信原则进行衡量，并作出裁判。实践中，为了遏制在 MCN 公司大量投入后主播恶意跳槽的情形，法院会在一定程度上否定酌减，从而客观上对主播的违约行为进行一定的“惩罚”。

典型案例 6－4

2017 年 1 月 19 日，虎牙公司（作为甲方）、江某涛（作为乙方）与关谷公司（作为丙方）签订了《虎牙主播服务合作协议（预付）》。该协议约定：若乙方未经甲方同意擅自终止本协议或乙方违反第 1.2 条排他条款的约定，甲方有权收回乙方在甲方平台已经获得的所有收益，并要求乙方赔偿 2400 万元人民币或乙方在甲方平台已经获取的所有收益的 5 倍（以较高者为准）作为违约金，并赔偿由此给甲方造成的全部损失。自 2017 年 8 月 27 日，江某涛未经虎牙公司同意，开始在与虎牙公司具有直接竞争关系的斗鱼直播平台进行直播，首播开播前人气值就已经超过 190 万人。

虎牙公司在一审时提供了深圳市银通联资产评估有限公司的评估报告书（深银专评报字 2017 第 156 号），用以证明江某涛违约给虎牙直播平台造成的用户流失的商业价值损失，自江某涛在虎牙直播平台直播以来，经付款回单证实的收益为5,815,250.24元，江某涛在答辩时自认总收入为5,186,666.24元。

最终法院支持江某涛支付违约金4900万元。

案例分析

本案的争议点之一：涉案服务协议网络直播跳槽是否构成违约。

江某涛主张其享有解除权。江某涛提出其在网络上遭受虎牙公司平台其他主播有组织的弹幕刷屏谩骂，导致其无法正常直播。

首先，网络主播尤其是长期从事网络直播的主体应当有能力正确面对和处理来自网络褒贬不一的评价乃至谩骂，江某涛作为长期从事网络直播的主播应当有能力应对网络言论攻击。其次，从涉案服务协议中无法认定虎牙公司在出现该类主播与观众之间、主播与其他主播之间发生线上言语纠纷时要进行何种程度的干预和处理。因此，江某涛无法举证虎牙公司存在根本违约行为，其自然也不享有单方的合同解除权。

本案的争议点之二：有关该违约金金额的合理性问题。

一方面，虎牙直播有充分的举证，且该举证具有合理性。虎牙直播作为纳斯达克上市公司“欢聚时代”旗下的直播平台，其用户亦有估值，其单用户估值为201.23元，由于江某涛的违约行为，致使虎牙公司活跃用户流失量巨大，虎牙公司提供的公证书表明，江某涛在斗鱼直播平台首次开播人气190万人，有理由相信，江某涛首次开播的人气主要来源于虎牙直播平台，即使190万人中的1/10作为活跃用户流失，给虎牙公司造成的损失也达数千万元，此外，还会造成虎牙公司基础用户、用户关注度下降的损失。虎牙公司提供的鉴定报告与评估报告，与常理及有关公证书证明的数据相符。

另一方面，江某涛签约时明知订立了违约金计算方式，且知晓斗鱼直播罗列在合同约定的第1.2条排他条款的首位仍要违约去斗鱼平台直播，其违约的故意非常明显。综合合同约定、江某涛“王者荣耀第一人”的地位和价值、虎牙公司的投入、虎牙公司因江某涛违约所遭受的损失、继续履行合同虎牙公司的可期待利益等因素，法院判决支持虎牙公司有关 4900 万元违约金的主张具有合理性。

第三节　数字藏品发布的法律性质的理论探讨

数字藏品作为我国元宇宙领域的代表性产业，正如火如荼地占据新的市场地位。在区块链经济的加持下，数字藏品运用区块链技术对产品进行唯一识别化，通过统一的监管体系让数字藏品在传播作品美学价值的同时不受金融炒作风险的干扰，专注于文化传播，保障数字藏品本身的艺术美学价值。与传统的实物作品相比，数字藏品能更好地发挥创作者的艺术才华，而不受创作材质的限制；与传统的数字作品相比，数字藏品因区块链技术而具有不可篡改等特性，从而保证了数字藏品的稀缺性价值。因此，数字藏品对于艺术界具有重要的意义，近些年相关市场也在迅速崛起发展中。

数字藏品可以通过原始创作及衍生创作的模式生成，后者又被称为实物作品的数字化映射。一旦数字藏品铸造生成，其著作权分配可以通过智能合约的模式在发布者、持有人等之间进行约定。在此之前，数字藏品的发布行为仍需要原创者的授权。在原始创作的模式下，原创者与发布者往往为同一人而不存在争议，但对于实物作品的数字化映射而言，如何界定数字藏品发布行为的性质等成为值得讨论的问题。全国首例 NFT 案件（以下简称“奇策案”）[①] 更是将原创者与发布者之间的著作权纠纷问题推到了大家眼前，迈出了数字藏品司法实践的第一步。此后，王某诉海南链盒科技有限公司侵害其作品信息网络传播权纠纷案（以下

---

① 杭州互联网法院民事判决书，(2022) 浙 0192 民初 1008 号，此案获 2022 中国法院十大知识产权案件。

简称“链盒科技案”)①，由四川省高级人民法院作出终审判决，对转售数字藏品的行为进行了界定。但该两个案件仅揭开了NFT数字藏品争议的序幕，如何界定相关行为的法律性质仍然值得讨论。

一、数字藏品的发布技术理论分析

区块链技术能够将作品进行唯一化的标识。区块链本质上是一个分布式的共享数据库，具有去中心化、匿名性、不可篡改性、开放性和自治性等特征。鉴于数字作品与区块链技术的融合运用，实践中催生了海量具有商业价值、艺术价值的数字藏品。数字藏品主要使用联盟区块链技术，对特定的作品、艺术品和商品等生成唯一数字标识，并在区块链网络中标记所有者、追溯后续流转。其信息不可篡改的特征能实现数字作品权属的存证确权，从而有效降低版权登记成本。此外，运用区块链分布式一致性算法、非对称加密的ECC椭圆曲线算法、智能合约等核心技术，可记录作品的未来流向，原创者在保留版权的同时，仍能够从作品的流转中获得分成，从而更进一步地激发原创者的创作热情。区块链技术在保护原创者著作权的同时也存在一定的问题，对于实物作品的数字化映射而言，一般情况下，在其创造过程中，原创者与发布者所涉及的行为完全分离，原创者负责创作实物即原始作品；发布者负责数字化、上传以及将实物作品最终铸造成为数字藏品。在明晰实物作品的数字化映射之发布技术理论后，可进一步厘清实物作品与数字藏品之间的关系，合理界定不同阶段相关行为的法律属性。

在数字藏品发布前首先要将实物作品进行数字化，随后将实物作品的数字化复制件上传，填写作品名称等基础性信息，部分平台还可以设置附加功能。接着智能合约作为在区块链技术中自动执行的特殊程序代码，其触发条件一经达成，便可自动调取已存程序，为该实物作品的复

---

① 四川省高级人民法院民事判决书，(2023)川知民终253号。

制件生成一串独一无二的代码作为标识，程序代码以及数据均存储于区块链上，故具备防篡改性强、去中心化程度高等特点。发布者在区块链上利用NFT智能合约（目前主要为ERC－721协议），对已数字化的实物作品生成编号、链接以及地址。其中链接指向的是存储在全球互联的分布式文化系统，即IPFS上的元数据。元数据是一种将存储在IPFS上的标的数据，通过算法计算后转化为体量极小的NFT的一种中介工具。它可以运用哈希算法等加密算法得到一个哈希值，哈希值与作品形成唯一对应关系，也即作品的数字ID。简单来说，发布者利用数字化映射技术以及NFT技术等，将实物作品进行数字化映射后的产物，即数字化作品，上传至“公链”“联盟链”等，以区块链系统为载体将底层实物作品转化为一种数字通证，让其能够在一级市场发行与销售，并通过统一的运维机制、密钥体系以及监管部门的“一站式”监管以实现较为强有力的背书，买受人购买并对数字藏品进行所有权认证后，便可使其在二级市场进行流通。数字藏品发布的具体流程如图6－6所示。

根据数字藏品发布阶段的不同，可将数字藏品的发布行为分成生成存储行为与铸造行为。数字藏品的生成存储行为是指将实物作品通过数字化映射技术上传至网络服务器。数字藏品的铸造行为则是利用区块链技术和NFT技术等将实物作品进行数字化映射后的产物上传至区块链，将实物作品转化为一种数字通证的行为。生成存储行为与铸造行为是发布数字藏品的重要环节，二者缺一不可，存在密切联系，但同时又具备相对独立性。

生成存储行为侧重于将实物作品转换为计算机存储格式（如果是数字作品则不存在这个步骤），将作品的作者、内容描述、尺寸等信息提取特征后形成以计算机字节为表现形式的元数据，元数据可以反映作品的属性信息。铸造行为侧重于将数字化映射后的实物作品上链，具体是指将作品转化生成一个哈希值，使哈希值与作品形成唯一对应关系，以此作为作品的唯一编号，再利用智能合约将唯一编号存储在“公链”“联盟

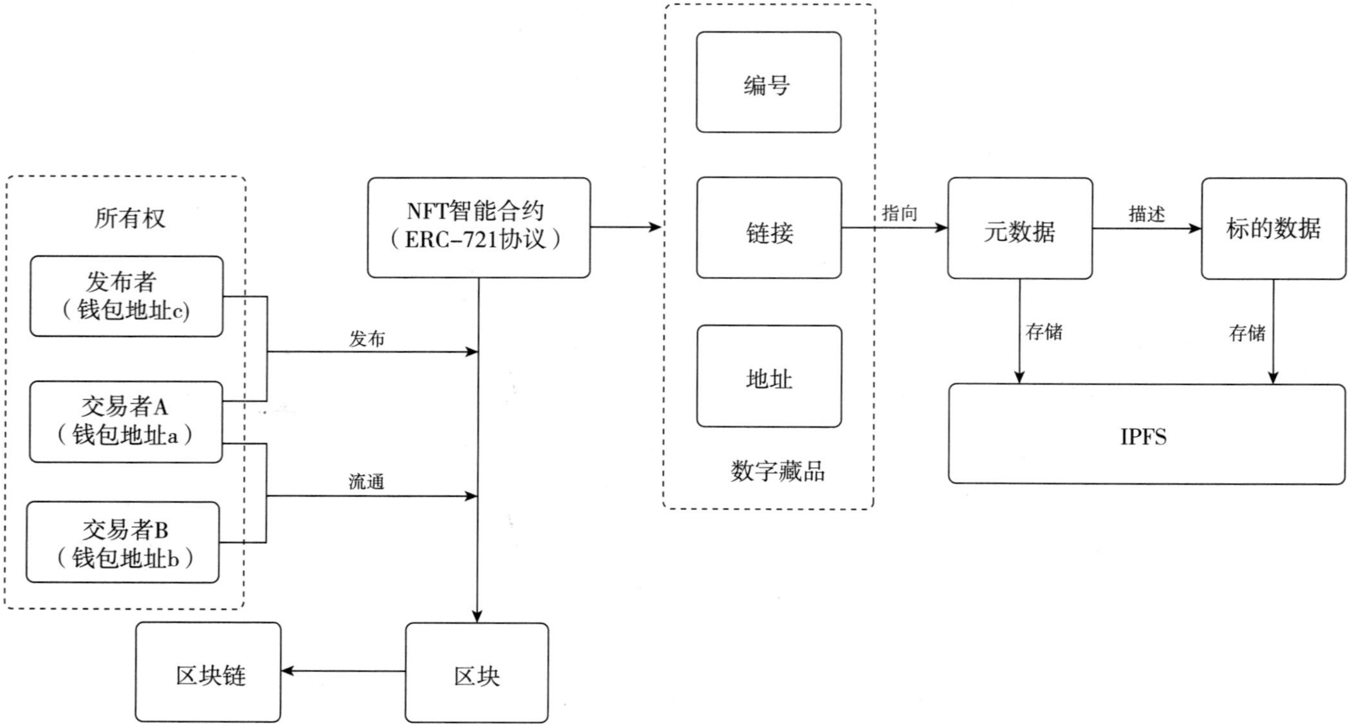

图6-6 数字藏品发布的具体流程

链”等区块链上。总的来说，生成存储行为包含数字化行为以及上传行为，而铸造行为特指将数字化映射后的实物作品进行上链的过程，二者不能混同，两类行为具有相对独立性。

若没有生成存储行为，单独使用哈希值塑造一个数字 ID，其唯一对应的事物没有艺术美学价值，也没有收藏价值，失去了数字藏品的“底层建筑”，单纯的数字 ID 只是一具“数字空壳”。而若没有铸造行为，也就失去了通向底层实物作品的数字通证，没有通证就无法访问底层作品，此外作品也将失去其唯一性、难以篡改等 NFT 技术所赋予其的特点，如此将导致实物作品数字化复制件的价值受到一定的贬损。由此可见，虽生成存储行为与铸造行为都有其区别于对方而独立存在的特性，但不可否认的是，失去其中任何一个行为都将无法发布最终的数字藏品，两个行为具有密不可分性。

作品的著作权归属于原创者，此为著作权归属的一般原则。底层实物作品的著作权属原创者并无疑问。而经由实物作品数字化映射产生的数字藏品，不仅需要原创者的底层作品支持，还需要发布者的技术支持。但就该类型数字藏品而言，发布者在这期间仅提供对实物作品进行数字化、上传以及铸造的技术，为纯粹的技术，在其产生过程中并未提供独创性之贡献，并不能成为原始著作权人。且从铸造而成的数字藏品本身来说，可将其视为实物作品的复制件，即固定实物作品的物质载体。[①] 此外，通过对数字藏品的性质、构成与发布流程的分析可知，数字藏品本质上是一种搭载区块链技术以及 NFT 技术，对非同质化数字资产形成映射的数字凭证。数字藏品实质上是包含了元数据和数字资产位置信息的代码，是作品在数字世界的物质载体。代码本身为纯粹技术产物，并无艺术美学价值而言；其实质承载的实物作品才为买受人意欲购买数字藏品之动力所在。简言之，可将数字藏品的上链视为复制之方式，最终形

---

① 参见王迁：《网络著作权专有权利研究》，中国人民大学出版社 2022 年版，第 100 页。

成的数字藏品为实物作品在网络环境中的复制件。毋庸置疑，该复制件与原件的著作权皆为原创者所有。因而，在数字藏品的发布过程中，发布者未经原创者的许可，原则上不得以任何方式利用原创作品。发布者要合法发布数字藏品便需界定发布行为的性质。对经由实物作品数字化映射产生的数字藏品而言，其发布行为往往涉及对实物作品进行数字化、上传、铸造等行为。数字藏品的整个发布流程按照先后顺序可以分为两类：第一类是生成存储行为，具体包含数字化行为以及上传行为；第二类是将数字藏品最终公开的铸造行为。

二、关于数字藏品发布行为法律定性的观点辨析

目前，理论界与实务界多将整个发布行为进行定性，未依照数字藏品的发布技术对其进行分阶段式法律定性。其只注意到数字藏品发布行为之间的密不可分性，而未注意到其相对独立性。厘清数字藏品发布过程中具体阶段分别对应的专有权利，将显著提升对数字藏品发布过程规制的可执行度，有助于对原创者的著作权进行全方位、多阶段式保护，也将促使发布者明晰发布过程中的著作权界定，正确获取授权。针对发布行为的法律定性，学术界主要存在复制行为说、信息网络传播行为说以及发行行为说，即便是整体分析发布行为，复制行为说和信息网络传播行为说仍然存在一定问题。

（一）与复制行为在法律适用上的界分

持复制行为说观点的学者认为，在数字藏品的发布过程中免不了对实物作品的上传，底层实物作品被复制到网络服务器中，从而产生一个新的作品复制件，数字藏品从本质上来说是一个数字作品的复制件，因而其发布行为可为复制权所规制。[①] 虽然该说正确分析了铸造行为以前对

① 参见丁云扬：《基于区块链技术的 NFT 艺术品著作权问题研究》，载《宿州教育学院学报》2022 年第 4 期。

数字藏品生成存储行为的定性，即属复制行为，但其明显存在以下几点不足。其一，规制范围极为有限。由其分析可知，该说因数字藏品生成存储行为之复制行为性质，而将铸造行为也纳入复制权之规制范畴，不难看出其有以偏概全之嫌，将留下法律规制的空白地带，无法规制后续的非单纯复制行为。简单来说，不能因产生的是复制件，而将所有行为都归为复制权所控制的范围。其二，逻辑上难以自洽。从数字藏品整个发布过程来看，发布者往往并非只想获得一个底层实物作品的复制件，其意图往往是通过销售该数字藏品而获取一定的财产利益。而复制权控制的是单纯的复制行为，信息网络传播权控制的是上传等提供行为，发行权控制的是物质载体的所有权转让行为。[①] 此说因数字藏品的生成存储行为为复制行为而将铸造行为也归为复制行为，即用阶段性行为吸收最终结果行为，其观点在逻辑上显然不能证成。其三，不利于著作权法的发展。若因产生的数字藏品为复制件，而将对其展开的一切行为都定性为复制权而进行规制，显然不利于其他著作权利的适用与发展。长此以往，其将导致复制权成为“口袋权利”，一切产生复制件的行为都为复制权所控制，降低了著作权法对创作者作品的保护水平与力度。

（二）与信息网络传播行为在法律适用上的界分

法院在“奇策案”的判决书中指出，数字藏品在被发布后，就会在公开的互联网环境中被提供，任何一个数字藏品的交易过程都是面向不特定的公众并采用智能合约自动执行的，从而能够让公众在自己确定的时间和场所内获取数字藏品，因而数字藏品发布行为符合信息网络传播行为的特征。传统学说认为信息网络传播的效果特征是公众获得对作品的一种访问权，国内各大交易平台的发布行为是向公众出售访问某个数

---

① 参见王迁：《复制权与信息网络传播权的关系》，载《湖南师范大学社会科学学报》2022 年第 2 期。

字藏品的权利，符合信息网络传播的效果特征，应当被列入信息网络传播权所控制的范畴内。这一观点似乎成为目前的通说。但将数字藏品发布行为界定为信息网络传播权存在一定的问题。

一方面，信息网络传播权指向的行为必须满足行为目标是“公众”、通过网络向公众提供作品、交互式传播行为以及获得作品 4 项构成要件。第一项构成要件将于下文数字藏品铸造行为属发行行为部分论述，此处不再赘述。就第二项构成要件而言，通过网络向公众提供作品中的“提供作品”一词，源于《世界知识产权组织版权条约》第 8 条中的英文“making available to”。其只涉及公众获得作品的可能性，无论公众是否真正获得了该作品，只要将作品上传至网络，让社会公众拥有能够获得作品的可能性就属于著作权法意义上的提供作品，并不要求公众实际获得该作品。[①] 数字藏品的发布行为是通过网络向公众提供获得数字藏品的可能性的行为。此外该行为符合第三项构成要件，为交互式传播行为。交互式传播具有两个技术特征：一是由受众自主选择意欲接收的信息内容及接收的时间和地点，受众为主动选择的一方；二是这种传播采用“点对点”的模式，受众是点播内容的特定个人。区分交互式传播行为和非交互式传播行为的关键在于受众能否“按需获取”，即对作品的获取可进行个性化选择，而不是只能由传播者单方决定。[②] 需注意的是，该要件在应用过程中不可作过于严苛的限制，并非要求作品能够在不受限制的任意时间地点被获得。其真实含义应为，在传播人给定的时间和地域范围内，公众可以按需点播即可。公众能够在自主购买选定的数字藏品后直接触发对应数字藏品的数据传输，从而达到自主选择接收时间的效果。公众能在传播者设定的特定区块链上观赏该藏品，符合信息网络传播行

---

① 参见姚建军：《信息网络传播行为的构成要件》，载《人民法院报》2010 年 8 月 5 日版。

② 参见王迁：《网络著作权专有权利研究》，中国人民大学出版社 2022 年版，第 380 页。

为对地域的要求。

但数字藏品的发布显然不符合“获得作品”这一构成要件。“获得作品”译自《世界知识产权组织版权条约》第 8 条中的“access these works”，其含义包括访问、存取等。固然，不可将获得作品狭义地解释为下载作品，但也不可无限制地夸大解释其范围。对数字藏品的发布亦是如此，不可过于扩大解释其含义。以鲸探平台所提供的数字藏品为例，特定数字藏品首次销售前，其通常会有预售环节，提供数字藏品的 3D 图、作品基本信息等内容；同样在该数字藏品售罄后，公众仍旧能够获得该数字藏品的上述相关信息。此时问题的关键在于，该售前及售罄后展示行为是否构成提供作品的行为。在该售前展示过程中，公众仅能被动地观赏相关数字藏品水平方向 360°的 3D 展示图，而不能进行其他任何操作，其所欣赏的并非数字藏品的全部内容，更多的内容则是在购买后才能体验的，例如，全方位 360°鉴赏、互动动画、AR 体验、数字展馆、生成头像、区块链证书等。此外，买受人在购买特定数字藏品之后的展览行为同样也是自主选择的，在未创建展览前系统默认处于闭馆状态，公众同样无法获得该特定数字藏品。不同于因未购买某一音乐作品，而仅享有在线播放，而不能下载该作品的情况，因为公众在此情形下仍能够欣赏作品的全部内容。数字藏品发布后，若公众未能购买或无人展览该特定藏品，公众所能观赏之内容为不完全的数字藏品内容。故而，不应认定数字藏品的发布满足“获得作品”这一要件。

另一方面，由信息网络传播权与发行权并立之二元构造切入，可知悉数字藏品的发布行为不为信息网络传播权的立法意图所涵盖。“信息网络传播权”是为了适应网络环境下著作权保护的需要而产生的一种新型权利。《著作权法》既然同时规定了“发行权”和“信息网络传播权”，那么“发行作品”和“通过信息网络传播作品”也必然是有所区别的，若将两者混同则与立法原意相冲突。[①] 从行为的主观意图来看，“交互式传播”行为归根到底属于传播行为，该行为需要使作品处于被公众所获得的状态，从而导致公众能够获得作品。为了使公众能够获得作品，传播行为人的主观意图往往是向公众传播作品内容，而数字藏品的发布行为主要是将其放在交易平台上进行销售并使权利人获得财产权益，发布者的主观目的大多偏向于出售数字藏品而非传播数字藏品的内容，因此，发布行为不符合传播行为的特征。另外，信息网络传播行为所达到的传播效果是可以让任何一个网络用户都可以浏览该作品，但数字藏品被铸造后，一般情况下只有买受人才可以接触和欣赏到其购买的特定的数字藏品的全部内容，这样的行为效果与信息网络传播行为所达到的传播效果不符。[②]

三、数字藏品发布行为的法律定性

（一）数字藏品生成存储行为的法律定性

根据上述数字藏品的发布技术理论分析可知，数字藏品的生成存储行为具体可分为数字化行为与上传行为。其中，在实物作品进行数字化的过程中，行为人通过 3D 扫描、建模等手段将底层实物作品构建成为多维的虚拟结构模型，对包括底层实物作品外形、材质、特征、说明、内部形态等在内的多维度信息进行数字化解构，最终形成存储在行为人终端的数字作品。简言之，相关主体通过数字手段将实物作品进行无差异化处理转换成数字形式并以二进制代码的形式存储于计算机终端。针对这一数字化行为，在 2020 年修正后的《著作权法》施行前，学界对数字

① 参见王迁：《论著作权意义上的“发行”——兼评两高对〈刑法〉“复制发行”的两次司法解释》，载《知识产权》2008 年第 1 期。

② 参见张伟君、张林：《论数字作品非同质权益凭证交易的著作权法规制——以 NFT 作品侵权纠纷第一案为例》，载《中国出版》2022 年第 14 期。

化行为的定性存在诸多学说，并以复制论与演绎论为代表观点。[①] 复制论主张数字化是将物理载体上存在的作品转换成计算机可识别的语言，其由不具有创作能力的机器进行作品的处理，若将之认定为演绎行为，则有将作者中心主义转向作品中心主义之嫌，有违著作权法之立法意图。演绎论则认为，数字作品与实物作品之间有时并非完全对应，在数字化过程中或存在信息丢失风险；且其从本质上来说就是将人类语言翻译成机器语言。在演绎论学说项下还存在翻译论、改编论之学说争论。此外，还有少数学者持改编论之观点。[②] 2020 年修正后的《著作权法》施行后，依据其第 10 条第 5 项之规定可知，立法上采复制论，将数字化行为归于复制行为，数字化权归属于著作权人。故而，数字藏品的数字化行为可以纳入复制权的规制范畴。

上传行为则是指将储存在终端设备中的数字作品发送至网络服务器上的行为。数字藏品之上传行为具体是行为人将终端设备中存储的已被数字化的实物作品复制到网络服务器上，产生了一个新的作品复制件。[③] 根据国际标准化组织提出的 OSI/RM 模型，其将网络分成物理层、数据链路层、网络层、传输层、会话层、表示层和应用层 7 个层次。目前互联网基本采 4 层结构的 TCP/IP 协议体系，从高到低依次为应用层、传输层、网际互联层和网络访问层。在数字作品传输过程中，发送端将通信连接建立指令和用户数据从上层向下层传输，直至最低的物理层；而接收端则是将通信连接建立指令和用户应用数据从下层向上层传输，直到

---

① 参见秦珂：《数字化权与数字图书馆》，载《图书馆杂志》2003 年第 7 期。

② 参见汪振江：《关于数字化技术作品若干问题探讨》，载《兰州学刊》2000 年第 1 期。

③ 杭州互联网法院民事判决书，（2022）浙 0192 民初 1008 号；黄玉烨、潘滨：《论 NFT 数字藏品的法律属性——兼评 NFT 数字藏品版权纠纷第一案》，载《编辑之友》2022 年第 9 期；陶乾：《论数字作品非同质代币化交易的法律意涵》，载《东方法学》2022 年第 2 期。

与发送端发起通信的对等层。[①] 在此过程中，网络服务器、RAM、传送端和接收端的调制解调器、计算机内存、显示器中皆有可能自动生成局部或完整的作品复制件。在此过程中会牵涉临时复制的问题，我国对临时复制是否应纳入著作权法上复制权的规制范畴并未在制度层面予以确认。针对该问题，通说认为“临时复制”不属于复制行为，不受复制权控制。[②] 但也有少数学者提出数字化与暂时复制皆为复制权所规制之行为。上传行为构成复制行为并无异议。数据从计算机外部进入 RAM 并停留于此，最终会由于计算机之关机、重启、后续信息挤兑等原因消失于 RAM。临时复制具有技术客观性，其行为是临时偶然的，且为最终上传数字作品至网络服务器所必经的流程，并无经济价值。其临时复制件删除与否并不取决于临时复制人的意志，而是在本身技术的干预下自行删除。若将具备临时性与随机性的临时复制纳入复制权之规制范畴，将突破著作权法对著作权人之权利保护边界，无限制拓宽其权利范围，不利于平衡各方主体之间的利益。但需注意，禁止终端用户非营业性使用作品并不具有可行性，要对此进行合理使用之规范。[③] 综上所述，在实物作品的数字化映射类数字藏品的发布行为中，生成存储行为即数字化行为及上传行为均可纳入复制权的规制范畴。

此外，从构成要件看，数字藏品的生成存储行为也应被认定为复制行为。我国《著作权法》第 10 条第 5 项规定，“复制权，即以印刷、复印、拓印、录音、录像、翻录、翻拍、数字化等方式将作品制作一份或者多份的权利”，通过剖析该条规定可知，从构成要件来说，我国著作权

① 参见夏燕、赵长江主编：《网络安全法教程》，西安电子科技大学出版社 2019 年版，第 5 页；王迁：《版权法保护技术措施的正当性》，载《法学研究》2011 年第 4 期。

② 参见冯晓青：《网络环境下私人复制著作权问题研究》，载《法律科学（西北政法大学学报）》2012 年第 3 期。

③ 参见万勇：《人工智能时代著作权法合理使用制度的困境与出路》，载《社会科学辑刊》2021 年第 5 期。

法上的复制权所控制的复制行为应当满足以下两个要件：一是该行为应当在有一定表现形式的载体之上再现作品；二是该行为应当使作品相对稳定和持久地存在于有一定表现形式的载体之上。其中第一个要件又可以分为对于作品内容的再现性以及再现载体的可感知性。

首先，复制行为中的作品内容再现性，是指要在新的载体中保留原作品的基本表达，且没有为原作品的表达注入一定的独创性而形成新作品。其区别于以一件已存在作品为基础而创作的演绎作品。对于数字藏品的生成存储行为而言，实物作品的数字化映射是通过一定的技术手段在保留原作品基本表达，以及在不具备创造性、不形成新作品的情况下对实物作品的内容以区块链技术为手段依托进行的再现。可见生成存储行为能够达到使作品内容再现的效果。其次，再现载体的可感知性要求数字藏品能够被客观感知。《著作权法》将“能以某种有形形式复制”修改为“能以一定形式表现”，其要点在于强调“思想/表达二分法”，即内心的思想不受保护，只有外在表达才受保护。“能以一定形式表现”应被合理地解释为“能够被客观感知的外在表达”。在生存存储行为中，底层实物作品最终以数字代码形式存储在网络服务器上，毫无疑问，其可被客观感知。此外，即便是针对最终生成的数字藏品，其基于区块链技术，对特定的作品、艺术品、商品等生成唯一数字标识，是以数据代码形式存在的虚拟物，或可归为《民法典》第 127 条所规定的网络虚拟财产之列。基于此，虽然数字藏品本身并不能为肉眼直接感知，但其为客观存在于网络空间的具有可支配性的特定信息载体，与存在于网络中某个位置的某个数字文件具有唯一的且永恒不变的指向性。该数字标识显示为存储特定数字内容的具体网址链接或者一组哈希值，点击链接或者使用哈希值进行全网检索，就能够访问被存储的特定数字作品。总而言之，承载特定文化收藏内容的数字藏品作为载体能够在全发布过程中被客观感知。最后，复制行为需要复制作品具有相对稳定性和持久性。在生成存储阶段的数字藏品，无论是数字化后存储在行为人的终端设备中，还是上传至网络服务器上，皆具有相对稳定性和持久性。除非行为人有意识地破坏载体或消除载体上的作品，该经由实物作品数字化映射产生的数字作品都将长期保存在载体之上。最终生成的数字藏品同样也满足这一要件。通过生成存储行为塑造的数字藏品依赖于区块链技术而生存，区块链技术使数字藏品能够唯一且永恒不变地指向特定的数字文件，并赋予其唯一标识以及不可篡改的特点，这就保证了数字藏品能够相对稳定且持久地存在于其载体之上，且底层实物作品之毁损灭失也不会影响数字藏品之独立存在。相较于传统的实物作品，数字藏品能够使数字作品更为稳定和持久地以数字代码的形式存储在区块链上。针对传统实物作品，持有人仍可有意识地破坏作品，如用黑笔涂抹书本上的文字。但数字藏品本身一经形成便具有相对独立性，其为客观存在之物，不为人的意志所改变。若人为对持有的数字藏品进行上述涂改，其所对应的独一无二的代码也会随之发生改变，可清晰分辨出其不是原来的复制件。此外，即便是在幻核退出事件中，买受人也仍可选择继续持有数字藏品，数字藏品本身不受发行平台退出的影响。故而，数字藏品较之传统实物作品更具有相对稳定性和持久性。综上，数字藏品的生成存储行为满足对作品内容的再现性、再现载体的可感知性以及复制作品的相对稳定性，能够为复制权所涵盖。

（二）数字藏品铸造行为的法律定性

数字藏品的铸造行为是指将数字作品上传至网络服务器之后，首先，将该数字作品的基本信息加以提炼并转化为字节，而后将字节通过加密算法得到一个输出值，即为数字作品之数字 ID。其次，便为“上链”过程，行为人将基于自主选择的区块链的底层标准协议开发智能合约，系统通过区块链版权确权认证，以形成加密数字权益证明。最后，行为人便可获得唯一的通证 ID 或数字凭证。从构成要件的角度进行分析，将数字藏品的铸造行为定性为发行行为更为合理。我国《著作权法》第 10 条第 6 项明确规定："发行权，即以出售或者赠与方式向公众提供作品的原件或者复制件的权利。"通过剖析该条规定可知，发行行为需要满足三项构成要件。其一，行为目标是"公众"；其二，应提供作品的"原件或复制件"；其三，应转移作品"原件或复制件"的所有权。[①] 此外，在发行行为中还隐含权利人的主观目的，即转让作品的原件或者复制件。

首先，发行行为的目标是"公众"。我国现行《著作权法》和相关司法解释未曾对"公众"一词作出过明确具体的解释，学者对"公众"的理解主要分为两种：一种观点认为，"'向公众'的传输，即向不特定对象的传输"；[②] 另一种观点认为，"公众"强调的并非数量，而是提供作品的人与接受作品的人之间的关系是否紧密，其依据是《TRIPS 协定》1990 年 7 月草案中对"公开传播"中"公众"的解释，该草案指出："公开传播应当包括：在向公众开放的地方或者在正常范围内的家庭成员以及关系密切的社交朋友之外的大量人群聚集的地方传播作品。"数字藏品的铸造行为面对的群体是不特定的对象，也属于家庭成员以及关系密切的社交朋友之外的大量人群，因此从两种主流观点的角度来看，数字藏品铸造行为的目标都是"公众"。

其次，发行行为针对的对象并非作品本身，而是作品的"原件或复制件"。持发行行为否定论的学者多认为，数字藏品没有原件或复制件一说。[③] 虽然数字藏品的本质是数字代码，但其又区别于传统的数字作品，能够承载作品与载体双重内容，以在网络环境中实现有形物"原件或复制件"之效果。针对作品内容而言，数字藏品的元数据与底层实物作品之间通过链接等建立了唯一对应关系，实现了点击链接即可访问底层实

---

① 参见万勇：《人工智能时代著作权法合理使用制度的困境与出路》，载《社会科学辑刊》2021 年第 5 期。

② 郑成思：《两个新的国际版权条约评介》，载《外国法译评》1997 年第 4 期。

③ 参见王江桥：《NFT 交易模式下的著作权保护及平台责任》，载《财经法学》2022 年第 5 期。

物作品之功能。针对后者，经由铸造形成的数字藏品本质上为一串不可篡改、独一无二的数字代码，其为承载底层实物作品的载体。此时，问题的关键在于原件或复制件是否仅能以有形物质载体的形式存储。原件与复制件的概念不仅局限于传统线下领域，也能存在于网络环境中。例如，在欧盟法院审理的Used Soft v. Oracle案件①中，法院认为通过DVD有形载体与通过在线传输方式销售软件之间并无本质区别，后者为前者之功能替代。在数字藏品的铸造过程中，底层实物作品与该特定代码之间为稳定结合体，二者在后续出售、转售等环节中也同样呈现出捆绑转让之效果，与物理空间转让效果别无二致。同时也可明确，经由生成存储行为产生的数字作品为网络空间中的“原件”，其载体为二进制代码；其同样也为物理空间中存在的底层实物作品的网络“复制件”。经由铸造行为产生的数字藏品为数字作品之“复制件”，其载体也为数字代码，但该代码基于区块链技术、NFT技术等而具备不可篡改性、唯一性等特性，同样也为底层实物作品的二次“复制件”。

再次，发行行为应转移作品“原件或复制件”的所有权。在数字藏品的铸造过程中，买受人与著作权人之间的交易是否发生了复制件所有权转让之效果的核心争议点是对“有形载体”之争论。以“奇策案”法院判决为代表，部分法官和学者否认数字藏品发布行为应当被列在发行行为的控制范畴内。该说认为，有形载体上的作品原件或者复制件的所有权转让是著作权法中发行权的核心特征，但数字藏品是以数据代码形式存在的虚拟物、是无形的，缺少“有形载体”，不符合发行权的核心条件，故而无法纳入发行权所控制的范畴。我国众多学者依据《世界知识产权组织版权条约》及其外交官议定声明认为“有形载体”是发行权的必要条件，可见在传统学说的影响下，没有“有形载体”的数字藏品的铸造行为无法构成发行行为。但探究数字藏品的本质可知，在区块链经

① Used Soft GmbH v. Oracle International Corp., C-128/11, July 3, 2012 (ECJ).

济去中心化以及唯一标识化的影响下，大部分数字藏品是通过智能合约进行交易的，权利人在第一次将数字藏品投放到市场后，即丧失了对它的控制权。此时，通过唯一代码获取特定数字作品复制件之权利显然全部转给了买受人，其物权公示则可通过区块链上的权利背书实现，总而言之，其发生了与物理空间中复制件所有权转让几乎一样的效果。在“奇策案”中，法院在判决书中也认定，在NFT交易中，买受人获得的是一项财产权益，该交易实质上是数字商品所有权的转让。同样，发行行为所采“原件或复制件”所有权转让形式也为发行权用尽之合理性基础。此外，传统学说认为《著作权法》上作品原件的概念是建立在有形载体基础之上的。比如，“美术作品原件，是指美术作品首次固定之有形载体”；[①]“作品原件，即作品的原始载体，是指作品在创作完成之时被固定其上的有形物质载体”。[②] 不同于传统学说所针对的著作权客体，虽然数字藏品没有物理学上的有体物作为有形载体，但我国《著作权法》削弱了有形载体的概念，而是强调作品“能以一定形式表现”应更合理地被解释为“能够被客观感知的外在表达”。[③] 这就影响了传统观念中作品需要附着于有形载体的观点。为了适应新修订的《著作权法》以及区块链经济，数字藏品应当依附于能够以一定形式表达的载体上，且数字藏品具有能够被客观感知的对象即特定的数字内容。

最后，权利人主观目的是转让作品的原件或者复制件。对于发行权而言，权利人的主观目的不能是传播作品内容，否则便属于信息网络传播权的规制范畴。但数字藏品的铸造行为大多是一种权利人出售作品的前提行为，权利人的主观目的更偏向于有偿转让作品的原件或复制件，符合发行行为关于权利人主观意图的构成要件。

---

① 李扬：《著作权法基本原理》，知识产权出版社2019年版，第72页。

② 曹新明：《作品原件所有人的告知义务研究——兼论〈著作权法〉第三次修订》，载《法治研究》2013年第11期。

③ 参见王迁：《著作权法》，中国人民大学出版社2015年版，第18页。

因此，数字藏品的铸造行为符合发行行为的各项构成要件，应当被列入发行权所控制的范围进行规制。

四、数字藏品铸造行为中“发行权用尽”规则的适用

就发行权而言，权利人将作品原件或复制件投放到交易市场后，将会受到权利用尽原则的限制。该原则在网络空间中能否得以适用一直以来存在争议，这一问题之核心要义是，在网络空间中数字藏品之铸造能否达到物理空间中所有权转让的效果。包括“奇策案”判决等在内的持否定态度的观点主要是从“有形载体”角度切入进行的辩驳，认为数字藏品发行权之穷竭在网络空间并无使用的基础，而只能规制线下场景。持肯定说的学者认为，将权利用尽原则在网络领域进行适用，能够顺应数字化时代的发展，同时也有助于发展网络二手版权交易市场。[①] 要回答这一问题需从权利用尽原则适用之二要件进行分析。二要件分别为：其一，买受人从著作权人处获取了合法的复制件；其二，买受人与著作权人之间的交易发生了复制件所有权转让的效果。第一个要件，即买受人从著作权人处获取了合法的复制件，为权利用尽原则适用之先决条件。首先，其针对的对象为经著作权人授权或法律规定的作品复制件，即为合法的复制件。该要件将本身就侵权的复制件排除在外，如未经原创者授权所铸造的数字藏品。其次，该合法复制件已经由著作权人的许可或法律规定而进行出售或者赠与。针对合法的复制件而言，因每一个数字藏品都对应指向一个特定的数字作品复制件，表现为区块链上一串唯一的代码。其合法行为本身便表现为，在一级市场中，买受人从著作权人处获得合法的复制件。第二个要件的具体论述已在上文体现。否定论者抨击之核心在于，其认为网络传输仅为数字信息的流动过程，并不涉及有形物的转移，与所有权中的处分权有别。但如前文所述，经由铸造生

① 参见初萌：《论发行权用尽原则在网络领域的适用》，载《私法》2019年第2期。

成的数字藏品是独一无二的，在转售时，仅产生所有权人由买受人转为次买受人的效果，并不会对底层实物作品进行二次复制。现行数字藏品所采程序化资源生成框架（PCG）发行模式同样也从侧面印证了这一点。传统商品的价值主要取决于其内容资源与品牌资源，相较而言，数字藏品的价值构成除通常的内容价值、文化价值、社交价值等构成要素外，还与其数量，即稀缺性有直接关系。数字藏品的稀缺性首先得益于其自身属性。其依托区块链技术和 NFT 技术等保证了资产拥有唯一性、不可篡改性与不可复制性等特性。且在目前的交易市场上，数字藏品通常采用 PCG 发行模式，此模式能确保数字藏品的稀缺性，体现其收藏价值。其从侧面论证了在数字藏品首次销售和转销售等过程中，能够产生数字藏品所有权转让的效果。若在其多次销售过程中均不能完全转让数字藏品，则其在流转过程中将无限地产生该数字藏品的复制件，该数字藏品的经济价值将会在每次的流转中被稀释，最终导致其限量发行毫无意义。

根据上述分析可知，数字藏品发行权用尽在网络空间有适用的空间。但是需注意的是，目前国内许多数字藏品交易平台都在相关协议中规定："不得将数字藏品用于任何商业用途。"同时，也基于数字藏品传播艺术美学等价值取向，我国目前严格限制数字藏品交易二级市场。在这一背景下，权利用尽原则之适用空间并不大。

典型案例 6 - 5

深圳某文化公司经授权，享有某知名艺术家创作的"胖虎"系列数字藏品在全球范围内独占的著作权财产性权利及维权权利。深圳某文化公司发现在杭州某科技公司经营的数字藏品交易平台上，有用户铸造并发布"胖虎"数字藏品，且与上述知名艺术家在其社交平台上发布的"胖虎"插图作品完全一致，深圳某文化公司遂就此情况诉至杭州互联网法院。

深圳某文化公司认为杭州某科技公司作为专业的数字藏品交易平台，理应尽到更高的知识产权保护义务，对于用户在其平台发布的数字藏品权属情况应当进行初步审核。杭州某科技公司不但未履行审核义务，还收取一定比例的交易费用。故杭州某科技公司此举构成信息网络传播权帮助侵权。深圳某文化公司要求杭州某科技公司停止侵权并赔偿损失10万元人民币。

杭州某科技公司则提出三大抗辩理由。其一，杭州某科技公司仅仅是第三方数字藏品交易平台，涉案的“胖虎”数字藏品并非由杭州某科技公司铸造，而是由平台用户自行上传，故杭州某科技公司无须承担责任。其二，杭州某科技公司作为数字藏品交易平台，其只有事后的审查义务。且事发后杭州某科技公司已经将涉案数字藏品打入地址黑洞，尽到了“通知—删除”义务，故没有停止侵权的必要性。其三，杭州某科技公司以法律没有明文规定为由，认为其并没有披露涉案数字藏品所在的具体区块链及节点位置的义务，亦没有披露涉案数字藏品所适用的智能合约内容的义务。

最终法院认定杭州某科技公司未尽到注意义务，构成帮助侵权，承担赔偿责任。①

案例分析

互联网信息服务提供者原则上仅需承担“通知—删除”义务。本案中被告作为平台公司已经尽到了作为互联网信息服务提供者所应尽到的上述义务，但法院认为被告作为数字藏品交易平台，应承担更高的注意义务，主要基于以下4点理由。

其一，从数字藏品的交易模式来看，数字藏品的交易涉及对原作品（在本案中为“胖虎”插画）的复制和信息传播，因此，将“胖虎”插画铸造为数字藏品的铸造者不仅应当是“胖虎”插画的所有者，而且应当是该插画的

① 浙江省杭州市中级人民法院民事判决书，（2022）浙01民终5272号。

著作权人或授权人，否则就将侵害他人著作权。而数字藏品交易平台作为专业的数字藏品交易机构，理应采取合理措施防止侵权发生，审查数字藏品来源的合法性和真实性，以及确认铸造者拥有适当的权利或被许可从事铸造行为。其二，从区块链的不可更改这一技术特性来看，倘若数字藏品存在技术瑕疵，不仅将破坏交易主体之间的信任和交易诚信体系，更会损害交易相对人的合法权益，因此数字藏品交易平台应当尽到比“通知—删除”义务更高的审查注意义务。其三，从数字藏品交易平台的控制能力来看，数字藏品交易平台具有较强的控制能力，也具备相应的审核能力和条件，要求平台尽到更高的审查注意义务并未额外增加其成本。其四，从数字藏品交易平台的盈利模式来看，其系直接从数字藏品的交易中获得利益，具体到本案中，被告杭州某科技公司不但在铸造时收取作品矿工费（GAS 费），而且在每次作品交易成功后还收取一定比例的费用，既然数字藏品交易平台直接从数字藏品的交易中获得经济利益，那么其自然应对此负有较高的注意义务。

结合杭州互联网法院的观点，数字藏品交易平台为了防止侵权，应对个人用户在其平台上铸造数字藏品的行为履行事前的知识产权审查义务，一定要确保个人用户是用于铸造数字藏品的原作品的著作权人或者授权人。此外，数字藏品交易平台应当建立起长效的知识产权保护机制，对个人用户声明其是铸造成数字藏品的原作品的著作权人或授权人进行审查并记录，在平台接到了知识产权侵权的举报通知的情形下，可以第一时间判定该个人用户铸造的数字藏品是否侵权，若有侵权务必第一时间采取相应的处理措施。

除了讨论上述平台义务以外，该案件还涉及 NFT 数字作品在第三方交易平台的出售行为性质讨论。法院认为，“……但因发行权的核心特征在于作品原件或复制件的所有权转让，即当前著作权法中的发行限定为有形载体上的作品原件或复制件的所有权转让或赠与，故未经权利人许可将 NFT 数字作品在第三方交易平台的出售行为尚无法落入发行权所控制范畴”。这一观点目前为主流学说。《著作权法》第 10 条第 6 项规定，发行权是指以出售或者赠与方式向公众提供作品的原件或者复制件的权利。《世界知识产权组织版权条约》第 6 条第 3 款规定：“关于第 6 条和第 7 条的议定声明：该两条中的用语‘复制品’和‘原件和复制品’的规定，受该两条中发行权和出租权的约束，专指可作为有形物品投放流通的固定的复制品。”因此，大部分学者认为发行权规制的是有形载体上的作品原件或复制件的所有权转让或赠与的行为，数字藏品的权属转移并不涉及有形载体，不受发行权规制。这一观点与本书的观点并不一致，本书认为经由铸造行为产生的数字藏品为数字作品之“复制件”，其载体也为数字代码，但该代码基于区块链技术、NFT 技术等而具备不可篡改性、唯一性等特性，同样也为底层实物作品的二次“复制件”。两种不同观点，留与读者讨论。